서사+문화@혼불_α

장일구 저

서사+
문화@
혼불_α

전남대학교출판문화원

목차

서사+문화, 그 방법적 전제들

인간은 언어를 통해 의사소통할 줄 아는 존재다. 언어야말로 인간이 다른 생물 종과 변별되게 하는 핵심 자질이라는 것은 주지의 사실이다. 다른 종들이 소통하는 방식에 비해 언어는 정교한 생각과 감정의 표현과 이해를 통한 복잡한 의사소통을 활성화하는 데 쓰이도록 발진한 고도의 체게이다. 다른 동물들도 생각하고 감정을 느끼며 서로 소통할 수 있을지 모르지만 언어를 매개로 이루어지는 인간의 의사소통 양상에 비할 바는 전혀 아니다.

사회적 존재인 사람들은 의사소통을 통해 관계를 이루고 유지하는데, 다사다난한 삶의 갈등을 엮고 푸는 데 이야기를 동원한다. 이야기를 통해 마음을 나누고 서로의 생각을 견주어 가며 자기 한계를 넘어서게 돕는 공동의 예지를 얻으려 도모한다. 이러한 과정을 통해 사람들은 삶의 조건을 조율하고 삶의 장을 둘러싼 환경을 개선하여 삶을 진전시킬 동력을 발전하고자 애쓴다. 이야기는 삶의 발전기이며 이야기의 장은 삶의 발전소인 셈이다.

과연 인간은 삶을 이야기로 이해하고 이야기를 통해 경험을 나누어 삶의 문제를 해결할 지혜를 얻고 생활의 예지를 모아 문화를 구성한다. 요컨대 이야기는 문화의 중요한 구성 동인이자 방편이다. 이야기 없이는 인간 종의 종차에서 구심인 문화를 이룰 수 없으니 이야기야말로 인간을 인간답게 하는 중요한 인자인 것이다.

이야기로 표현하고 이야기로 이해하여 서로의 감정과 생각, 경험 등을 나누는 '서사 행위'는 인간의 행위 가운데 가장 돋보이는 표지다. 서사narrative는 이야기로써 소통하는 인간 행위의 수렴적 방식이다. 같은 이야기라도 어떻게 하면 더 잘 표현하여 상대방의 이해를 도울 수 있을지 궁리하는 것이 서사 행위를 수행하는 거점인 까닭이다.

이런 맥락에서 우리는 서사의 문화적 기능을 타진할 단서를 얻을 수 있으며, 상대적으로 문화의 서사적 구성 메커니즘을 추론할 방향을 추산할 수 있다. 나아가 서사 행위를 통해 인간이 거두는 문화적 수렴항과 문화적 소산을 추동하는 서사적 동력의 구심점들을 탐색할 여지를 열 수 있다. 서사와 문화의 관계에 대한 탐색은 단순히 소재 차원의 호환 정도를 묻는 데 그치는 것이 아니라, 둘의 존립과 진전 과정의 본색에 관여된 자질 차원의 호혜적 개연성을 궁리하는 데 맞닿는 것이다.

기실 서사가 문화적 수행의 결과인 까닭에, 서사와 문화의 관계는 자명해 보인다. 특히 매체가 다변화되고 문화에 대한 대중적 관심이 확산되는 가운데, 서사적 소통의 영역 또한 다른 매체와의 공분모를 전제로 모색하는 등 서사와 문화의 관계에 대한 관심이 고조되는 듯하다. 가령 소설을 각색하여 영화 대본을 구성하거나, 하나의 이야깃거리를 다채로운 '문화적 콘텐츠'로 변주하는 사례를 찾아보기 어렵지 않다. 일찍이 문화적 상호텍스트성을 단서로 소설의 본질을 간파했던 미하일 바흐친Mikhail Bakhtin의 입론들이 적어도 낯설지는 않게 느껴진다. 오늘날 서사적 수행이 문화의 영역에 포괄되는 현상이 가시화된 데 부응하여 문화와 서사의 관계를 직시하는 관점에서 진행된 연구 성과가 포착되기도 한다.[1]

이때 서사와 문화의 관계가 단순히 소재적 영향 관계에 국한되지 않는다는 사실에 유념할 필요가 있다. 또한 서사가 문화의 일부라고 해서 모든 서사물을 그 대상으로 환원할 경우, 범주의 기준을 설정하여 연구의 영역을 구획하는 데 난항이 빚어지므로 주의해야 한다. '문화'와 '서사'가 '무엇'에 상응하는 고정된 실체가 아니라, 정황과 맥락에 따라 그 외연과 내포가 구성되는 개념이라는 점을 고려한다면, 둘의 관계에 관해 논의를 펴는 것이 그리 자명한 논점에 기반하지 않는다는 사실에 직면하게 되기 때문이다.

물론 '문화'나 '서사' 양항 모두 모종의 실체를 상정할 수 있다. 가령 한국의 전통 혼례 문화와 영국의 혼례 문화를 대비하여 변별되는 특질을 골라낼 수 있을 텐데, 이런 경우 문화는 개별적인 삶의 면면을 추산하여 구조적 개념으로 환산한 태에 상응하는 실체로서 전제된다. 세계에 편재한 설화 가운데서 혼사婚事 장애 모티프의 서사적 구조를 추론하는 경우라면 '보편적 이야깃거리'로서 서사의 실체를 추정할 수도 있다. 이때 혼례 문화와 남녀의 결연에 관한 서사가 어우러져 이를테면 '혼사에 관한 문화적 서사' 같은 항을 상정할 수 있을 것이다. 실제로 이러한 하위 논점들을 아우르는 과정에서 짐짓 문화와 서사의 관계를 논점으로 삼는 연구 영역을 구획할 수 있음은 의문의 여지가 없다.

그런데 삶의 다기한 변항으로 말미암아 문화를 고정불변의 실체로 상정할 수 없다는 관점에서 보면, 문화의 현장에서 펼쳐지는 다양한 수행 양상의 변이형들에 주목할 수밖에 없다. 따라서 문화에서 취한 이야깃거리라도 구조적 모티프에 국한된 것일 수 없다. 게다가 서사의 층위 또한 제재 차원의 이야기에 국한되지 않고 수행 차원의 이야기에 걸쳐 있는지라, 언뜻 생각하듯이 문화적 모티프를 구현한 이야기에 한정하여 '문화적 서사' 같은 논항을 일별할 수는 없다. 요컨대 '이야기'는 그 자체가 문화적 수행의 구심이다. 문화나 서사의 적층성積層性을 염두에 두고 보면, '문화', '서사', 그리고 '문화+서사'가 구성적 개념constitutive notion이라는 점은 더욱 명징해진다.

분명 서사와 문화의 관계를 물을 때 그 결과물의 관계를 실체적으로 연관지어 제재 층위에서 연관성을 묻기에 어려움이 없으며, 그러한 논의의 방향이 부당할 리 없다. 그렇지만 두 항을 고정된 실체로 전제하지 않고, 정황 조건에 따라 그 외연과 내포가 형성된다고 보아 구성적 개념으로 전제하자면 그리 단순한 환원 구도에 회부하기 어려운 면이 드러난다. 이런 맥락에서 서사와 문화 양항을 '그 무엇'에 상응하는 실체로 대입하지 않고 구성적 개념으로 대입하여, 인간 삶의 다기한 변항으로 빚어지는 다양한 수행의 국면을 이해할 수 있는 수렴점을 발견할 수 있을 것이다.

문화는 '총체적 삶의 양식whole way of life'[2]이므로 총체에 상응하는 실체적 국면이 있는 것이 엄연한 사실이다. 그런데 그만큼 삶의 전역에서 작동하는 생활 방식으로서 삶의 과정에 작용하는 구성적 기제로 전제될 수도 있기에, 인간 삶의 다기한 변항에 대입하여 이해할 수 있는 여지가 더 생긴다. 문화장cultural fields에서 펼쳐지는 다양한 문화적 수행cultural performances을 온전히 살필 수 있는 방법적 거점은 문화를 실체로 고정시키지 않고 과정적 구성 개념으로 전제하는 편을 택하여 의미망의 외연을 키우는 유리한 방편을 얻는 데 있다.

서사 또한 마찬가지이다. 이야기는 사람들이 제 감정이나 생각, 경험 등을 나누어 공유하는 데 동원하는 손쉬운 방법이다. 그리하여 얻어지는 이야기 편린들을 정리하여 고정된 이야기 편編을 얻을 수 있지만, 그것만으로 이야기의 전모가 오롯이 포괄되지는 아니한다. 사람들은 온전히 고정된 이야기의 텍스트라도 소통에 부쳐 그 의미의 여지를 삶의 장에 투사함으로써 삶의 여러 국면으로 의미망을 확산하고 이를 또 다른 이야기 편의 정보원source으로 삼기 일쑤다. 서사는 이렇듯 이야기를 통해 빚어지는 인간적 수행을 이해하는 방법적 개념이다. 이야깃거리fabula, story나 이야기 편plot, text 층위에 국한되지 않는 이야기 소통의 담론discourse 층위를 상정하여, 이야기를 통해 거래되는 문화적 수행의 양상을 온전히 거론할 수 있도록 '서사narrative' 개념이 방법적 거점에서 상정되고 거론되기 시작한 사실을 재삼 상기할 필요가 있다.[3] 이때 이야기가 인간의 소통을 활성화하고 문화적 거래의 구심적 방편으로 쓰이고 있다는 점에 주목하여 서사적 수행이 문화적 동력으로 작용한다는 점이 강조되는 정황이 여러 국면에서 드러난다.

이렇듯 문화와 서사는 그들 자체로서 자명한 실체가 주어지는 고정태로 대할 것이 아니라 인간적 수행을 통해 외연과 의미망이 변하는 구성적 가능태로 대할 때 그 면면을 살필 최적의 시야가 열린다. 그러니 문화와 서사 사이의 관계에 대해서도 자명한 실체적 관계만을 따질 수 없는 상황에 직면하게 되는 셈이다. 문화적 제재를 이야깃거리로 취했다거나 문화 현장의 면면을 세밀하게 기술하여 이야기의 실감을 드높였다고 해서 문화적 서사의 반열을 짓고 이에 등극시킬 대상을 찾을 궁리만 해서는 안 되는 것이다. 그러한 지시적 유연성有緣性을 통해 서사의 문화적 가치를 가늠하는 일이 부당한 것은 아니지만, 성원들 사이 소통의 여지를 드넓힐 수 있는 경로를 트는 서사 본연의 문화적 기능을 구현한 가능태에 주목해 마땅하다.

문화와 서사의 관계는 자명한 것으로 주어지지 않는다. 대신 문화에서 취한 제재의 서사화 과정에 작용하는 기법적 역학 관계나, 서사가 소통되는 과정에서 작용하는 기제의 역학 관계 등에서 추론할 수 있다.[4] 그러므로 '문화+서사' 범주를 수행 차원에서 구획하고 텍스트를 해석하거나 창출할 때, 그 대상을 특정한 문화적 수행의 결과물에만 국한해서는 안 된다.

이를테면 전통 문화의 단면을 고증하고 복원하는 데 주안하여, 잊혀져 가는 옛이야기를 채록하는 일은 중요하지만, 그만으로 서사의 문화적 층위에 관련된 어떠한 일을 했다고 할 수는 없다. 마찬가지 맥락에서 소통의 매체가 다변화된 오늘날의 문화적 현장에서 거래되는 여러 장르의 서사체를 정리하여 데이터베이스를 구축하거나 디지털 콘텐츠로 각색하는 작업이 긴요하지만, 그것만이 문화 서사의 전역이라고 확정하는 우를 범해서는 안 된다. 문화란 삶에 작용하는 지표이면서도 성원들의 삶의 체험이 총화된 지층이기도 하므로, 소통 공동체의 형성을 활성화하는 서사체의 심층을 발굴하는 데서 서사의 문화적 단서를 얻을 수 있음을 주지해야 한다.

이야기는 이야깃거리에만 한정되지 않고 이야기하고 이야기 나누어 소통될 때라야 본색이 드러난다. 이야기의 소재와 구조를 재구하는 것도 중요하지만, 이야기의 구성 원리를 밝히고 이야기의 장에서 펼쳐지는 소통의 기제와 전략을 해석하는 데 서사론narratology의 거점이 있다. 이런 맥락에서 서사는 문화적 차원의 장르로 수렴되는 것이다. 단순히 제재의 호환성 여부를 통해서만 상호텍스트성 여하를 판단할 수 없듯이, 문화적 제재를 채용한 서사를 단적으로 문화 서사 조합의 범주에 포괄할 수 없다.

서사적 거래narrative transaction에서 파생되는 문화적 상호텍스트성은 분명 문화적 제재를 채용하여 소설이나 영화의 이야깃거리로 삼은 데서만 비롯되는 것이 아니다. 삶에 관여된 여러 수행의 장에서 성원들이 소통하여 어우러짐으로써 문화적 공동체가 구축되는 것에 비견되게, 소설을 통한 서사적 소통의 장이 형성될 개연성이 조성됨으로써 서사가 문화적 층위에 산입될 수 있는 식이다. 문화의 장에서 펼쳐지는 입담이나 극적인 상황이 글과 영상을 통해 구현되는 것도 마찬가지 식이다. 물론 어떠한 경우라도 직시적 표지를 통해 관여 자질이 드러나는 것은 아니다. 저러한 문화와 서사의 관계는 상징이나 기호적 표지를 통해 맺어진다. 그래서 더욱, 대상적 실체를 전제한 제재적 호환성을 단서로 삼을 수 없는 것이다.

문화와 서사의 관계는 관련 텍스트들의 상호성을 산출하는 역학을 통해 구성된다. 서사의 제재가 되는 삶의 장이 구성되는 문화적 표징에 대한 이해, 이야깃거리를 구성지게 하여 그럴싸하게 짓는 과정에서 투사된 마음이 모이는 문화장의 구심에 대한 이해, 구성진 이야기의 효과를 최적화하기 위해 동원하는 매체의 활용을 통해 활성화되는 소통 회로에 대한 이해 등이 그러한 역학의 이해에 관여된 항이다. 이들을 포섭할 수 있는 폭넓은 시야와 촘촘한 의미망을 통해 '서사+문화' 항에 여러 상수와 변수를 대입하여 도출할 수 있는 결과치를 바탕으로 그 가치를 추산할 수 있는 길이 열릴 것이다.

1 발(M. Bal)이 책임편집자로 참여한 『서사 이론(Narrative Theory)』 시리즈(Mieke Bal (ed.), *Narrative Theory — Critical Concepts in Literary and Cultural Studies*, Routledge, 2004)는 '문학과 문화 연구의 핵심 개념들(critical concepts in literary and cultural studies)'이란 부제가 붙어 있다. 다각적인 문화 현상과 다양한 매체를 통해 거래되는 텍스트에서 서사의 자질을 탐색하려는, 서사와 문화에 관여된 학제적 연구 성과를 정리하기 위한 기획의 소산이다. 나는 이러한 비교 연구에 경외감을 갖고 있으면서도, '서사+문화' 현상의 영역 횡단적 사유에 밀착된 개념 도식을 얻고자 양항의 구성적 자질에 한층 더 급진적으로 밀착한 논의를 펼치고자 한다.

2 Scott Wilson, *Cultural Materialism,* Blackwell, 1995, p. 24 참조. Roger M. Keesing, *Cultural Anthropology; A Contemporary Perspective*, Holt, 1981, pp. 67~70 참조. David E. Hunter & Phillip Whitten (ed.), *Encyclopedia of Anthropology*, Harper & Row, 1976, pp. 102~103 참조.

3 Patrick O'neill, *Fictions of Discourse*, Toronto UP., 1994, p. 21 참조.

4 개별 텍스트는 물론이고 장르 상호 간의 경계를 넘어선 인유의 변주에서 드러나는 상호텍스트성에 관한 혜안을 제시한 바흐친의 통찰은 그러한 역학 관계를 추론할 수 있는 가능성을 시사한다.

문화 객체의 발굴과 서사적 모의

서사는 그 자체로서 문화적 수행의 구심이며 문화의 가치가 창출되는 거점항이다. 이러한 서사의 문화적 자질을 여러모로 측량할 수 있는 서사 텍스트를 발굴하는 것은 서사를 연구하는 이들로서 제일 과제로 삼을 만하다. 소설 『혼불』이 관심을 끄는 이유가 여기에 있다.

『혼불』에서는 우선 다양한 문화 객체cultural objects를 채용하여 다각적인 양태로 재구성하여 제재 층위에서 활용하는 양상이 눈에 띈다. '문화 객체'는 실제 문화 현장에서 벌어지는 사태나 성원들의 문화적 행위의 면면을 옮겨 적은 실체적 대상 같은 것을 지시하지 않는다. 문화 현상은 그 자체로서 자명한 의미가 주어질 수 없고 성원들 사이의 소통과 해석에 부쳐져 의미망이 구성되게 마련인데, 서사는 그러한 구성의 과정에서 효과적으로 동원되는 수단이다. 이렇듯 문화 현상의 의미를 해석하고 그 의미를 효과적인 소통에 부칠 수 있도록 도울 서사의 차원들에 회부하여 최적화된 형상을 입혀 구현한 이미지 도식image schema들의 계열체에 상응하는 것을 문화 객체로 범주화할 수 있다.

문화 객체는 그 자체로서 서사적 수행의 결실이니 문화적 과정에서 얻어진 소산인지라, 실체로서 주어지지 않고 구성 개념에 부쳐지는 만큼 다양한 변이형이 파생될 구심들을 지을 수 있는 여지를 연다. 그리고 그 자체가, 그리 열린 해석의 지평에서 대입될 변수에 따라 연산 가치가 달라질 수 있는 가능성에 노출되어 있다. 다시금 강조하거니와 문화는 고정불변의 실체가 아니라 변화의 과정에 부쳐져 태가 바뀌는 구성체이다. '문화 객체'는 그러한 구성체적 자질을 염두에 둔 개념 술어이다.

『혼불』이 산출한 문화적 가치의 표층에는 문화적 수행의 결실로 축적되고 전승되어 온 문화 객체의 여러 양태가 직시적 표지로 제시되어 있다. 삶에 유용한 단말의 도구나 장치*mise en scene*, 구술이나 선적典籍을 통해 전해진 여러 양태의 문서documents, 그리고 실생활과 의례의 장 등을 통해 실연되는 인간적 수행의 면면들을 수렴한 장대한 규모의 문화장을 한 편의 서사 텍스트에 구현한 결실이 『혼불』이니, 이 소설 자체가 문화적 수행의 한 소산이라 해도 좋은 것이다. 『혼불』을 두고 문화지ethnography 수준의 서사체로 이해하는 시각[1]의 타당성은 이 맥락을 고려했을 때 유효하다.

문화 객체의 서사적 수렴

『혼불』의 모두冒頭를 장식한 '혼례'에 관한 이야기에 주목해 보자. 혼례는 인륜지대사라 하는데 혼인하는 당사자들과 그 가족 친지는 물론 공동체 성원들 공동의 '큰일'로서 중요한 문화 현상이다. 그러니 이를 의례의 장場에 부쳐 심장深長한 의미를 부여하고 그 장을 통해 공동의 관심사에 대한 서로의 심려를 모아 대응하는 것은 지혜로운 처사다. 그러므로 혼례에 대해서 이야기하려면 그 장면만 주목할 것이 아니라 그 장이 펼쳐지기까지의 과정과 이에 얽힌 사연을 같이 이야기하여 의미를 더 곡진하게 얽을 수 있을 것이다. 『혼불』은 이를 서사 회로에 산입하여 새로운 의미의 여지를 구현하여 제시한다. 우선 소설의 첫 대목을 보자.

> 그다지 쾌청한 날씨는 아니었다.
>
> 거기다가 대숲에서는 제법 바람 소리까지 일었다. …(중략)…
>
> 대실의 사람들은 태어나면서부터 이 대숲에서 일고 있는 바람에 귀가 젖어 그 소리만으로도 날씨를 분별할 수 있을 정도였다.
>
> 뿐만 아니라 그것들이 하고 있는 이야기와 몸짓까지라도 얼마든지 눈치챌 수 있기도 하였다.
>
> 그저 저희끼리 손을 비비며 놀고 있는 자잘하고 맑은 소리, 강 건너 강골 이씨네가 살고 있는 마을에서 이쪽 대실로 마실 나온 바람이 잠시 머무는 소리, 어디 먼 타지에서 불어와 그대로 지나가는 낯선 소리, 그러다가도 허리가 휘어질 만큼 성이 나서 잎사귀 낱낱의 푸른 날을 번뜩이며 몸을 솟구치는 소리, 그런가 하면 아무 뜻없이 심심하여 제 이파리나 흔들어 보는 소리, 그리고 달도 없는 깊은 밤 제 몸속의 적막을 퉁소 삼아 불어 내는 한숨 소리, 그 소리에 섞여 별의 무리가 우수수 대밭에 떨어지는 소리까지라도 얼마든지 들어 낼 수가 있었다.
>
> 그러나 오늘은 아무도 그 대바람 소리에 마음을 쓰는 사람은 없었다. 마을에 큰일이 있기 때문이었다. (1권, 11~13쪽)[2]

'대실의 사람들'에게 '대숲'은 '날씨'를 점치는 것은 물론 삶의 경험을 투사하여 여러 상황을 이해하는 데 연관된 공동의 생활 공간으로 설정되어 있다. 단순히 생활의 배경에 국한된 물리적 '장소'가 아니라 삶의 다사다난한 국면들을 관여시켜 의미를 짓는 거점인 '공간'으로 수용되면서 문화장으로서의 의의가 부여된 것이다. 그곳은 삶의 대소사를 엮어 삶의 예지를 모으는 표상으로 전제된 문화 공간[3]이다.

그런데 하필 '큰일'이 있는 날 '대바람 소리'에 마음을 두지 않는다고 하니 석연치 않다. '날씨'와 '대바람 소리'의 관계는 이 마을 사람들 사이에서 삶의 예지를 모으는 중요한 계기인데, 그 어느 때보다도 그에 관심해야 할 날에 되려 '큰일이 있기 때문'에 신경을 쓰지 않는다고 하니 모종의 긴장감이 감도는 것이다. 그러한 긴장감은 이 날 마을 공동의 관심사인 '혼례'에 얽힌 이야기 중에서도 특히 신랑 신부의 앞날을 예션하는 사례를 이야기하는 대목에 이르러 정점을 이룬다.

그러고 보면 큰일을 치러야 하는 날 날씨가 그다지 쾌청하지 않고 대바람 소리가 범상치 않은 기운에 신경을 곤두세우며 사위스러운 예감에 사로잡힐 이유는 없을 것이다. 날씨든 바람 소리든 그 자체로서 무의미한 자연 현상이지만 이를 삶의 국면에 겹쳐 의미를 지을 요량이라면 굳이 부정적 기운을 환기하는 쪽으로 마음을 쓸 이유는 없을 터, 일생의 중대사를 돕는 이들로서는 애써서라도 사위스러운 마음을 품지 않으려 도모하는 편이 나은 선택인지 모른다. 어차피 자연 현상을 삶에 대응시켜 이해하는 발상이, 본디 중요한 문제를 앞두고 삶의 예지를 모으려는 마음과 조응하는 것이므로, 현상의 의미를 긍정적인 방향으로 수용하려는 심산은 지혜롭다.

이렇듯 현상에 의미를 사상寫像mapping하여 삶의 예지를 얻으려는 심산은 '의례'에 이르러 정점을 이룬다. 위에서 '큰일'은 '혼례'이다. 그 날은 종가의 명을 이을 주인공 둘이 초례청에서 혼인의 예를 마무리하는 날이었던 것이다. 혼례 절차가 진행되는 그 날 그 자리에서 펼쳐지는 일만 아니라 그간 진행되었던 관련사들 서로가, 의례에서 수행되는 제차祭次의 의미망에 수렴되는 것으로 그려진다. 이러한 '문화적 과정'의 기술은 성원들이 수행하는 삶의 행위 낱낱의 의미를 돌이키게 하고, 그 총체가 집대성되는 의례의 장에 대한 기술은 성원들의 문화적 예지를 밀도 있게 드러내는 효과를 발한다. 다음 대목을 보자.

> "초리청은 어쩝디여?"
>
> 점봉이네가 눈을 반짝이며 묻는다. 마당으로 가 보고 싶어 죽을 지경이다. 그래서 시룻번을 한 입 급하게 베어 물고는 부엌 바라지 바깥으로 고개를 쑤욱 내민다.
>
> 마당의 넓은 차일 아래에는 십장생이 그려진 열 폭 병풍이 붉은 해·푸른 산·흐르는 물과 상서롭게 웅크린 바위, 그리고 그 바위가 승천하여 떠 있는 구름이며 바람 소리 성성한 솔과 소나무 아래 숨은 듯 고개 내민 불로초, 불로초를 에워싸고 노니는 거북이·학·사슴 들이 온갖 자태와 빛깔로 호화롭게 펼쳐져 있다.
>
> 그러나 아직도 구름은 아까만한 빛으로 해를 품은 채, 좀체로 해의 얼굴을 말갛게 씻어 주려 하지 않는다.
>
> 추수가 끝나고, 자잘한 가을 일들이 몇 가지 들판에 남아 있기는

하나, 그런대로 큰손 갈 것은 대충 마무리지은 음력 시월 초순, 바람에 벌써 스산함이 끼어 있다.

허나, 오늘 같은 날, 누가 그런 것에 마음을 두겠는가.

그럴 겨를이 없었다. (1권, 18쪽)

의혼議婚 과정에서부터 시작되어 초례청의 예를 치르기까지 양가에 오가는 혼인의 예에 관한 절차 과정이 소상히 기술된 터다. 그리고 비로소 그 마지막 절차인 초례를 치르는 날에 초례청으로 이야기의 무대가 옮겨져 그 분위기가 날씨의 기색에 다시금 견주어진다. 그만큼 중요한 사건의 정황 조건에 이 날의 날씨와 대숲의 형세를 대입하여 의미항을 지으려는 심산은 온당하다. 그러면서도 좀처럼 쾌청해지지 않은 날씨인지라 그 변수가 일을 그르치지 않아야 한다는 심산조차도 온당해 보이는 것은, 성원들이 일의 전조에 날씨를 대입하여 이해하는 것이 원체 긍정적인 의미를 얻고자 예지를 모으는 데 적용할 인지 도식cognitive schema인지라, 이를 정황 조건에 걸맞은 의미 회로에 대입하려는 태도가 부당한 처사가 아니라는 데 생각이 모이기 때문이다.

그렇다고는 해도 사람들이 날씨 변화에 애써 마음을 두지 않는다는 설정 자체가 모종의 긴장감을 부르는 것은 바뀌지 않는다. '겨를이 없'어서 그런다고 하니 더욱 그러하다. 중요한 날인 만큼 없는 틈이라도 내어서 마음을 쓰고 그 의미를 이리저리 재어 보아야 할 터인데 경황 중이라고 신경을 쓰지 않는다니 되려 날씨와 대숲의 전조로 엿보이는 좋지 않은 징조가 도드라지는 면이 있으니 말이다. 이런 상황에서 초례청의 일이 서사 표층에서 제시되는데 이를 대하는 태도를 어찌 이해할지 곤혹스럽게 하는 정황이 펼쳐지는 것만은 분명하다. 맥락을 따라 좀 더 살펴보자.

> 그럴 겨를이 없었다.
>
> "부서언재애배애婦先再拜."
>
> 혼례 의식의 순서를 적은 홀기笏記를 두 손으로 받들어 정중하게 펼쳐 들고 예를 진행하는 허근許槿의 목소리는 막 무르익어 가고 있었다. 허근은 신부의 종조부이다.
>
> 신부가 먼저 두 번 절 하라는 말이 꼬리를 끌며 마당에 울리자, 신부의 양쪽에 서 있던 수모手母가 신부를 부축한다.
>
> 신부는 팔을 높이 올려 한삼으로 얼굴을 가리운다.
>
> 다홍 비단 바탕에 굽이치는 물결이 노닐고, 바위가 우뚝하며, 그 바위 틈에서 갸웃 고개를 내민 불로초, 그리고 그 위를 어미 봉鳳과 새끼 봉들이 어우러져 나는데, 연꽃·모란꽃이 혹은 수줍게 혹은 흐드러지게 피어나고 있는 신부의 활옷은, 그 소맷부리가 청·홍·황으로 끝동이 달려 있어서 보는 이를 휘황하게 하였다.
>
> "하이고오, 시상에 워찌면 저렇코롬……."
>
> 초례청을 에워싼 사람들의 뒤쪽에서 누군가 참지 못하고 탄성을 질렀다. 거의 안타까운 목소리이다. (1권, 18~19쪽)

여하튼 이야기의 향배는 초례청에서 진행되는 예식의 면면을 세묘하는 데로 향한다. 주례자가 제차를 낭독하는 소리의 장단을 살려 서술함으로써 현장감을 전하면서도 그 본디말을 한자로 병기하여 정확한 정보를 기술하는가 하면 그 뜻을 뒤에 부언함으로써 이해를 돕기까지, 혼례 의식에 관여된 문화지적 정보를 가공하여 기술함으로써 문화 객체 형태를 부여하는 맥락을 가늠하게 한다. '부선재배'

절차에서 예식 당사자들이 행하는 의례적 행위를 기술하는 데 국한되지 않고, 하객으로서 참여하는 이들이나 일을 돕는 이들의 시선 감각과 마음을 들추어 이 의례의 장에 배인 분위기는 물론이거니와 각각의 제차에 스민 의의를 더욱 수월하게 이해할 수 있게끔 구체적인 텍스트를 제시한 셈이라 해도 좋을 것이다.

대상화되어 고정될 수 있는 문화 정보를 가공하여 의미망을 확장하는 계기가 이로써 지어진다. 이는 다시금 문화에 대한 이해의 여지를 넓히고자 하는 이들에게 또 하나의 문화지적 텍스트로 던져져 다른 차원들로써 구성될 수 있는 가능성에 열리면서 외연이 넓어질 수 있을 것이다. 이러한 양상은 이어지는 '거배상호서상부하' 순서를 기술한 데 이르러 더욱 선연해진다.

> "거배애상호서상부하아擧盃相互婿上婦下."
>
> 서로 잔을 들어 신랑이 위로, 신부가 아래로 가게 바꾸시오.
>
> 허근의 소리가 다시 울린다. 이 순서야말로 조심스러운 것이고, 이제까지의 복잡하고 기나 긴 예식의 마지막 절차이다. 또한, 가장 예언적인 성격을 띠는 일이기도 하였다. 사람들도 이때만은 숨을 죽인다.
>
> 하님과 대반은 술상 위에 놓여 있는 표주박 잔을 챙긴다.
>
> 세번째 술잔은 표주박인 것이다. 원래 한 통이었던 것을 둘로 나눈, 작고 앙징스러운 표주박의 손잡이에는 명주실 타래가 묶여 길게 드리워져 있다. 신랑 쪽에는 푸른 실, 신부 쪽에는 붉은 실이다. 그것은 가다가, 서로 그 끝을 정교하게 풀로 이어 붙여서 마치 한 타래 같았다.
>
> 이제 이렇게 각기 다른 꼬타리의 실끝이 서로 만나 이어져 하나로 되었듯이, 두 사람도 한 몸을 이루었으니, 부디부디 한평생 변치 말고 살라는 뜻이리라.

그러나 어려운 것은, 그 표주박에 가득 술을 부어 술잔을 서로 바꾸어 마셔야 하는 일이었다. 그런데 술잔을 바꾸면서 술을 한 방울이라도 흘려서는 안된다. 또 실이 얽히거나 꼬여서는 더욱 안된다. 술방울을 흘리면 흘린 쪽의 마음이 새어 버리고, 실이 얽히면 앞날에 맺힌 일이 많아, 그만큼 고초가 심하다고 하였다.

그래서 하님과 대반은, 손에 힘을 잔뜩 주고 온몸을 조심하며 술잔을 서로 바꾸는 것이다.

양쪽 상 위에 서리를 틀고 있는 청실 홍실은 구름 끼인 별뉘 아래 요요히 빛나고 있다.

하님과 대반은 각기 신랑과 신부에게 표주박을 쥐어 준다.

(1권, 23~24쪽)

의혼에서 시작된 혼인의 예는 복잡다단한 과정을 거쳐 그 대미인 초례청의 예식에 이르렀고 그 또한 혼례의 대단원을 이룰 절차의 고비에 이르러 정점의 의미 함수가 대입되는 것으로 설정된다. 중요한 순서의 수행인 만큼 인연에 관여된 각별한 의미를 응집할 만한 은유적 개념 도식이 이 맥락에서 산입된 것이다. '신랑 신부는 본디 하나다.'라는 개념tenor이 '원래 한 통'인 '표주박'이라는 매개표지vehicle에 사상되어, '부부의 연을 맺는 것은 인간 본연의 모습을 회복하는 계기'라는 파생 개념이 지어진다. 혼례란 인연의 본연 회복에 관한 의례라는 대전제 또한 이를 통해 재확인된다.

이러한 '본디 인연'에 얽힌 개념을 전제로 이 제차가 수행되고, 이 과정을 통해 혼인 당사자에게 부여되어 그들이 직면할 상황에 대한 의미를 가늠할 수 있는 여건이 조성된다. 본디 한 통인 표주박을 둘로 나누었으니 본디 한 몸인 신랑 신부가 두 개체로서 각 표주박에

대입된다. '남|여'라는 대립항으로 이어온 삶의 궤적이 '청(실)|홍(실)'이라는 대립적 표상을 사상한 매개표지를 통해 대상화되어 지각 가능한 항으로 변환되고, 각각에 담긴 '술'이 서로의 '마음'의 대역으로 작동하여 이 극화된 상황을 보는 이들이 이해에 동원할 이미지 도식으로 적용된다.

몸은 둘로 나뉘어 청홍으로 변별되지만 인연의 '실'로 이어져 표주박에 담긴 마음을 서로 나누어 본디 한몸이었음을 돌이키자는 은유적 개념이 저 의례적 표상을 추인하여, 혼례의 정점에 이르른 긴장된 분위기에 여실히 어울리는 정황을 짓는 거점을 이룬다. 실이, 곧 인연이 꼬여서도 곤란하고, 술을, 곧 마음을 흘려서도 곤란하다는 심상이 이 은유적 의례 절차를 통해 실연되어 혼례에 관한 문화 객체의 하위 계열의 분기node가 하나 구성된다. 이어지는 '시자각침주' 장면을 통해 그 문화 객체는 서사적 상황의 디테일을 입어, 장대한 서사의 모두冒頭로서 앞으로 이어질 이야기의 향배에 대한 전조적 기능이 부여되면서 구성적 의의가 더해진다. 날씨에 관한 언급의 자장이 여기에 미치고 있어서 서사 구성의 치밀한 구도를 재삼 확인할 수 있는 것이다.

> "시이자아가악치임주우侍者各斟酒."
>
> 허근의 목소리는 고비에 이르렀다.
>
> 드디어 하님과 대반이 몸을 일으켰다.
>
> 그러나 긴장을 하고 조심하면, 일은 더욱 더디어지고 걸리기 마련인가. 아니면, 워낙 명주실이라는 것이 부드럽고 가늘어, 이리저리 옮기지 않아도 제 타래에서 제 실낱끼리라도 얽히는 것일까.

그만 실이 꼬이더니 얽히고 만 것이다.

츳!

허담이 혀를 찼다.

하이고오, 어쩌꼬오…….

사람들 사이에서 잠시 소요가 일었다. 그 수런거림은 불길한 음향을 남겼다. 물론 그것은 작은 매듭에 불과했지만 그것을 보는 사람들의 마음을 철렁하게 하였다.

그러나, 여기서 더 어쩔 수는 없는 일이었다.

그 가느다란 실낱을 헤쳐가며 풀 수도 없으려니와, 그러다가는 표주박의 술마저 엎지르게 될 것이기 때문이었다. 기왕에 얽혀 버린 실을 풀어 내다가는 다음 일조차도 그르치게 된다. 허근의 얼굴이 어둡게 찌푸려진다. 그리고 낮은 소리로 그냥 두라고 했다.

그래서 아까보다 더욱 조심스럽게 어깨를 움츠리며 잔을 나르는 대반의 코에 땀이 솟아난다.

아하아아.

하객 중의 한 사람이 탄성을 발했다. 술방울을 흘리지 않고 무사히 잔이 건네어진 모양이었다. 사람들도 저마다 비로소 숨을 튼다.

그리고 이제 점점 끝나가는 예식을 아쉬워하며, 신랑과 신부가 표주박의 술을 남기지 않고 한 번에 마시는지 어쩌는지, 마지막 흥겨움과 긴장을 모으며 여기저기서 한 마디씩 했다. (1권, 24~25쪽)

의례 절차에 예조 기능이 부여된 터라 표상적 의미가 중대해진 이 순서가 서사 과정을 통해 실연되는 중에 빚어진 '불길한' 징조는 심장한 긴장감을 설정하는 항으로 작용한다. 그러한 상황이 빚어진 정황 조건에 대한 해석에 대입된 생각의 단말들이 실생활에서 늘상 해보았음 직한 상념들인지라, 이러한 서사적 설정이 무리수는 아닌 것으로 수긍된다. 무엇보다 일이 그르쳐진 상황에 직면하여 성원들이 지혜롭게 해석하고 대응하는 양상이 그럴싸하게 받아들여지면서 불길한 징조를 상쇄할 대응적 표상이 지어진 것으로 이해할 만하다. 이때 무대 소품에 상응하는 대상물에 관해서나 인물들의 표정과 행위는 물론 그 생각과 감정이 배인 마음에 관한 서사적 디테일이 눈에 띈다.

성원들의 지혜로운 해석이 다 그만한 이유가 있음이 이로써 더욱 온당해지는 면도 있으니, 문화적 과정에서 볼 수 있을 해석의 변수와 이를 통해 지어지는 문화적 수행의 역동성에 재삼 주목할 여지가 제시된다고 할 수 있다. 일이 꼬여 부정적인 기운이 감돌던 분위기를 그나마 일신할 수 있게 호전된 상황에서 함께 숨죽이며 제 일인 양 사태의 추이를 예의 주시하던 하객들이 '저마다 비로소 숨을 트'는 장면을 통해, '마을의 큰 일'에 서로의 마음을 모아 심려하는 이들의 '어우러짐'을 극화함으로써 구현한 문화 객체의 또 한 국면을 확인할 수 있다.

문화 객체란 단순히 물리적이고 객관적이어서 일정한 형型에 고정된 대상을 지칭하는 것이 아니라, 성원들 사이에서 두루 쓰이면서 그 기능과 형태가 구성되는 의미체에 상응하는 것이라는 점을 재삼 의식해 마땅하다.

문화 객체의 기호 변용

『혼불』에서 확인할 수 있는 문화 객체의 기술 규모는 상당하다. 이 소설을 가리켜 우리 문화의 보고寶庫라고 하며 고평하는 것이 무리한 평가는 아닐 터, 이 소설에 기록된 문화에 대한 정보는 웬만한 문화지에 기록된 것보다 적확하며 디테일이 풍성하다. 혼례를 위시하여 의례의 장을 기술한 바가 특히 주목거리인데, 구성상 중요한 전기에 해당하는 '청암부인의 죽음'에 관련된 서사는 이 소설에 채용된 문화 객체 기술 국면의 결정結晶이다. 이 소설의 주도-모티프Leit-Motiv인 '혼불'에 관한 서사가 이를 통해 펼쳐지는 만큼 더욱 주목을 요하기도 한다. 다음을 보자.

> 무겁게 감은 청암부인의 왼쪽 눈귀에 찐득한 눈물이 배어났다. 그것은 댓진 같은 진액津液이었다. 차마 흘러내리지도 못한 채 눈 언저리에 엉기어 있기만 하는 그 눈물은, 무슨 응어리 같기도 하였다.
>
> 그날 밤, 인월댁은 종가의 지붕 위로 훌렁 떠오르는 푸른 불덩어리를 보았다. 안채 쪽에서 솟아오른 그 불덩어리는 보름달만큼 크고 투명하였다. 그러나 달보다 더 투명하고 시리어 섬뜩하도록 푸른 빛이 가슴을 철렁하게 했다.
>
> 청암부인의 혼魂불이었다.
>
> 어두운 반공중에 우뚝한 용마루 근처에서 그 혼불은 잠시 멈칫하더니 이윽고 혀를 차듯 한 번 출렁하고는, 검푸른 대밭을 넘어 너훌너훌 들판 쪽으로 날아갔다.
>
> 서늘하게 눈부신 불덩어리가 날아가는 모습을 향하여 인월댁은 하늘을 우러르며 두 손을 모은다.
>
> 삭막한 겨울의 밤하늘이 에이게 푸르다.
>
> 사람의 육신에서 그렇게 혼불이 나가면 바로 사흘 안에, 아니면 오래 가야 석 달 안에 초상이 난다고 사람들은 말하였다. 그러니 불이 나가고도 석 달까지는 살 수 있다는 말이기도 했다. 하지만 석 달을 더 넘길 수는 없다는 말이기도 하였다. 그런데, 참으로 알 수 없는 일은 그 말이 영락없이 맞아 떨어진다는 점이었다.
>
> 운명하기 전에, 저와 더불어 살던 집이라고 할 육신을 가볍게 내버

리고 홀연히 떠오르는 혼불은 크기가 종발만 하며, 살 없는 빛으로 별 색같이 맑고 포르스름한데, 다른 사람들의 눈에도 선히 보이는 것이었다. 그것도 남자와 여자는 그 모양이 다른데. 여자의 것은 둥글고 남자의 것은 꼬리가 있다. 그것은 장닭의 꼬리처럼 생겼다 한다. 어쩌면 남자의 불이 좀더 크다고 하던가.

비명非命에 횡사를 한 원통한 사람의 넋은, 미처 몸 속에서 빠져 나가지 못한 채 거리 중천에서 방황하게 된다.

그래서 혼불도 흩어져 버린다.

하지만 제 목숨을 다 채우고 고종명考終命하여, 제 명대로 살다가 편안히 가는 사람의 혼불은, 그처럼 미리 나가 들판 너머로 강 건너로 어디 더 먼 산 너머로 날아간다. 그렇게 날아서 다음에 태어날 자리를 찾아가고 있는 것이라고도 하였다. 아니면 저승으로 너훌너훌 날아가는 것이라고도 했다.

인월댁은 마당에 서서 지붕을 향하여 침음沈吟하였다.

(3권, 107~108쪽)

'혼불'에 대한 자세한 정보가 이 대목에 기술되어 있는 것은 물론, 혼불을 둘러싸고 펼쳐지는 문화적 수행의 면면을 통해 문화 성원들이 죽음을 대하는 마음을 살필 수 있게 하는 이미지 도식들이 밀도 있게 기술되어 있다. 죽음을 목전에 둔 이의 응어리진 마음이 '댓진'에 투사되어 찐득한 눈물에 비추어지고 회한에 찬 육신의 무거움이 영혼의 가벼움과 대를 이루어, 삶과 죽음의 경계에 선 사람과 이를 지켜보는 이들이 죽음을 쾌히 받아들이지 못하는 정황을 가늠하게 한다. 생전의 몸은 땅에, 사후의 영혼은 하늘에 귀속된다는 관념이 죽음에 관한 개념 도식의 바탕을 이루는데, 삶의 회한이 영혼의 자유로운 비상을 가로막는다는 심산이 확산되면서 어차피 죽음에 직면한 현실을 수긍하지 않을 수 없는 터라면 이를 긍정적인 방향으로 수용하려고 모색하는 편이 낫다고 여기는 정황도 추산된다. 죽음에 대한 슬픔과 두려움에서 오는 감각을 돌려 새로운 세계를 향해 비상하는 자유로움에 대한 감각으로 반전시킴으로써 망자를 위무慰撫하는 것은 물론 살아 있는 이들 서로가 위로하며 심란한 마음을 돌리려는 예지가 이로써 구동된다.

'몸은 무겁고 혼은 가볍다.'라는 대칭적 은유 개념에서 파생된 '혼은 비상체다.'라는 정향orientation의 은유 도식[4]은 '혼은 자유다.'에 이어지며, 이와 비슷한 감각을 자아내는 대상인 '불'에 '혼'이 사상되어 '혼은 불이다.'라는 은유 도식을 지을 수 있게 한다. '혼은 불이다.'는 '혼은 뜨겁다.'를 떠올리게 하며 열기와 생명을 사상하는 개념을 고리로 '혼은 생명이다.'에 연결되어 '혼불'의 이미지를 구성하는 주요 계기로 작용한다. 따라서 '혼불'은 불꽃에서 가장 뜨거운 '푸른 불'에 사상된 이미지 도식을 형성할 여지도 조성된다고 할 수 있다. 아이러니하게도 가장 뜨거운 푸른 불꽃이 피워올리는 감각은 살이 에이게 선뜩한 차가움을 연상시키는데, 생명의 마지막 기운이 피운 뜨거운 푸른 불 '혼불'이 극한의 한기寒氣를 전하는 매개표지로 반전되며 빚어진 모순 형용이 은유적 이미지 사상의 단적인 국면을 보여준다.

이렇듯 '혼불'은 죽음과 생명에 관여된 역설적 심상을 표현하고 이해할 때 동원되는 개념 도식을 구성하는 데 최적화된 은유적 표상이다. 가장 뜨거운 생명의 기운이 혼이라면 그 혼이 피워 올릴 불꽃이 푸른 빛을 띠어 보는 이들로 하여금 선뜩한 기운을 느끼게 한다는 심산은, 각 단계 개념 간의 과학적 사실 관계나 논리적 인과 관계와 별개로, 문화 성원들 사이에 편재한 은유적 도식을 통해 소통에 부쳐져 문화적 예지를 확산하는 표상적 표지로 세워짐으로써 참값으로 수용된다. 이렇듯 인상적인 가치truth value 공정을 통해 문화 객체의 가치 체계가 수립되는 것이다.

문화 객체는 문화장에서 발견되는 대상적 질료 형태의 표층적 실체 개념이 아니라, 대상들의 관계망에서 부여되는 기능과 문화적 수행의 표층 아래에서 대상들의 기능적 작용에 의미를 총체적으로 산입할 수 있도록 돕는 가시적 표지이다. 따라서 이는 모종의 매체를 통해 기술됨으로써 맥락이나 정황 조건에 따라 일정한 형으로 드러난 텍스트에 상응한다. '혼불'은 그 실체를 확증할 수 없지만, 자체의 형상이 실로 있는지 여부와 별개로 그 이미지와 개념이 구성되어 있어 실체처럼 전제된 채, 성원들 사이에서 유효한 값이 부여된 '개념적 형상'이다. 게다가 이를 둘러싸고 사람들 사이에서 숱한 담론이 펼쳐지는 정황의 총화는 그 실체 여부에 대한 의구심을 불식하기에 충분하다. 그리고 이에 연루된 담론들에서 파생된 죽음에 관한 이미지와 개념, 담론의 확장태를 염두에 두고 보자면 '혼불'은 문화 객체로서 매우 유의미한 가치를 발산한다고 할 수 있다. 그 가치 확산의 한 정점에 『혼불』이 있기도 하다.

『혼불』은 '혼불'이라는 문화 객체의 외연이 확장되고 그 함의와 가치가 문학장literary fields을 통해 심화되는 거점을 이룬다. 특정 문화 영역 내에서 통용되던 혼불에 관여된 약호들codes과 담론 패턴이 이 소설을 통해 새로운 의미의 네트워크에 부쳐져 더 넓은 문화 영역의 문화 성원들 사이에서 소통될 수 있는 여지가 열리는 것이다.[5] 생명과 죽음에 관한 이미지 도식을 세우는 데도 『혼불』의 서사 담론이 변항으로 대입되어 의미의 새로운 함수가 도출될 수 있는 단서가 추가된다. '청암부인'의 혼불을 '인월댁'과 '효원'이 목도하면서부터 시작된, 죽음에 부치는 의례적 수행의 면면을 기술한 서사의 세부를 통해, 죽은 이의 넋을 달래고 새로운 세계에 대한 희망의 전언을 표하는가 하면 살아 있는 이들 서로가 위무하며 혼돈 상황을 정리하여 본디 질서로 회귀하려는 의지를 극화하면서 위기에 지혜롭게 대처하는 문화 행위의 국면을 여실히 살필 수 있다. 모두冒頭의 혼례에 관한 서사 디테일과 마찬가지로 상례喪禮에 관한 서사의 디테일에서도, 객관적이지만 무미한 문화지로 표현할 길 난망한, 문화 수행자들의 곡진한 심회와 정서적 교감의 면면을 섬세하게 드러내는 서사 담론의 저력을 재삼 확인할 수 있다.

의례ritual란 단순히 무형 문화재 수준의 고정된 형으로 환원되는 실체적 대상이 아니라, 참여자들의 연행performance을 통해 상황 맥락에 부합한 의미를 산출할 수 있도록 조율될 여지를 두어 역동적 수행 과정에서 면면이 구현되는 구성적 현상이다.[6] 여러 양태로 구현되는 현상의 관여적 자질relative features을 일정한 모형에 수렴시켜 정리된 면모의 대체를 제시할 수 있을지라도 그 면모가 본연의 정형으로 환원될 수 있는 자질의 것은 아니다. 가령 위에 인용한 대목에서 청암부인의 혼불을 대하고서 펼쳐지는 인월댁의 '침음'은 그 자체가 상례의 절차를 이루는 것은 아니지만 죽음을 대하는 이의 감각과 죽은 이의 넋을 위무하려는 이들의 마음이 투영되고 있어, 의례 과정에서 다다르려는 정신의 가치 면에서 사상 관계에 놓인 일련의 문화적 수행을 실연하고 있다고 할 수 있다. 그러므로 이는 죽음의 의례에 관여된 문화 객체 분기의 하위 단에 설정된 문화 객체의 단면에 해당함 직하다. 이런 식의 수행에 배인 마음이 모여 일정한 도식을 형성함으로써 의례적 구조가 지어질 수 있으며 그러한 구조가 연행의 장에서 실연되어 죽음에 연관된 감성과 의식이 형용을 얻음으로써 상례에 관한 문화 객체의 계열이 지어지는 것이다. 이러한 의례의 원리가 『혼불』 서사의 중요한 맥을 이루고 있다. 청암부인의 죽음에 직면한 이들이 펼치는 의례의 서사적 시퀀스를 따라 살펴보자.

> 후읍.
>
> 그 순간 청암부인은 깊은 숨을 들이쉰다. 방안에 둘러앉은 사람들도 따라서 숨을 들이쉰다. 그러나, 그네의 메마른 몸 속으로 한번 빨리어 들어간 숨은 다시 새어 나오지 않았다.
>
> 율촌댁이 황급히 몸을 기울여 청암부인의 숨소리를 들어본다. 아무런 기척이 없다. 옆에 앉은 효원이 백지에 싼 햇솜 한 조각을 청암부인의 인중 위에 송구스러운 기색으로 얹어 놓는다.
>
> 이 무슨 참람한 일이냐. 내가 할머님 절명을 확인하다니. 잠시 숨을 멈추신 것일 뿐, 아직 살아 계시어 정신이 있으시면, 내 이 못할 짓을 어찌 용서받으리.
>
> 효원은, 새어 나오는 흐느낌을 누르지 못한다. 방안의 사람들은 숨을 죽이고 솜을 바라보았다. 그러나, 깃털보다 가벼워 스러질 것 같은 햇솜은 움직이지 않았다. 이미 부인은 숨을 거둔 것이다.
>
> 아직도, 내쉬지 않은 숨이 몸 속에 살아 있을 것이언만, 그네는 아무런 말 한 마디 따로이 남기지 않고 눈을 감았다.
>
> 아이고오, 아이고오오.

이기채가 곡성을 터뜨렸다. 율촌댁은 머리에서 비녀를 뽑았다. 머리를 풀고 곡을 하는 율촌댁 옆에서 효원이 호곡한다.

창자가 끊어지는 울음이다. (3권, 121～122쪽)

임종 장면을 기술한 대목이다. 청암부인이 마지막 숨을 들이쉬고 다시 내쉬지 않은 터라 명을 다한 상황인데, 망자의 죽음을 확인하는 수행은 생사의 갈림을 판정하는 일에 주저하며 죽음을 쉬이 용인할 수 없다는 조심스러운 마음을 엿보게 한다. '햇솜' 조각으로 숨이 졌는지 여하를 판단하는 행위는 그러한 마음이 사상된 문화 객체로서의 형용이라고 할 수 있다. 숨을 거둔 상황을 겨우 확인하고서도 이를 쉽사리 용인할 수 없다는 심산인지, 임종을 지킨 이들의 호곡도 곧바로 발해지지 않은 정황이 펼쳐진다. 종내 여러 겹으로 임종을 확인한 연후라야 '창자가 끊어지는' 아픔에 비견되는 슬픔을 절절이 표출할 수 있는 것이다. 그렇다고 곧 죽음을 인정하는 것도 아니다. 죽음이란 혼이 육신을 빠져 나와 저승으로 날아가는 상황이라는 '공유된 심산'이 작용하기 때문이다.

방안에서는 벌써 수시收屍를 하고 있었다. 정갈한 햇솜으로 청암부인의 입과 코와 귀를 막고는 백지로 부인의 얼굴을 덮었다. 그리고 그네의 좌우 어깨를 베로 단단히 동이며 묶은 뒤, 두 팔과 두 손길을 곧게 펴서, 그 두 손길을 부인의 배 위에 올려 놓는다. 부인은 여자이니, 오른손을 위로 가게 하였다. 무감하고 담담한 손이었다.

이승에서의 한평생을 경영하던 두 손은 이제 모든 것을 놓아 버리고, 다만 하나의 형체로 남아, 그 무엇에도 아무런 집착이나 아무런 저항도 보이지 않으면서 조용히 묶이고 있는 것이다.

그네의 두 다리를 반듯하게 붙여 곧게 펴고는 마지막으로 두 발길을 똑바로 모은다. 걸어오고 걸어온 길을, 또 걸어가고 걸어가야 하는 발이 고단하고 무심하게 모아진다. 그 발목을 베로 동여 묶는다. 시신이 어그러지면 그런 난감한 일이 다시 없는 까닭에, 있는 정성을 다하여 몸을 고르게 주물러서 펴고 단단히 동이어 묶는 것이다.

그러나 그것을 보는 인월댁은, 자신의 손발이 묶이는 것처럼 가슴이 끅, 끅, 조여들었다.

아아, 무엇 하러 저렇게 묶고, 묶는고. 사대를 자유로이 풀어헤쳐서 그냥 훨훨 떠다니게 두지 못하고, 이승에 남은 사람들은 저승으로 가는 사람의 그 무엇을 저렇게 묶고 있는고. …(중략)…

인월댁은 부인의 흰 적삼을 들고, 지붕 위로 올라간다.

(3권, 125~126쪽)

그럴 리는 만무하지만 혹여라도 혼이 몸을 빠져 나가기 전이라면 혼이 빠져 나갈 통로를 막으면 그만이라는 생각이, 수시 과정의 처음을 저와 같이 짓게 한 공유된 심산이다. 죽음을 받아들여 죽음의 의례에 착수하면서까지 생환의 기대를 포기하지 않는 것이다. 그 기대는 심지어 혼이 저승을 향해 날아가고 있다는 가정 하에서도 저버릴 수 없는 것이라는 심산이 수시에 이어지는 제차를 짓게 한 동인이다. '초혼招魂'이 그것이다.

인월댁은 부인의 흰 적삼을 들고, 지붕 위로 올라간다. …(중략)…

그리고는 지붕 위로 올라선 인월댁은 북쪽 하늘을 향하여 섰다. 승옥중운升屋中雲, 지붕 위는 구름 속이었다. 그곳은 높았다. 지붕 아래 땅 위의 일이란 한낱 꿈속의 것들인가 싶었다. 청암부인의 혼백이 지금 이 지붕 위에 어리어 있다는 것이 인월댁의 심장을 저리게 하였다.

이윽고 그네는 청암부인의 적삼을 활짝 펼쳐 들었다.

그리고, 왼손으로는 적삼의 깃을 잡고 오른손으로는 옷 허리를 잡아 허공으로 크게 반원을 그리며 천천히 휘둘렀다. 캄캄한 겨울 밤하늘에 흰 적삼이 선연하게 나부낀다.

인월댁은 크고 긴 목소리로 청암부인의 혼백을 부른다.

저 깊은 속의 골짜기에서부터 울려 나오는 소리이다.

"청아암 부이인 보오옥復."

인월댁이 목메이게 고복皐復하여 혼을 부르는 소리는 바람이 실어가 먼 곳으로 아득하게 흩어졌다.

돌아오라, 혼백이여.

인월댁은 두 번, 세 번, 청암부인의 혼백을 불렀다. …(중략)…

돌아오라, 혼백이여.

부르고, 또 부르고, 다시 부른다면, 몸을 벗고 떠나던 혼백이 어찌 다시 체백體魄으로 깃들어 합하지 않으리오. (3권, 126~128쪽)

죽음을 인정하고서 장례를 치르기 위해 수시를 하는 가운데도, 한편에서는 망자의 적삼을 들고 지붕 위에 올라 고복하며 초혼하는 절차를 진행한다. 혼이 이미 몸을 떠나갔으나 떠가는 혼을 다시 불러 원래 자리로 돌려 놓아 회생시킬 가능성은 여전히 남아 있을 터, 끝내 임종을 받아들일 수 없다는 심산이 거듭 작동한 것이다. 생명과 죽음에 관여된 영혼의 이미지 도식이 성원들 공통의 인지 기반을 이루고 있을 테니 그러하다.

'돌아오라, 혼백이여'라는 의미를 담은 '복復'을 세 차례 외치고서도 혼백이 가는 길을 돌이키지 않는다면 그제서야 체념할 수밖에 없다는 애틋한 마음은, 망자의 곁에 임한 이들의 심회를 사상한 의례적 행위의 의미를 더욱 심장하게 한다. '삶|죽음' 대립항이

'이승|저승'의 대립 세계에 대응되고 각 항이 '몸|혼'에 대입되어 두 개념이 겹을 이루어 지어진 '체백|혼백'의 개념항이 파생된다. 숨을 거두었더라도 혼백을 체백에 묶어 둔다면 혼이 저승으로 갈 수 없으리라는 심산이, 완강한 태도로 죽음을 용인하지 않으려는 이들의 마음에 투사된다. 앞선 수시 절차는 이러한 마음을 극화한 행위인데, 이를 보기에 따라서는, 가령 '인월댁'의 마음처럼 한 맺힌 삶에 굳이 미련을 두지 않고 생전의 속박에서 벗어나 자유로이 비상하는 혼백을 그대로 용인하는 편이 나으리라 마음을 고쳐 먹어도 좋은 것이다.

이처럼 '몸|혼'의 대립항에 '속박|자유'라는 가치가 산입되면서부터는 죽음의 이미지 도식이 긍정적인 의미를 산출하는 방향으로 선회한다. 더 이상 죽음을 부정할 수 없는 상황에 직면한 이들로서는 이러한 가치의 반전을 통해 슬픔을 희석하려고 모색하는 편이 분명 지혜롭다. 이러한 문화적 예지를 발동하게 하는 거점에서 '삶|죽음'에 관여된 이미지 도식의 계열이 구성되고 이를 통해 죽음의 의례에 관여된 문화 객체가 형성된다고 할 수 있다.

서사는 이러한 문화 객체의 형성 공정을 재구성 극화하여 형상을 부여하는 이차적 문화 객체로서 기호 변용의 가능성을 품는다. 전광석화 같이 번뜩이는 생각human spark[7]으로써 기지旣知의 문화 영역을 가로질러 융합하는cross-domain blend 공정을 통해 창발적 구조emergent structure가 구성될 수[8] 있는 것이다. 문화 객체의 서사적 변주를 통해 확산되는 문화 가치의 여지가 더해지는 것도 물론이다.

문화 객체의 서사 공정과 문화-과학적 시야

'청암부인의 혼불'에 관여된 죽음의 개념 도식이 의례 연행의 서사적 변용을 통해 디테일을 입고 구체를 얻어 문화 객체의 한 모형을 이루는 공정은 『혼불』이 서사의 문화적 가치를 명변하기에 손색 없는 텍스트임을 확인시킨다. 삶의 장에서 성원들이 펼치는 문화적 수행의 세세한 면면은 물론 성원들의 섬세한 감성이나 그들 사이의 미묘한 정서적 교감 등, 사실의 기술이나 객관적 정보만으로 확증하기 어려운 문화적 감성의 국면을 들추어 볼 수 있는 여지를 형성하기 때문이다. 이러한 국면은 주도-모티프로서 전면화된 객체에 대해서만이 아니라 문화장의 구석에서 보이는 객체의 경우에도 적용된다. 삶의 총체에 상응하는 문화는 삶의 소소한 단면에서 드러나는 현상이 기저를 이루어 적층된 면면을 일컫는 개념 도식이라는 점을 재삼 돌이켜도 좋을 것이다. 가령 장 담그는 일과 관련하여 꼬리를 물고 전개되는 장독대 항아리에 관해 이야기한 부분을 보자.

> 내일은 장을 담그는 날이라, 매일같이 맑은 물로 닦아내는 장독을 오늘따라 어느 때보다 정성들여 돌보고 매만지는 율촌댁 손길에 햇빛이 묻어났다. 오류골댁은 옆에서 그 일손을 거든다.
>
> 이른 새벽 동이 틀 때 뒤안 장꽝 장독대에 즐비한 장독 뚜껑을 반드시 열어, 신선한 공기를 쏘이게 하고, 동쪽에서 떠오르는 아침의 깨끗한 햇볕을 쪼이게 하는 장독들. (6권, 235~236쪽)

한 해 동안 음식 짓는 데 요긴하게 쓰일 장을 담그는 일은 일년 중 가장 중요한 가정사의 하나로서 좋은 날을 정해서 온 집안 사람들이 나서야 하는 행사다. 다음 해 일 년 내내 음식 맛을 좌우할 수 있는 이 특별한 대상을 위해 관여자들이 각별히 정성을 기울여야 한다는 심산은 말할 나위 없는 문화적 공감대를 이룬다. 그렇다면 '장'은 그저 이러저러한 형상과 기능을 가진 물리적 대상 하나에 국한되지 않고, 성원들 사이에서 각별한 것으로 인정되는 만큼 일정한 의미망에 회부되어 이해되는 문화 객체로 전형轉形된다고 할 수 있다. 성원들이 특유한 관심과 배려를 기울여 이를 이해하고 관련된 다른 대상들을 일상에서와 다른 수행 방식으로 대하는 과정에서 이러한 전형이 이루어지는 것이다. 그래서 '장→장독' 향배의 관심 확산 양상은 장에 얽힌 이야기의 고리를 제공하는 것은 물론 이에 투사된 사람들의 감성과 의식을 이야기로 이끌기에 좋은 구도로 작용한다.

> 쌀 세 가마가 들어간다는 우람한 독아지는 대를 물린 장독이요, 그 옆에 해를 묵여 걸쭉해진 진간장과, 진하지 않은 간장 청장淸醬 항아리가 놓이고, 김칫독들이 어깨를 반듯하게 맞댄 맨 뒷줄은, 한낱 흙을 구워 만든 독이라기보다 위엄 있는 가문의 엄위嚴威를 자랑하며 버티고 앉은 마나님을 보는 듯하였다. 그리고 그 앞에 중간 크기인 중들이 독들은 된장을 다복다복 담은 것이 나란히 몇 개씩, 또 두태豆太를 종류별로 담은 항아리에, 다시 한 줄 앞으로 물러앉은 좀더 작은 단지들은 고추장이며 담북장·밀가루 담은 것이다. 맨 앞줄 올망졸망 앙징스럽고 조그만 단지 단지에는 가지가지 장아찌에 조청과 자반·깨·젓갈들이 들어 있었다.
>
> "그 집안 장독대를 보면 가격家格을 알 수 있다."

는 것이야 삼척동자도 다 아는 일이었다. (6권, 236쪽)

장독의 종류와 장독대의 대형 구성에 대한 상세한 정보는 물론 그 형태와 기능에 따라 사람 사는 일에 관련지어 부여된 의미를 기술하는 데서 이야기의 파장은 대수로이 변모한다. '가문의 엄위'나 '가격'을 한낱 장독·장독대에 사상하여 이해한다는 것이 일견 허황한 구상이라고 치부할 수도 있겠으나, 여러 가지 장을 담가 여러 형태의 장독에 담아 일정한 규율에 따라 장독대에 배열하여 두는 일에 익숙한 문화 성원들 사이에 이러한 은유적 개념 사상을 통한 상념이 편재해 있는 점은 엄연한 문화적 실재cultural reality이다. 문화 권역마다 혹은 마을마다, 더 좁혀서는 집집마다 개별적인 이해 맥락의 실제적actual 차이는 있겠지만, 개개 삶의 방식의 총체적 국면에 해당하는 문화적 개념은 공동의 실재적 자질real features을 아우르는 양태이다. 개별적 현상인 장 담그기에 얽힌 수행과 이에 사용되는 도구들이 '장醬 문화'에 수렴될 때 '인문적 기의人文的 記意'를 산입할 수 있는 표지로 전환될 수 있는 것이다. 이를 계기로 이야기가 확장될 수 있는 분기가 형성되고 『혼불』 특유의 서사 전개 양상을 통해 문화장에 관한 서사가 확산되는 국면이 확인된다.

작게는 여나믄 개에서 많게는 수십 개의 크고 작은 장독들을 어마어마하게 줄 맞추어 키 맞추어 세워 놓고 앉혀 놓고, 그 어느 것이나 모두 한결같이 기름이 자르르 흐르도록 반들반들하게 윤을 내어, 마치 햇빛 아래 잘 빗은 처자의 검은 머리 흑윤黑潤 같아야 하는 장독대.

그러니까 장독 살림이 옳게 큰살림이었다.

"장은 모든 음식맛의 으뜸이다. 집안의 장맛이 좋지 아니하면 좋은 채소와 고기가 있어도 좋은 음식으로 만들 수 없다. 설혹 외떨어진 촌야村野에 사는 사람이 고기를 쉽게 얻지 못한다 할지라도, 여러 가지 맛 좋은 간장이 있다면 반찬에 아무 걱정이 없다. 우선 장 담그기에 성심을 기울이고, 오래 묵혀 좋은 장을 얻게 함이 살림의 도리다."

라고 증보산림경제增補山林經濟의 장제품조醬製品條 첫머리에도 씌어 있지만, 문자로 적히지 않았다고 그만한 것을 모를까.

"그해 장맛이 좋아야 집안에 불길한 일이 없다."

고 널리 믿는 것은 어제 오늘 일이 아니었다.

장맛이 변하여 시거나 묽어지는 것은 아주 불길한 징조로 쳤으니, 행여라도 어찌 될세라, 아낙네들은 날마다 새벽이면 문안 드리듯 장독대로 맨 먼저 나왔다. 그리고 정화수를 길어 올려 흰 사발에 고이 담아 장독 위에 바치곤 했던 것이다.

"장맛 없으면 음식맛 없고, 음식맛 없으면 밥맛 없지. 밥맛 없으면 건강 없고, 건강 없으면 평안도 없다."

는 것은 너무나 자명한 일이었으므로.

장 담그는 일은 아랫사람들한테 맡길 수 없다.

율촌댁이 오류골댁과 말을 주고받으며 장독 뚜껑들을 열어 빈 독은 거풍도 시키고 아닌 독은 햇볕도 쪼여 주며 눈부시게 흰 행주로 독아지 몸을 닦고 있노라니, (6권, 236~237쪽)

고문헌에서 얻을 수 있는 정보는 물론 그 기술 정보의 원천에 해당할 문화장에서 소통되던 삶의 예지를 어우러지게 하여 절묘한 이야깃거리로 삼아 서사 구성을 진전시키는 공정을 위에서 확인할 수 있다. 이처럼 구술 문화와 기술 문화의 조화로운 병합을 꾀하여 새 차원으로 구성한 문화 텍스트를 서사로 제시하는 식은 『혼불』에서 눈에 띄는 담론 패턴이다. 장독을 가축하고 경건한 참례의 상대로 대하기까지 사람들이 온 마음을 기울이는 문화장의 실재적 형상이 의미심장한 맥락을 얻어 공감을 불러일으키는 데서 『혼불』 특유의 서사 전략을 재삼 확인할 수 있다.

이는 읽기에 따라서는 이야기의 전개에 딱히 정합하지 않은 잉여적 요소로 보일 수 있다. 그렇지만 만사가 온전히 하나의 줄기나 구조로 환원되는 경우가 있을지, 혹 그리한들 재미있으며 유의미한 소출을 얻을 수 있을지 하는 의구심을, 적어도 문학을 대할 때에는 해봄직하다. 문학만 그러하던가, 자연과 우주의 원리를 탐구하는 과학자들이 하는 수행 또한 그러하지 않은가 하고 생각을 넓혀 보아도 좋다. 사물과 현상의 표층을 반듯한 원리 구조로 환원하기만 해서는 심연을 이해할 수 있는 여지를 짓지 못하며 심지어 새로운 현상을 발견할 수 있는 여지조차 봉쇄하게 마련이니, 과학자들의 탐색 시야는 광각이나 망원 영역은 물론 미시 영역에 미친다. 이러한 과학적 탐구 수행의 자세를 염두에 두고 보면, 장과 장독 같이 별스럽지 않지만 정작 일상에서 제할 수 없는 생활 수단의 심연에 형성되고 있을 의미망을 들추어 가치를 새롭게 조명하는 서사적 기획의 의의가 재삼 심장해진다.

이러한 양상은, 연을 만드는 과정이나 설빔을 짓는 과정을 세세하게 기술하면서 그 의의를 삶의 예지에 사상하여 의미의 자장을 넓히는 대목, 혼례를 치른 신랑 신부가 처음 맞이하는 밥상에 얽힌 이야기를 상술하거나 대사大事에 쓸 음식을 준비하는 이들의 섬세한 손놀림과 세심한 마음을 그리면서 음식에 관여된 문화적 의미망을 확산하는 대목 등등, 『혼불』의 여러 군데서 확인할 수 있다. 특히 제9

권의 삼분의 이 가량 되는 분량을 할애한 '사천왕'에 관한 이야기는 그 정점이다.[9]

이러한 국면을 통해, 소소한 생활 수단이나 삶의 방식 낱낱에 담긴 소상한 의미를 들추어 문화장을 탐색할 관찰경scope을 구비하여 적극 활용할 줄 아는 문화-과학자cultural scientist로서의 자격을 얻은 문화 서사 작가의 위상이 시사된다. 삶의 장에서 문화 객체를 발굴하고 문화장의 지층을 탐사하는 일은 흡사 문화-지질학자를, 문화 객체 이면의 의미를 묻고 문화 성원들 사이의 또는 문화 영역 간의 역학 관계와 문화를 추인하는 동력의 원리를 궁리하는 일은 흡사 문화-물리학자를, 문화 객체들의 융해를 통해 새로운 문화 객체가 발생하는 공정을 살피고 문화 객체들 간의 서사적 반응을 모의simulation하여 그 의미를 확산시키는 공정을 가해 새로운 의미체에 상응하는 이차적 문화 객체를 산출하는 일은 흡사 문화-화학자를, 문화 객체들 통해 형성된 문화 우주universe를 탐색하여 창발적 의미망의 수렴을 도모하는 일은 흡사 문화-천문학자를 연상시킨다. 삶의 후미진 곳이라도 삶의 방편이 되고 삶을 이롭게 하는 작용을 하는 것이라면 문화 객체로서의 자질을 안고 있는데, 소소한 것 하나라도 허투루 두지 않고 세심하게 들여다 볼 줄 아는 마음과 실천이 문화-과학자로서의 위상에 선 서사 작가의 자격을 확증하게 하는 것이다.

『혼불』은 성실하고 유능한 문화-과학자가 문화 서사의 새 지평을 열어 보임으로써 한국 소설 일반의 패러다임 이동paradigm shift을 촉진한 하나의 의제agenda이자 그 자체로서 새로운 차원의 서사장을 문화장에 투기投企하는 데 기여도 높은 구심적 텍스트이다. 이러한 텍스트를 통해, 삶의 장과 생활 방식을 공유하는 문화 성원들 사이에서 유효한 소통의 심층 코드를 확인하고, 삶에 편재한 문화 객체의 구성 기제mechanism와 가치 산출의 공정을 엿볼 계기가 마련되는 것이다.

서사는 문화적 공정을 통해 구성되어 담론의 장에 부쳐짐으로써 그 자체로서 문화 객체의 주요 국면이 되는 구심적 수행이다. 이는 문화장의 문화 객체들을 질료로 포괄함으로써 문화에 잠재한 의미의 자장을 넓히는 매개가 되어, 이를 또 다른 한 궤도의 문화적 소통 회로와 문화적 적층의 장에 환류함으로써 위상이 세워지는 식으로 해석학적 순환 구도에 드는 문화 현상이다. 이러한 서사의 문화적 위상을 『혼불』에서 여실히 확인할 수 있으니 이 서사 텍스트의 문화 가치를 가늠하기 위해서는 제법 단위가 세분화된 다층적이고 다각적인 척도scale를 예비해 두어야 할 것이다.

'문화 객체'는 서사의 문화적 자질을 탐색하기 위해 텍스트의 최상 층위에서 확인할 수 있는 직시적 표지들의 문화적 의미망을 묻기 위한 거점 논항에 해당하는 것으로서, 문화장에서 채용된 모티프에 주목할 때 상정해야 하는 개념임에 틀림없다. 문화의 실체가 없으니 그 지시적 채용 함수를 따지는 것 자체가 어불성설인 만큼 문화 객체에 관여된 개념 도식의 이해에 관심하는 것이 우선이다. 이를 통해 여러 차원의 문화 객체를 응축한 『혼불』과 같은 서사에 내재한 구성적 공정에서 읽을 수 있는 문화 가치의 양상에 주목하는 것이 다음 수순이다. 문화의 가치는 선험적으로 주어지는 실체가 아니라 문화 객체의 채용과 변용, 그리고 그 결실을 문화장에 되돌리는 환류 공정을 통해 구성된다는 데 재삼 유의해야 하는 것이다. 서사의 문화 가치를 명증하는 『혼불』의 문화적 자장을 더 궁리할 여지가 이로써 더해진다.

1 『혼불과 전통 문화』(전라문화연구소 편, 2003)는 이러한 시각의 다층을 예시한다. 오래 전에 내가 쓴 『혼불읽기 문화읽기』(한길사, 1999) 또한 이와 관련하여 시사하는 바 없지 않은 듯하다.

2 최명희, 『혼불』, 한길사, 1996. 이하 인용시 인용문 끝에 '권수, 쪽수'만 밝힘.

3 장일구, 『경계와 이행의 서사 공간』, 서강대 출판부, 2011, 14쪽 참조.

4 George Lakoff and Mark Johnson, *Metaphors We Live By*, Chicago UP., 2003, p. 14. 『혼불』의 은유에 대해서는 뒤에서 상론한다.

5 이 소설의 영향으로 『표준국어대사전』에 '혼불'이 표제어로 등재되었다는 사실은 그 단적인 방증이다.

6 Victor Turner, *Ritual Process*, Aldine Publishing Company, 1969, p. 97 참조.

7 Mark Turner, *The Origins of Ideas*, Oxford UP., 2014, p. 3.

8 Gilles Fauconnier & Mark Turner, *The Way We Think*, Basic Books, 2002, pp. 42～44 참조.

9 이들에 대한 논의는 뒤에서 각각 논항을 달리해 가면서 상술한다.

서사 언어의 문화 변인

사람들에게 언어는 각별한 수단이다. 언어는 인간 활동 대부분을 가능하게 하는 방편으로서 삶의 여러 장에 대입되는 기저 상수이다. 특히 서사에서 언어의 쓰임새는 그 가치를 결정하는 데 매우 중요한 인자다. 서사란 이야기를 통해 의사소통을 활성화하려는 인간 활동의 주요 국면이기 때문이다. 사람들은 삶의 대소사는 물론이거니와 감정과 생각을 이야기로 지어 이야기 나누어 소통에 부친다. 현실에서 취하였건 상상하여 가공하였건 이야기하기로 선택한 이야깃거리를 이야기하기 좋게 가공하여 구성진 언어로 표현함으로써 의사소통을 활성화하기까지, 서사 공정에서 언어는 가장 중요한 구심을 이루는 매체media이자 기제이다.

'이야기'는, 그 말의 용례가 시사하듯이, 이야기의 제재를 이르기도 하지만 이야기를 짓고 이야기로 표현하는 방식을 아울러 이르기도 한다. 무슨 이야기를 하는지도 관건이지만 어떻게 이야기하는지도 '이야기'에 대해 논급할 때 중요한 관건이다. 이때 '어떻게'의 층위에는 이야기의 표현만이 아니라 이야기의 수용에 관한 항이 상수로 대입된다. 어떻게 이야기해야 이야기의 의중을 잘 전할 수 있으며 어떻게 이야기해야 같은 이야기라도 더 흥미롭게 전할 수 있을지 등에 관한 심려가 개재되는 만큼, 이야기를 전하는 입장에는 늘 의사소통을 활성화하여 이야기의 효력을 최적화하려는 전략적 모색이 근저에 깔린다. 그래서 '이야기 텍스트'를 온전히 해석하기 위해서는 이야기의 관념적 실체에 상응하는 파불라fabula 층위에 국한되지 않고 이야기의 소통 국면에 상응하는 담론discourse 층위로 이해의 거점을 이동시켜야 한다. 이야기 텍스트를 서사 개념에 대응시켜 논급하려는 서사론에서 입론의 제일 거점이 바로 이야기를 통한 인간의 의사소통 공정processing에 있다는 점을 의식할 필요가 있으며, 서사의 층위 가운데 담론 층위의 역동적 양상을 고찰하는 데 거개의 논점이 수렴된다는 데 주목해 마땅하다.

이러한 맥락에서 이야기의 용례와 언어의 층위에 관한 이해의 전제를 전향함으로써 '서사 언어'의 자질에 대해 논의할 수 있는 여지가 조성된다. 이야기의 장에서 펼쳐지는 말의 다채로운 향연과 그에 깃든 언어의 역동적 자질에 대해 고려하고서야, 의사소통의 한 방편으로 세워진 서사 언어에 대해 온전히 이해할 맥락을 세울 수 있는 것이다. 삶의 경험을 나누고 감정과 생각에 얽히고설킨 마음의 골을 맺고 푸는 데 관여된 서사 언어의 역동적 작용 양태에 주목하고 보면 그 문화적 친연성을 엿볼 수 있다.[1] 이야기로 엮고 푸는 삶의 면면들을 돌이킬 때 서사의 문화적 기능을 재고할 지평이 열리는데, 일상의 담화에서 서사 언어의 구심들을 구성하여 이를 거점으로 문화적 수행의 범주를 확산하고 문화 적층의 밀도를 더하는 인간의 예지를 재삼 주시하게 되는 것이다.

이야기는 문화의 동력원이자 문화적 수행의 주요 방편이면서 그 자체로서 문화적 결정結晶이다. 이야기의 소통을 원활하게 하려는 서사 공정의 매재이자 서사를 통해 창의되고 창출되는 언어의 새 국면들에 주목하는 것은, 인간 삶의 다면이 수렴되고 집산되는 문화장에서 파생된 다면적이고 다층적인 가치를 고양하려는 모색과 조응한다. 서사는 언어를 통해 산출되고 언어의 용법 내에서 의미를 얻지만, 서사적 수행을 통해 안출된 서사 언어는 일반 언어의 용례를 확장·재편하고 그 의미망을 확산시켜 문화장에 환류하는 공정의 구심에 있는 것이다.

서사 언어와 일상어의 함수

이야기에 쓰이는 언어는 일반적인 언어와 다를 바 없다. 문학 장르에서도 서사가 일상어를 통해 구현되는 특징을 지닌다는 것은 주지의 사실이다. 서사는 문학 고유의 언어가 별개로 독립된 영역에 구축되어 있다는 생각에 제동을 건다. '서사+언어' 항을 세울 때 우선 대입할 상수가 '일상'이다.

일상에서 쓰이는 언어는 언어 능력linguistic competence에 관여된 국면보다는 언어 수행linguistic performance에 관여된 국면에 조응되는 면이 더 큰 '현상'이다. 일상적 언어는, 일정하게 조형되어 굳어진 언어적 실체에 걸친 면보다 역동적 상황에 부쳐지고 다변화될 가능성에 노출된 면에 대입되어, 다양한 담화 맥락과 조건에 조응된 언어 수행의 양태가 관건이다. 서사는 이러한 언어의 수행적 국면과 일상어 담화의 양상에 관여된 언어 현상의 한 영역에 귀속된다.

기실 이야기를 '서사' 범주에서 다루는 관점은, 이야기가 이야깃거리들로만 자명하게 드러난다는 실체 개념을 전제하지 않고, 의사소통에 관여된 담론 차원에서 이루어지는 현상으로 보는 구성적 개념을 전제한 방법론적 입장에서 파생된다. 이야기는 자명하게 주어진 대상이나 독립적 실체가 아니다. 이 세상 어디에도 '이야기'라는 것 자체가 없다. 삶의 경험이나 생각과 감정 따위를 표현하여 수용자들의 반응을 부르는 담론적 효과가 드러나면서 이야기가 구성되는 현상이 있을 뿐이다. 이 현상은 고립된 화자만으로 이루어질 수 없고 누군가 듣거나 읽고 반응하는 청자나 독자가 참여함으로써만 이루어질 수 있다. 그래서 이야기는 대화의 장을 바탕으로 이루어질 수밖에 없다. 혼자서 이야기를 떠들어 댈 수는 없는 노릇이다. 노래를 흥얼거리는 장면은 대수롭지 않으나 혼자서 이야기를 주절거리는 장면은 어색하다. 천상 서사는 '대화 장르'[2]인 것이다.

소통의 장에 부쳐져 모종의 효력이나 의미를 산출하여 빚어지는 이야기를 '서사 현상'에 대입시킬 때의 관건은, 이야기가 오가는 과정에서 거래되는 문화적 약호에 기반을 둔 언어 수행의 호혜적 공정에 있다. 이야기가, 표현되어 누군가에게 전해져 반응을 부름으로써 의미체가 되는 데 실패하여, 소통에 부쳐지지 못한 채 추상적 이야깃거리인 파불라 층위에 되돌려져서는 서사 현상에 회부될 수 없다. 이런 정황에서는 그 가치를 판정할 텍스트를 얻지 못한 터, 우리는 그에 대해 하릴없이 손 놓고 있어야 하는 난관에 봉착할 수밖에 없다. 이야기는 표현되어 텍스트 차원의 형태를 입을 때라야 성립될 수 있는 언어 현상의 일종이라는 점을 간과해서는 안 된다.

관념 영역에 형성된 이야깃거리는 언어를 통해 구현되면서 의미 있는 텍스트가 되고 소통에 부쳐질 서사 현상으로 드러난다. 소통이 활성화되기 위해서는 이야기를 전하는 데 쓰이는 언어가 일반적인 용례에서 크게 벗어남 없이 효과적인 이야기를 구성하여 활발한 반응을 부르는 방향으로 쓰이는 편이 온당하다. 언중이 많이 모일수록 이야기의 장은 성황을 이루게 마련, 소통이 수월하게 이루어지게끔 언중들이 쓰기에 적절한 일상적 언어의 거래가 이루어지는 것은 수순이다. 서사는 일상어를 기조로 구성된 언어의 문학적 향연이라 해도 좋을 것이다. 특히 '소설'은, 고전적 이야기로서나 근대적 양식으로 재편된 이야기로서나 간에, 사람들이 일상에서 쓰는 언어를 통해 생각과 경험과 느낌을 나누어 삶의 장에 부치는 서사의 자질을 여실히 입증한다.

그 이야깃거리가 일상적 현실에 기반을 둔 경우라면 더욱 그러하지만, 허구적 판타지라도 이상을 품거나 꿈을 꾸는 이들의 일상을 투사한 것인지라, 사람들이 지어 나누는 이야기는 그 구성이나 방식면에서 일상적 언어 수행의 범위를 넘어서서는 소통에 부쳐질 수 없다. 서사의 관건은 이야기의 제재만 아니라 이야기의 구성과 담론을 아우른다는 사실에 재삼 유의해야 한다. 삶의 장에서 이야기가 일정한 의미를 확산시키는 계기가 되거나 일정한 기능을 담당한다면, 이는 관념 층위의 이야깃거리가 텍스트로 변환되어 드러남으로써 모종의 의미를 발현하고 사람들 사이에 모종의 담론적 효과를 발산하여 영향을 끼쳤다는 얘기다. 이야기는 의사소통 공정에 회부되어 유효한 의미를 창출할 때 서사적 자질을 획득하게 되는데, 주 동력 기제가 일상의 언어인 것이다.

다만 이야기가 삶의 전역에 걸친 일들을 다루며 특히 근대 이후의 '소설novel'로 범주화되는 이야기 양식인 경우 삶의 대소사를 총체적 국면으로 비약하여 다루는 성향이 있으므로, 서사의 언어는 실제 담화 현장에서 통용되는 일상어라도 일회적 국면이나 특정 영역에 한정된 담화 양상만 채용하는 데 국한되지 않는다. 일상어로서 개연성 있는 언어 현상의 면면을 서사 담론으로 변환하여 의사소통 공정에 회부하고 일상적 언어 수행의 다면적이고 다층적인 양태를 구현함으로써, 같은 이야기라도 다른 의미와 효과를 산출할 수 있도록 운용하는 담론 회로를 작동시키는 것이다. 그래서인지 다 같이 쓰는 언어이면서도 서사에 채용된 언어의 면모가 사뭇 다른 형상인 듯한 인상을 불러일으키는가 하면, 서사 언어 특유의 문체 감각이 돋보이는 것처럼 보이는 형국이 연출되곤 한다. 일견 서사 언어가 문체적 변별 요소 두드러진 독립적 언어 운용의 미감에 맞닿아 있다는 식의 선입견도 이 때문에 비롯된 것일 테다.

기실 서사에 쓰이는 언어는 기본적으로 사회방언sociolect 측면에서 탐색할 사안이다. 요컨대 '작가'(구술가이든 기술가이든)에 상응하는 언어 계층class에서 통용되는 특유의 언어 수행 양상이 사회방언의 국면에 수렴되는 것이다. 그렇다고 작가 사회의 방언이, 일반적인 사회방언처럼 일정한 무리가 한정된 영역 내에서 공유하는 어휘나 특유의 어법 정도로 환산되는 것은 아니다. 이야기를 효과적으로 표현하여 이해를 원활하게 하고 의미를 산출하는 매재로서 순조롭게 작동하도록 서사 공정에 최적화된 언어의 양태는, 서사의 구성이나 문체 등을 일정한 방향으로 환원하여 정리할 수 없는 현황에 비견되게, 일정한 범주의 실체적 목록을 작성하거나 유형화를 꾀할 수 없을 만큼 각양을 이룰 터, 이는 개인방언idiolect에 근사할 수 있다. 여하튼 서사 언어는 실체나 표준을 전제한 문법이나 언어 능력 면에서가 아니라, 화용적 조건과 구성적 개념을 전제한 방언이나 언어 수행 면에서 논의의 거점을 마련할 수 있는 사안이다.

이때 '방언'은 단순히 '지역'이라는 열성 인자를 안은 언어 유형으로 국한되어서는 안 된다. 더욱이 이가 '중앙'이라는 우성 개념을 앞세워 중심의 가치를 지대한 것으로 전제한 채 중심 이외의 전역을 주변적 가치로 몰아 폄훼하는 이념이 빚은 담론적 실천discursive practice에 기울어서는 곤란하다. '방언'은 단지 일정한 영역이나 층을 한정하는 개념적 조작에 의한 '이름'이지 그 자체가 본질적 가치나 의미를 응축한 표상은 아니다. 특히 '장소'로 구획된 특정 지역에서'만' 변함없이 쓰이는 언어를 지시하는 기표에 이를 획일적으로 대응시키는 전제는 위험하다. 방언은 지역에 따라 드러나는 언어 현상의 일면이지 그 자체로서 모종의 단자單子Monad적 경계가 자명하고 확고하게 주어진 본체가 아닌 것이다. '표준'이라는 규범적 조작을 통해 인위적으로 지어진 '표준어'라는 본체의 상대되는 술어로서 '방언'이 운위되곤 하는데, 이는 개념 범주상 대를 이룰 수 없는 조합을 바탕으로 한 만큼 논리적으로 부당하다. 표준어 권역에 해당하는 '지역'에서조차도 당해 언중들의 언어 수행 양상에 대해서는 표준어에 부응하는지 여하

를 따져야 하는 만큼, 저 표준어 권역의 지역 방언이 엄연한 현상으로 드러나고 있다는 점을 전제에서 빼놓아서는 안 된다. '중앙'이라는 이념적 개념을 덧붙여 '표준어=중앙어'라는 등식을 세울 경우는 더욱, 특정 권역 이외의 영역에 열성 인자를 부여하여 가치를 무화하려는 담론의 저변에 도사린 이념적 저의를 들추는 일이 요구된다. '지역'이 그러하듯이 '방언' 혹은 '지역어'는, 폐쇄적 이념의 온상인 '장소' 개념이 아닌, 인간의 자유를 향한 열린 심성을 투영한 '공간' 개념[3]을 맥락으로 그 방법론적 구심들을 구성해야 한다. 공간적 사유의 지평에서 '중앙|지역'의 이원론을 해체해 마땅한 것이다.

그러자면 서사에 채용된 지역어 혹은 방언의 효과에 대한 왜곡된 논의의 결과를 들추는 것이 우선이다. 이를테면 소설에서 방언을 활용하여 이야기의 토속적 정감과 향토적 색채를 더하여 독자로 하여금 작중 인물과 배경에 친근하게 다가서게 함으로써 몰입감을 높인다는 식의 논급이, 지역의 열성 인자를 부각한 이념적 전제들에서 비롯되었음을 갈파할 수 있다. 서사의 문체적 효과는 단순히 방언을 채용했다고 해서 인상적으로 산출되는 것이 아닐 뿐더러, 지역의 정서는 무조건 토속적이고 향토적이며 친근감을 유발한다는 식의 발상이 논리적으로 입증되지 않은 전제에서 비롯되었다는 점에서, 저러한 인상적 등식을 세우는 것은 문제적이다. 기술한 이야기 양식의 독보적 장르종인 소설에서 서사 담론의 주요 국면인 문체의 역학에 관여된 언어 자질에 대한 과학적 분석이 선행되어야 하기 때문이다.

이런 맥락에서, 문체의 가치가 고평되곤 하는 『혼불』의 문체 자질을 구성하고 있는 여러 요소 가운데 일상적 담화에 부가된 방언에 관련된 대목들을 분석해 보자.

> 마당에서 콩심이가 달랑거리며 뛰어가는 발자국 소리가 들려온다. 누렁이와 함께 뛰는지 무어라고 땍땍거린다. …(중략)…
>
> 고것은 안서방네에게 가끔씩 쥐어박히면서도 그 옆에 가서 쪼그리고 앉아, 이런저런 자잘구레한 이야기의 말 동무도 되어 주고 낫낫하게 잔심부름도 곧잘 하였다.
>
> "아이고, 이년아. 너는 무신 노무 목청이 그렇게 때까치맹이로 땍땍 땍땍. 내 귀가 마대. 조신허게 가만 가만 좀 못허겄냐?"
>
> 안서방네는 콩심이의 주둥이를 향하여 주먹을 질러 보인다.
>
> 콩심이는 혓바닥을 날름하며 눈을 질끈 감는다. 알았다는 시늉이다.
>
> "너 이년, 이 댁으 청암마님이 어뜬 양반인지 알기나 허냐? 매급시 천방지축 팔랑거리고 댕기다가, 다리 몽생이 분질러질 중 알어라."
>
> "아잇띠이, 워찌 고렇코롬 무선 양반이다요?"
>
> "이년. 이 주둥팽이, 어른이 무신 말을 허는디 그렇게 비얌 셋바닥맹이로 날름 말을 받아먹냐? 그렇다먼 그렁갑다, 허고 속으로만 알어들을 일이제." (1권, 275쪽)

전라 남원 지역에 터 잡은 매안 이씨 양반가의 하인인 '안서방네'와 '콩심이' 사이에서 벌어진 일을 기술한 장면이다. 특히 둘 사이에 오가는 대화에 쓰인 방언이 도드라지는데, 음성상징어를 직접 발화하여 감각을 직서하는가 하면 욕설이라 해도 좋을 비속어를 적나라한 방언에 여과 없이 담아 담화의 정황이 잘 드러나 있다. 둘의 처지에 비추어 보면 영락없이 벌어질 법한 일상적 담화의 실감이 구현되었다고 해도 좋을 것이다. 특히 구성진 서남 방언의 어감이 담화 상황의 개연성을 드높이는 작용을 하고 있다. 어휘는 물론이거니와 말을 맺는 어미나 선어말어미 등에서 문법적 변별이 선하게 기술되어 있어서 방언의 어감이 두드러지게 표출된 것이다. 게다가 '–의'를 굳이 '–으'라고 표기하여 서남 방언권 일부에서 보이는 특유의 어감을 표기에 반영하고 있어, 담화 상황에서 쓰이는 방언의 양태를 기술한 섬세함이 극화되었다고 할 수 있다.

흥미롭게도, 대화 당사자들의 발화만이 아니라, 이야기의 문맥을 형성하며 대화 상황을 서사 전개에 융해하는 역할을 하는 서술자의 발화(서술자가 초점화된 발화)에 인물의 어투가 스며든 서술상황이 드러난다. 이를테면 '달랑거리며 뛰어가는, 땍땍거린다, (어린아이를 가리켜) 고것은, 쥐어박히면서도, 주둥이, 주먹을 질러 보인다, 혓바닥을 날름하며' 등과 같이 서술자의 발화에서 상당수의 비속어가 드러나며, 방언으로도 분류되는 '낫낫하게'가 쓰이는 식으로, 인물의 담화에서 돋보이는 일상어의 요소가 서술에 적극 반영되는 국면에 방증이 더해진다. 일견 서술자가 인물들과 근거리에서 그들의 행위를 관찰하여 서술하는 상황에서, 인물의 의식과 감각에 물든 나머지 서술자로서의 중립적 태도를 놓치고 표현마저 인물의 것을 따르는 식으로 전도된 서술상황이 펼쳐진 셈이다. 요컨대 서술자의 발화에 인물의 의식과 발화가 개입되어 서술상황의 불확정성이 더해짐으로써 서사의 역동성을 보조하는 터, 단순히 담화 현장의 실감을 구현하는 선에 국한된 문체 효과를 발하는 것이라고만 하기에는 석연하지 못하다.

이러한 정황은 양반가 인물들 사이의 대화 상황을 기술한 대목을 보면 더 분명해진다.

> 효원은 숙인 이마를 더욱 깊이 수그렸다. 그네가 무슨 말을 할 수 있으랴. 그네 자신이 주도하여 하는 일이라면, 두부를 자르듯이 네모반듯하게 경영하여 어여쁘게 할머님 앞에 놓아드릴 수도 있겠지만, 혼자 앉아 아무리 각골명심 새겨들어본들 무슨 하릴 있으리오.
>
> (할머님의 심경을 제 어찌 모르겠습니까……. 하오나, 다만 헤아려 드리올 뿐 더 어쩌지도 못하고, 제 몸으로 남의 인생 사는 것이 무슨 희롱인지 알 수 없습니다. 어인 운명이, 제가 바라는 대로 살지 못하고, 살라고 주어지는 것을 살아야 하는지요. 여인이라 그러한가, 남들도 나 같은가. 만들고 고치고 소망하는 것이 모두 다 홀로 달을 바라봄과 같으니 손발이 있으면 무엇하고, 뜻이 있으면 무엇하겠습니까.)
>
> 효원의 수그린 이마와 각이 진 어깨에 그 단단한 마음이 글자처럼 드러나 보였는지 청암부인은 미소를 머금었다.
>
> 그리고 손부의 손을 따뜻하게 잡는다.
>
> "…(중략)… 순리가 있는 것을. 허나, 나는 이렇게 하루가 다르게 늙어가고, 시절은 흉흉하여 앞날을 예측하기 어려운지라, 어린 니한테 과중한 짐을 부려 버리고자 이렇게 자꾸 다짐을 하는 것이니라."
>
> 청암부인은 쥐고 있는 효원의 손을 조용히 조용히 어루만지고만 있었다. 부인 손의 다순 온기가 효원에게로 번지며 스며드는 것을 효원은 느낀다. 그 온기 속에는 추상秋霜의 찬서리 기운도, 뇌정雷霆의 울음 소리도 아닌 그저 한 아낙의 간절한 심정만이 어려 있는 것 같았다. (1권, 274~275쪽)

이 대목은 앞서 인용한 '안서방네-콩심이 장면'의 바로 앞에 선 대목이다. 글이 끊김 없이 이어져 있는데도 두 장면의 담화 양상은 크게 차이 난다. 과연 위에서 '청암부인'과 '효원'이 주고받는 대화를 보면, 제법 수준 있는 교양이나 지식을 가진 이라야 구사할 수 있을 어휘가 돋보이며, 대화에서뿐만 아니라 독백에서까지 종결법이나 존대법과 같은 문법 형식이 잘 유지되고 있음을 알 수 있다. 그런 가운데 방언의 흔적이 감지되지 않아 이채롭다. 양반가 인물이라도 방언 권역을 벗어나지 않은 이력에 비추어 보자면, 일상생활의 담화에서 방언을 전혀 쓰지 않을 뿐만 아니라 위와 같이 매우 규범적인 언어를 구사한다는 것은 실상과 동떨어진 서사적 설정이라고 할 수 있다. 바로 이어진 '안서방네'와 '콩심이' 사이에 펼쳐진 담화의 실상과 극적인 대조를 보이는 셈이다.

이러한 대조 국면에 직면하여 서술자 발화 부분에 '효원'이나 '청암부인'의 어투가 배인다는 점을 재삼 돌이키게 된다. 이를테면 '두부를 자르듯이 네모 반듯하게 경영하여, 각골명심 새겨들어본들 무슨 하릴 있으리오, 추상의 찬서리 기운도 뇌정의 울음 소리도' 등과 같이 서술자의 발화에 해당하는 대목에 쓰인 언술이, 양반가 인물의 지적인 수준에 육박할 만한 어휘와 양반의 품과 격에 어울릴 법한 규범적 언어로 기술되어 있는 것이다. 이를 별스럽지 않게 보아 넘겨 읽어 가다가도 곧 이어진 대목에 구현된 언어의 양상을 보고서는 문체적 대조 양상을 의식할 계기에 놓이게 된 셈이다. 인물의 지각과 담화 양상을 고스란히 기술한 대화 대목에서, 인물의 교양 수준이나 신분 계층과 같은 사회적 조건에서 비롯된 사회 방언의 면모가 드러나는 것은 별스럽지 않다. 그런데 위에 인용한 두 대목에서는 인물의 사회적 조건의 차이에 따라 지역 방언 수준의 격차가 단적인 대조 양상으로 서술에 반영되어 있으며, 서술자의 발화에 상응하는 대목에서도 그러한 대조적 양상이 반영되어 있어서 심상치 않은 문체 효과를 자아내고 있기에 흘려 넘길 수만은 없는 것이다.

이렇듯 단적인 경우는 아니라도 『혼불』에서는 신분의 차이에 따라 방언 사용 여하를 조율하여 인물 형상figure의 단서로 설정하는 기조가 유지된다. 양반들의 담화와 민촌 거멍굴 사람들의 담화가 교차할 때 인물의 사회적 조건에 따라 일상적 담론의 양태가 달라지는 현상이, 이 소설의 문체와 관련하여 두드러진 변별 자질로 부상하는 것이다. 양반들의 규율 있고 정제된 담화가 진행되다가도, 상민·천민들의 담화가 전개되면 입심 좋은 패설이 구성지게 펼쳐진다. 양반가의 인물이라고 해서 여일한 패턴을 보이는 것도 아니다.

'이기채'나 '이기표'가 구사하는 언어에 비해 그 부인네들이 구사하는 언어는 정제된 정도가 덜한 듯 조금 더 일상어의 실상에 가까운 양상을 띠어, 권위와 규율의 정도가 다른 인물 형상이 변별되는 효과를 발한다. 아버지 세대에 비해 '강모'나 '강태' 등이 구사하는 언어는 신교육을 받은 이들에게 어울리게 빼어난 표준어의 양태에 육박한다. 지역 방언 면에서뿐만 아니라 사회방언 측면에서도 이념적 성향의 차이가 각 인물의 담화 양상에 투영되어 있다. 상민·천민이라도, 신분 질서의 전복을 꿈꾸는 '춘복이'가 쓰는 방언 양상은 '공배네'나 '옹구네'가 쓰는 방언 양상과 같지 않다. 그만큼 인물의 사회적 조건에 따른 담론 유형을 조율함으로써 인물 형상을 창출하여 서사 전개의 동력인 갈등 구도를 세우는 거점으로 삼는 전략이 서사 전반에 적중되고 있는 것이다.

이처럼 일상어의 실감을 구현하는 데서 나아가 그 실감의 차원을 재구성하여 인물과 사건의 표상적 의미를 부여한 담론 패턴으로 변환하여 서사 공정에 환류함으로써 『혼불』 문체의 동력이 발전된다. 삶의 여러 국면에서 경험의 폭과 깊이를 드러내는 담화 현장을 생생히 기술함으로써 구상具象을 짓는가 하면, 부조리한 세계의 단면을 비판하는 의식이나 거창한 세계관과 철리哲理를 기술하여 인간 정신의 관념 영역을 언어로 형상화하는 등, 다양한 서사 언어의 양태가 어우러진 문체적 특질이 그러한 동력에서 추동된다. 고전이나 전적典籍의 일부를 인용하여 쓰는가 하면, 인물 간의 입심 좋은 담화적 거래의 현장을 개연성 있게 구현하는 등, 삶의 전역에 산포된 언어 수행의 결실을 포괄하여 서사 언어로 재구성 변환하여 제시함으로써 서사적 문화지narratival ethnography라 해도 좋을 이 소설의 위상이 더욱 선명해진다. '표준어|방언' 이분법이나, 계층의 차이를 '고상한|비속한' 언어에 대입시켜 이원화하는 이념적 조작을 넘어서는 담론의 효력을 고양하여, 서사 언어의 문화적 가치에 대한 전향적 시각을 『혼불』이 제안한다고 해도 좋을 것이다.

은유적 언어 운용의 문화적 감각

언어의 용례는 지시적 의미의 쓰임에만 국한되지 않는다. 기표와 기의를 지시적 관계로 환원할 수 없는, 기호의 함의를 거점으로 하는 언어 수행의 국면은 비단 특정 영역에서만 발견되는 특수한 언어 현상이 아니다. 맥락적 의미는 물론 비유적 의미나 표상적 의미가 적용된 기호 관계가 언어 수행의 장에 편재한다. 언어가 인간 삶의 상수라면 은유는 그 변수이다.

통상 일상어와 변별되는 문학 언어 고유의 국면을 드러내는 표현 기교로 은유를 상정하고 이를 근거로 문학 텍스트의 변별 자질을 분석하려 하는데, 이는 문학 고유의 실체적 자질을 전제할 때 성립될 수 있는 방법적 전제다. 무엇보다 일상어의 자질을 일정하게 전제할 때라야 그에 대립된 자질들의 쌍을 추론하여 대입시킬 수 있다. 일상어와 변별되는 문학어의 자질을 전제할 수 있어야 하는 것도 마찬가지 맥락이다. 게다가 은유적 언어의 용례가 문학 텍스트의 특수한 경우에 국한되거나 문학 특유의 속성을 구현하는 수사적 기법으로만 적용되어야 그러한 전제가 온당하게 세워질 수 있다.

반면, 언어의 구성적 자질을 전제 삼는다면 일상어와 문학어의 변별을 자명한 것으로 용인할 수 없으며,[4] 은유가 문학에 한정된 특수한 언어 용례라고 단언할 수 없다. 일상어에 스민 은유의 편재성을 염두에 누고 은유직 인지 도식의 활용을 통한 언어 수행의 다각적 국면에 주목[5]할 때 비로소 일상적 삶의 장에서 펼쳐지는 언어 현상을 온전히 기술할 수 있는 여지가 열린다. 은유는 일반적인 언어 운용과 차원 다른 표현 기교로서 문체적 변별 자질을 과시하는 수단으로 특수화된 범주에 환원되기보다, 삶의 문제를 성찰하고 해석하여 삶의 지평을 드넓히는 계기로 작용함으로써 문화적 자장 안에서 유효한 의미를 창출하는 기제로 전제되는 편이 온당하다. 은유는 그 자체의 실체적 도식이 있어서가 아니라 문화장에서 사람들로 하여금 생각과 삶의 지평을 넓혀 세계 기획에 동참하도록 이끎으로써 문화적 창의를 돕는 기제로 작용하는 것이다. 이해와 표현, 표현과 이해의 환류를 통해 인식의 지평을 확장하는 해석학적 세계 기획Entwurf의 주요 거점에 은유의 위상이 있다는 점을 통해 서사적 은유의 문화적 차원을 논급할 단서를 얻음 직하다.

이러한 은유에 관한 문화적 해석의 지평을 여실히 보여 주는 텍스트가 『혼불』이다. 『혼불』에 드러난 삶의 면면과 문화장을 움직이는 담화에 편재한 은유 도식들을 통해 서사 언어의 문화 가치에 관한 단서를 얻을 수 있는 것이다. 다음을 보자.

> 막바지로 공사가 치달아 마무리가 되려는데, 꼭 기다렸다는 듯이, 나라가 망했다, 하지 않는가. 나는 믿을 수가 없었네. 하늘과 땅이 합벽을 하고 맷돌을 갈아, 천지가 캄캄한 일이었지. 그런데 묘한 것은, 그 와중에서도 남모르게 벅찬 희망이 샘솟았다는 것이야. 맷돌질 해보면, 왜, 우아랫짝이 맞물려 돌면서 곡식을 가루로 만들어 버리지만, 껍질도 벗겨지지 않은 채 통째로 빠져 나오는 놈이 있지 않던가? 신기하지. 꼭 그 통밀이나 통팥, 녹두같이 또글또글 살아서 튀어나온 희망, 그것이 저수지였어. (2권, 33쪽)

절체절명의 위기 상황에서 벗어날 희망을 얘기할 때 흔히 '하늘이 무너져도 솟아날 구멍이 있다.'고 한다. 중력의 영향을 받아 땅으로 무너져 내릴 리 만무한 '하늘'이건만 그가 무너질 상황이라면 그만한 위기 상황도 없을 것이다. 하늘이 신격神格의 표상에 동원되는 용례를 같이 고려한다면 신의 영역이 무너진 꼴이니 사람이 기댈 수 있는 최후의 희망마저도 없어진 절대적 위기를 표현하기에 이만한 것을 찾기 힘들다. 그런 절망감은 무너진 더미에서 찾은 '구멍'마저도 희망의 단서로 받아들이게 할 만큼 절체의 것이다. 그 구멍을 찾은들 더미에서 빠져나올 수 있을지 미지수며 빠져나온들 하늘이 없는 세상에서 살길을 찾을 수 있을지는 더 미지수다. 그러니 이 경구는 뜻하는 바 큰 교훈을 전하는 말이지만 그만큼 피상적이어서 딱히 견주어 어울릴 만한 구체적 정황을 찾기는 어렵다. 다만 삶의 곳곳에서 위기 상황에 직면하여 절망하는 이들이 위기를 모면하려는 모색조차 하지 않고 주저앉고 만다면 짐짓 절체절명의 극한 상황에 내몰릴 수밖에 없다는 것을 모르는 바 아니니, 저 말은 피상적이기는 해도 누구나 수긍할 만한 금언이다. 막연한 희망이라도 품고 절망적 상황을 극복할 길을 모색하는 것이 온당한 자세라는 예지를 돌이켜 문화 성원들 사이에서 통용되었을 것이다. 실상에 근사한 상념이라면 직서直敍해도 좋겠지만 추상적 관념을 들추는 경구이니 은유로 지어진 것이다. 다만 경구를 통해서는, 새로운 상념을 창의하기보다, 누대로 전승되어 심상해진 이미지 도식에 상념을 대입시켜 유효한 의미를 얻는 식이어서, 은유적 창안으로 빚어지는 의미 확산의 여지를 살릴 수 없는 딜레마에 이른다.

통찰의 관건은 문화적 소통의 저변이 넓은 경구의 창안 방식이다. 빗대어 표현할 사물이나 현상, 관념 등을 발굴하고 표상을 통해 변주하여 은유적 언어에 담아 새로운 심상을 안출하는 이미지 혼성blend 공정[6]을 모색하는 일은 온당하다. 가령 위에 인용한 대목은, 곡물이 맷돌에도 갈리지 않고 통째로 튀어나오는 사례를 빗대어, 죽음에 이르는 절망 속에서도 살아남을 희망이 있다는 권면勸勉을 언술한 대목이다. 맷돌질 도중 발견한 '신기한' 현상에 착안하여 은유적 담론을 기술한 것이다. '하늘이 무너지다.'는 '하늘과 땅이 합벽하다.'로 변주되는데, 하늘이 무너져 내린 정도가 아니라 땅과 맞붙어 버린 터라 솟아날 구멍조차 아예 없으니 극한의 절망적 상황에 대한 은유가 창안된 셈이다. 합벽한 상황과 맷돌이 맞붙은 상황이 조응되어 절묘한 대를 이루는데, 익숙한 일상의 일에서 은유적 창안의 거점을 얻은 셈이다. 윗돌과 아랫돌 사이에서 맷돌질에 갈리는 '콩의 처지'라면 절명의 상황에 처한 처지를 빗대기에 더없이 좋은 설정이다. 윗돌에 난 아가리란 살아날 구멍이긴 커녕 도리어 맷돌질에 갈리러 드는 입구인 터라 '솟아날 구멍은 있다'는 발상은 맷돌질 은유에 이르러 무색해지고 만다. '하늘과 땅이 합벽하다.' 도식이 '하늘·땅 합벽이 맷돌질하다.' 도식으로 진전되어 절망감의 밀도가 더한 은유적 심상이 안출된 것이다.

관습적 은유에 해당하는 경구의 개념 함수는 위 대목에 이르러 해체되며 새로 창안된 이미지 도식을 통해 재구성된다. 맷돌이 물린 '틈'이 '솟아날 구멍'을 대체하면서 개념이 전이될 조건이 조성된다. '구멍'이 죽음에 이르는 절망적 상황에서 살아날 희망에 대응되는 매개체라면, '틈'은 갈린 것이 토출되는 경로인지라 절망의 종국에 이른 뒤의 세계로 난 절망의 절망에 대응되는 매개체이다. 그런데 실제 맷돌질 상황에서는 '맷돌질에도 갈리지 않고 튀어나올 틈은 있다'는 사실이 확인된다는 것이다. 극한적 절망의 틈으로 삶의 희망이 튀어 나오는 극적 반전을 입증할 만한 대견한 현상이 실로 드러나는 만큼, 은유 도식으로 환산된 역설적 이미지의 등식이 타당해지는 의미 맥락이 선연하다. '절망이 희망으로 전이'되는 극적 계기는 관념적 추정에서 비롯되지 않고 맷돌질하는 문화장의 고찰이나 문화적 체험에서 비롯되는 만큼 은유 도식에 온당한 구체를 더한다. 심지어 '껍질도 벗겨지지 않은 채 통째로 빠져 나오는 놈'이 실로 있다니, 절망 속에서도 희망을 놓지 말라는 예지를 빗대어 담론한 서사적 은유가 구성되고 소통에 부쳐지는 공정을 통찰할 선연한 단서가 문화장에서 획득된 것이다. 처음 은유로 기획되었지만 관습적 은유로 '자동화'된 경구라도, 문화장에 대한 통찰과 문화적 체험을 통해 개념 사상 관계를 '낯설게' 구성하여 그 의미를 확장함으로써 은유의 생명력을 되살리는 인지적 창발이 이루어졌다고 해도 좋을 것이다.

절망 가운데 희망을 찾으려는 모색을 투사한 은유는, 문화적 체험을 맥락으로 삶의 예지를 실생활에 대응시키는 사상寫像을 통해 의미 함수의 개연성이 더해져 인지 가능성이 높아진다. 이렇듯 '절망 속 희망'에 관한 은유는 일제 강점으로 시작된 절체절명의 위기 상황에서 '합벽'한 절망의 틈새로 튀어나온 희망으로 의미망이 확산되면서 그 드넓은 자장이 시사된다. 이러한 은유의 힘은 문화장의 체험과 문화에 대한 차원 다른 해석을 통해 얻어진 통찰력에서 비롯된 여지가 다분하다. 그 힘은 문화적 예지를 모아 전하여 이야기에 수렴시킴으로써 소통을 수월하게 하는 이미지 도식의 구성에도 작용한다. 문화 담론의 서사적 결정체로서 주목 받는 『혼불』의 동력이 이러한 은유의 문화적 구성 기제에서 발전되고 있다고 해도 좋을 것이다. 문화 현장에서 직접 체험한 바와 현상을 세심하게 관찰한 바에서 빚어낸 은유는 삶의 위기 상황을 극복하려는 의지를 북돋우는 예지와 철리를 서사로 구현하기에 좋은 동력원인 것이다.

이렇듯 『혼불』의 은유에 배인 문화적 자질은 문화에서 취한 소재를 임가공한 식이 아니라는 점에서 의미심장하다. 문화적 수행의 현장에 참여하여 현상을 세심하게 관찰하고 거기 깃든 삶의 예지를 섬세하게 통찰하여, 문화 현상의 원리에서 파생되는 미적 차원들을 서사적 형상의 편린들로 환원하고, 이로써 담론의 결을 세공할 이야기 구성체를 산출한 것이다. 그래서 일상적 삶의 장에서 펼쳐져 낯익은 현상이나 대상이라도 『혼불』의 서사적 은유망에 포착되어 문예 담론으로서의 구체를 얻어 미적 효과를 발산하는 공정에 부여된다. 이런 양상은 불필요하게 생경한 조어를 통해 이해를 곤란하게 하거나 감각의 자극이 넘칠 만큼 현란하게 꾸며져 오감을 지치게 하는 화사한 문장들과는 궤가 다르다. 복잡다단한 수사로써 단선적 감각을 환기하는 데 그치지 않고, 서사 공정의 맥을 따라 지속적인 감각과 사변의 여지를 조성하도록 조율된, 은유의 차원 다른 구성태를 『혼불』에서 목도하게 된다.

『혼불』의 은유는 일반적인 서사에서처럼 보조 동력 기제 정도에 그치지 않고 또 하나의 주동력 기제로 작동한다. 삶에 편재한 은유적 개념 도식이 서사 공정에 채용됨으로써, 삶의 예지를 수용하여 삶을 진전시키는 동력으로 활용하는 성원들의 서사적 활동이 탄력을 받는다. 『혼불』은 상투적 표현과 상념을 뛰어넘은 거창한 사유의 응축태로서 삶의 장에 작용하여 문화의 해석과 적층에 기여하는 은유의 자질을 명증함으로써, 서사 언어의 주요 구심에서 채용된 서사적 은유의 역학에 방증을 덧붙일 사례의 양과 질을 풍성하게 한다. 이로써 서사의 문화 가치를 추산하는 데 중요한 단서로 삼은 이 소설의 위상은 더욱 공고해진다.

서사 언어의 미감과 문화 가치

거듭 말하거니와 '문화'는 삶의 총체적 방식이다. 이는 생활의 장에서 펼쳐지는 삶의 여러 양태를 통어統御하는 방식들을 아우를 때 쓰는 개념으로 전제된다. 그런데 '고급문화, 문화생활, 문화 산업' 등에서 쓰이는 '문화'의 개념이 혼선을 부른다. '문화 가치'처럼 더욱 고차원의 뜻을 안고 있는 어휘 조합에서라면 '문화'에 대한 이해의 맥락을 온전히 잡기 곤란한 측면이 있다. '문화'가 인간 삶의 장에서 상대화된 대상으로 분류되어 편향된 시각에 굳어지게 만들 우려가 커지는 것이다. 고급한 문화든 생활을 윤택하고 풍요롭게 하는 문화든 쓸모 있는 삶의 방식을 거래에 부쳐 얻는 문화든, '문화'는 인간이 요구하는 삶의 조건과 그가 처한 환경에 대응하여 조율된 삶의 방식이 수렴되는 '토대'[7]이자 새로운 변화가 예비되는 구심이다.

문화는 인간 삶의 과정과 조응하여 드러나는 현상이지 고정된 실체가 아니다. 따라서 문화적 수행을 순조롭게 하고 그 결실의 적층을 가능하게 한 동력과 성원들의 요구에 부응한 문화적 가치의 국면을 해석하는 데에서 '문화' 입론이 파생되고 환류되는 구심점을 찾을 수 있다. 문화는 단순히 인간이 요구하는 일부 영역에 국한되는 대상이 아니라, 인간이 사회적 관계망 속에서 더 나은 삶을 요구하여 지혜와 정보를 나누어 축적하려는 모색과 실천의 결실이다. 삶의 과정에서 격리된 영역에 있는 대상이 아니라 일상에 작용하는 기제이자 일상의 장에 해당한다. 그 기제가 활발히 작동함으로써 삶의 장이 활성화되어 문화장이 드넓어지는 데에는 구성원 상호 간의 소통 회로가 순조로이 작동하는 것이 관건인데, 인간의 물적·정신적 소산이 축적되어 양질의 문화적 소산으로 이어지기까지 언어 기제가 온전히 구동되어야 한다.

삶의 예지를 모으고 나누며 축적하여 삶의 장에 환류하는 문화 공정의 주요 동력이 이야기라는 점은 주지의 사실이다. 인간사를 이야기로 지어 나누고 맺힌 관계를 이야기로 풀며 삶의 예지를 모으는 공정은 인간 삶의 확장을 돕는다. 언어가 문화 축적의 결정적 계기라는 사실을 더해 정리해 보자면, 이야기 곧 서사의 언어가 문화의 상수로 대입되어 의미의 자장이 커진다는 데 생각이 이른다. 서사와 언어를 조합한 항은 문화 공정의 가장 중요한 계기를 탐색하는 논항으로 상정될 터, 서사 언어의 문화적 자질이 저처럼 선명하다는 점을 의식할 만하다.

그러한 서사 언어가 다른 문화 영역에서 산출되는 언어적 소산과 변별되는 국면을 살필 여지가 이제 생긴다. 특히 문예 장르 범주로 인입된 서사를 통해 문화 성원들 사이에서 요구되는 특별한 가치에 주목할 필요가 있다. 같은 이야기라도 다 같은 이야기로 받아들이지 않는 서사 수용의 역학을 염두에 두지 않더라도 과연, 특별히 흥미로운 이야기라도 일상적인 이야기를 할 때처럼 틀에 박힌 방식으로 하는 이야기에는 귀 기울기 쉽지 않다. 정교한 이야기 구성과 함께, 흥미와 감흥을 불러일으키기에 적절한 이야기 방식을 다각적으로 창안하면서 서사에 관여된 문예 장르를 다변화해 온 인류 문화의 도정에서, 문예적 서사의 용도는 무엇보다 미적 가치의 창출에서 정점을 이룬다.

물론 제아무리 '아름다운' 서사 언어라도 일반 언어와 마찬가지로 발신과 수신의 양단에 걸친 의사소통 회로에 부쳐질 때 성립되는 구성적 현상이다. 기표와 기의의 조합에서 파생된 언어의 기호적 자질이 의사소통 회로의 의미 작용을 통해서 관철되는 점은 '서사 언어'에도 적용된다. 서사 언어의 기조인 일상어의 활용은 물론이거니와 은유적으로 변용된 언어나 작가 특유의 문체 감각이 배인 언어라도 표현 차원만으로 서사 언어 현상이 완결될 수 없으며, 수신 편의 이해와 반응을 통해 의사소통이 일단락되고서야 비로소 서사 언어 현상을 일별할 여지가 조성된다. 특히 언어를 통한 미감의 구현에 관해서라면 더욱, 적확한 소통의 담화적 정황에 대한 고려가 요구된다. 그러고서야 언어의 규범과 창의 사이의 변증법적 긴장을 통해 구현되는 서사 언어의 문화 가치가 지어지는 공정을 탐색할 방법론적 단서를 찾는 수순에 들어설 수 있는 것이다.

『혼불』은 언어의 미감을 수준 높게 구현한 문체 자질 면에서 고평 받곤 하는데, 그 자질의 거개는 독자의 교감sympathy을 부르는 언어의 특별한 운용에서 드러난다. 성원들이 실제 대화의 장에서 서로 생각과 감정과 경험을 이야기하여 나누며 마음을 같이 하는 양, 텍스트로 펼쳐진 서사적 대화의 장에 독자들의 감각과 사유를 이끌어 어우러지게 하듯 하여, 대화적 문화 현상을 서사 텍스트를 통해 구현하고 있다고 해도 좋은 것이다. 다음 대목을 보자.

> 그네는 이제 아주 안 보이게 된 액막이 연이 어째서인지 자신의 몸만 같아서, 마치 저수지에 몸을 던진 인월 아짐처럼, 밤하늘의 복판 아찔한 수심 속으로 깊이 빠져 잠겨들고 있는 것이 역력히 느껴졌다.
>
> 명주실.

이미 그네를 지상으로 잡아당길 명주실은 연 자새에서 다 풀리어 무엇에도 제 가닥을 걸어 볼 길 없이, 머리카락 한 올처럼 시르르 허공에 떠오르며 이윽고 흔적을 감추어 버렸다.

무슨 액을 막으려 어머니와 아버지는 이 달 뜬 밤, 연을 띄우셨을까.

강실이는 한숨을 삼킨다.

한숨도 서걱서걱 얼어 있다.

시리다. (6권, 84~85쪽)

인물의 심회를 직서하지 않고 비유적 표현을 통해 정서적 감각을 고양하는 문맥을 지어 담화 상대의 느낌에 한층 밀착하는 담화의 운용 면에서 서사의 수월성을 인정할 만한 대목인데, 그 어휘와 문장 수준의 언어 요소가 일상어의 요소와 특별히 변별되는 것은 아니다. 일상어와 구분되는 서사 언어가 실로 있어서 선택적으로 채용하여 언어의 미감을 자명하게 재구하는 것이 아니라, 일상적으로 쓰이는 언어라도 이를 서사 문맥에 적용함으로써 일상적 담화의 맥락에서 쓰일 때와 변별되는 미적 효과를 산출한 것이다. '아찔한 수심, 한 올처럼 시르르, 한숨도 서걱서걱 얼어' 등과 같은 표현이 범상치 않아 돋보이는 면이 있으나 그 자체만으로 미적 차원의 감각을 전한다고 하기는 어렵다. 아무리 빼어나게 아름다운 표현이라도 문맥에 포괄되어 담화로 구성되고 소통에 부쳐지지 않고서는 의미심장한 미감을 낳을 수 없다. 같은 대상이나 장면이라도 받아들이기 나름으로 미추美醜가 판정되는 만큼, 아름다움은 수용자의 반응에서 판정의 준거가 세워진다는 점을 의식할 일이다. 분명 아름다움은 주어지지 않고 구성되는 가치다.

위 대목에서 '액막이 연'에 제 심회를 투사한 '강실'의 수심은 그 깊이만큼이나 헤아리기 힘든 슬픔과 근심을 낳으며 독자의 연민을 불러 인물에게 감정 이입하기 좋은 담화 정황을 모의한다. 기대일 데 없는 처지 또한 '명주실' 한 가닥에 의지하여 지상과 겨우 닿아 있는 연과도 같다는 심상에 빗대이면서 그러한 정황이 제법 뚜렷해진다.

그리고 그녀가 삼키는 한숨에 서린 한기寒氣로 환기된 가슴 시린 회한이 형언되어 이미지가 구성될 때, 독자는 지시적 언어의 의미에 국한하지 않고 행간行間에 배인 언어 감각에서 파급된 미적 영향 하에서 이해를 도모한다. '시린 한'의 감각을 교감할 때 위 대목의 서사적 소통 회로가 온전히 작동하며, 이로써 일상적 언어의 운용에서와 다른 미감을 교감할 담화의 장이 구성되는 것이다. 이러한 구성의 기제에서 서사 언어를 통해 발현되는 미적 차원의 효과를 추론할 논리적 맥락이 생성된다.

물론 그러한 미적 감각을 교감하지 못하거나 수용하지 않는 경우에는 별다른 문체 효과가 날 수 없으며, 서사 언어의 미적 차원에 관한 추론의 여지는 봉쇄된다. 또한 그런 담화 양상이 단발에 그친다면 이 소설에서 구성된 문체의 미학에 관한 논의를 이어갈 수 없다. 서사 언어의 미적 자질을 논급하는 구심인 문체 효과는, 단편적인 어휘나 문맥에 어우러지지 못한 수사적 문장 표현에서 드러날 수 없으며, 담화 상황에서 지속되는 언어 운용의 기제를 통해 드러날 수 있다는 점에 유의해야 한다.

'교감의 언어'라고 이름 붙여 봄직한 『혼불』 언어의 미학적 자질은 '혼불'에 관여된 은유적 사상寫像을 통해 텍스트의 여러 구심에서 확산적 이미지를 창출한다. '한'의 응축된 표상에 상응하는 '혼불'에 얽힌 민속관념과 민중 정서가, '푸른 빛' 이미지에 사상된 은유의 맥을 통해 텍스트 전반에 확산되면서 주도적 이미지로서 기능하는 것이다.

> 무겁게 감은 청암부인의 왼쪽 눈귀에 찐득한 눈물이 배어났다. 그것은 댓진 같은 진액津液이었다. 차마 흘러내리지도 못한 채 눈 언저리에 엉기어 있기만 하는 그 눈물은, 무슨 응어리 같기도 하였다.
>
> 그날 밤, 인월댁은 종가의 지붕 위로 훌렁 떠오르는 푸른 불덩어리를 보았다. 안채 쪽에서 솟아오른 그 불덩어리는 보름달만큼 크고 투명하였다. 그러나 달보다 더 투명하고 시리어 섬뜩하도록 푸른 빛이 가슴을 철렁하게 했다.
>
> 청암부인의 혼魂불이었다. (3권, 107쪽)

이 대목을 해석하기 위해서는 문화적으로 전승된 '삶은 맺힘이다.'와 '생명은 불이다.' 개념 은유를 먼저 이해할 필요가 있다.

얽히고설킨 인간사의 갈등을 '맺힌 고'로 환언하는 것과 죽음을 목전에 둔 상황의 회한이 극에 다다를 것이라는 상념을 조합해 보면, '삶은 맺힘이다.' 도식이 '댓진 같은 진액'을 거쳐 '응어리'로 전언된 '찐득한 눈물'에 사상되는 맥락을 가늠하기 어렵지 않다. 그만큼 지독한 강박이었을 삶의 회한 속에 죽음을 목전에 둔 이의 심회를 교감하기에 충분한 문화적 자장이 형성되었다고 해도 좋다.

그 자장 가운데 '혼불' 표상이 의미를 얻는다. 생명의 감각을 '불'의 이미지에 빗대는 경우는 다반사다. '정열, 열정'이 생명력 넘치는 삶의 의지를 표현하는 데 쓰이는가 하면 생명을 다하고 죽음에 이르는 것을 두고 불꽃이 사그라드는 장면에 사상하여 표현한다. 아예 '생명의 불꽃'이라는 말이 심상한 어조에 실리는 정황도 포착된다. 이처럼 생명이 불에 관여된 심상과 조응된다면 '혼불'에 관한 민속 관념은 '생명은 불이다.' 도식을 기조로 창안되어 문화장에 투사된 문화적 은유에 상응한다.

생명의 불이기도 하고 죽음의 불이기도 한 '혼불'의 형용을 투영한 '푸른 불'은 이중적 표상이다. 생명의 기운이 다한 연후의 '차가운 죽음'의 감각을 전할 수도 있고, 불꽃에서 제일 뜨거운 부분이 '푸른 불'인 만큼 생명이 극에 달한 기운을 담은 '뜨거운 생명'의 감각을 전할 수도 있다. 여하튼 한 맺힌 이의 죽음에 관여된 형상인 만큼 '혼불'을 '시리어 섬뜩하도록 푸른 빛' 이미지에 사상한 은유 도식은 근사하다.

이처럼 '혼불'은 푸른 불빛으로 표상되어 개념이 최적화된다. '혼불'에 연관된 푸른 빛 이미지가 텍스트 전역에 편재해 있는 만큼, '혼불'은 단편의 민속 관념에 머무르지 않고 『혼불』의 서사적 소통을 활성화하는 구심적 모티프로서 기능할 수 있는 것이다. 이는 생전에 응어리진 한을 불태워 피어오르는 불덩어리라서인지 푸른 빛을 띠어 보는 이로 하여금 가슴 시린 처연한 감각을 느끼게 하는 이미지로 고지된다. 이런 푸른 빛 이미지가 소설 전반에 편재하는데, 그 빛은 보통 푸른 빛으로가 아니라 '파리한 빛, 회푸른 색, 검푸름, 시린 색' 등과 같이 표현되어 감관感官을 자극한다. 하얀 빛깔이 극한에 달하여 파리한 빛을 띤다는 심상에서 파생된 듯, 푸른 빛은 '속이 시린 남색', 그도 '육칠월의 도톰한 쪽잎을 따서 돌로 갈아 얼음을 넣고

색을 빛어' 낸 색채에 대응되면서 시각과 촉각이 한데 어우러진 공감각 이미지로서 감관에 박진한다. 이러한 이미지와 여타의 감각어들이 어우러진 가운데, 단발적인 수사적 표현 기교만으로 성취할 수 없는 서사 언어의 미감이 서사 전역으로 확산되어 교감이 활성화될 수 있는 여지가 조성된다. 관념이 은유적 사상을 통해 구체적 형상들에 조응되면서 서사 언어의 미적 가치를 추인할 만한 여지가 넓어졌다고도 할 수 있다.

아름다움이란 실체로서 주어진 것이 아니다. 또한 언어는 의사소통의 회로를 통해 구성되며 서사 언어 또한 일상어와 변별된 자명한 실체적 자질을 안고 있는 것이 아니므로, 서사 언어의 아름다움이 실재한다고 할 수 없다. 서사 언어의 미적 가치는 단지 어휘나 문장 층위의 미적 표지를 통해 구현되는 것이 아니라, 언어의 운용이 서사적 공정에 부쳐져 미적 감각과 관념을 자아내는 구성적 현상으로 드러난다. 언어 수행을 통해 서사 언어의 미적 자질의 관건이 구성되는 만큼, 서사 언어의 미적 가치를 드러내는 주요 구심인 문체 효과에 대해서는 서사적 소통에 관여된 수행의 공정을 단서로 최적화된 이해의 지평이 구성된다. 서사 언어는 일상어와 다른 용례로 쓰이는 일탈적 양태로 단순화될 수 없으며, 서사 공정을 통해 발휘되는 담화 전략과 소통의 역동적 국면에서 다채롭게 구현되는 언어적 이형태로 이해되어야 하는 것이다. 특히 문체 효과가 최적화되어 독자의 반응을 활성화할 수 있는 교감의 언어를 구현할 때 서사 언어의 미적 가치는 고양되며, 서사적 수행이 문화적 수행의 일환이라는 생각에 방증을 더할 수 있게 된다.

한편, 서사 언어는 확산적 언어 수행의 질료로서 기능할 때 그 문화적 가치가 산출된다. 사상思想과 철리에 관한 담론이나 풍속의 기술을 넘어선 문화 서사의 차원으로 나아가 세계에 대한 이해의 구심을 재구성하는 『혼불』 언어 미학의 또 한 차원이 주목을 끄는 것은 이와 연관된다.

이를테면 '사천왕 상'을 두고 사유의 진폭을 크게 하는 이야기 대목은 대표적인 사례일 것이다. "사천왕은 부처님의 법을 수호하는 천신天神"(9권, 65쪽)이라는 종교적 개념 도식은 가상의 존재인 사천왕을 신격에 대응시켜 새로운 존재의 의미로 환산하는 은유를 통해 의미 지평에 부상한다. 그 지평은 우주적 철리를 돌이켜 삶을 성찰하고 실존적 한계를 넘어선 세계에 존재를 기획하도록 돕는 종교 문화의 영역에 닿는다. '자동화된' 일상 세계를 들추고 새로운 개념 도식에 비추어 '낯선 차원의' 개념적 사상寫像을 결구함으로써 사유의 지평을 넓히고 삶의 영역을 확장할 수 있는 여지를 키울 수 있는 것이다. 이러한 여지는 자동화된 일상을 낯설게 재구성함으로써 미적 가치를 창출한다는 미학의 원리와 교점을 이룰 맥락을 조성한다.

그 정점은 사천왕 상의 위치를 두고 펼쳐지는 '방위'에 관한 전향적 사유의 담론이다.

> "아, 그런데, 스님. 각 존위의 방위 서신 위치가 동·서·남·북이 아니고, 동·남·서·북으로 되어 있습니까?"
>
> "예. 이 세상의 방위를 둥그렇게 본 것입니다. 동·서·남·북이 방위를 서로 반대 개념, 즉 대칭으로 짚은 것이라면 동·남·서·북은 원으로 짚은 것이지요. 그러니까 동·서·남·북으로 방위를 보면 해가 뜬

다, 해가 진다, 춥다, 덥다, 밝다, 어둡다, 이런 식으로 분류하고 나누게 되지 않겠습니까? 그러나 동·남·서·북 방위는 해뜨는 동쪽에서 출발하여 해가 점점 길고 밝아지는 남쪽으로 이동하고, 다음은 해가 지는 서쪽으로 갑니다. 그러고 나면 밤이 오지요. 북방입니다. 그리고 북방은 동방과 나란히 있지요. 어둠이 고요히 우주와 만물을 품어 주면 이윽고 해뜨는 아침이 옵니다. 그래서 동·남·서·북으로 이동하는 것은 우주의 자연이 주는 생체 방위의 평화와 순리가 있지요. 우리의 몸에 맞는 방위 감각이라는 것입니다. 이 방위에는, 모든 것이 옆에 있고 동등하며 끝없이 순환하는 평화가 있습니다."

"그렇군요……. 몰랐습니다."

방위를 짚는 데도 우주를 짚는 손. (9권, 70~71쪽)

세계를 '방위'로 분절하여 표지를 붙여 이해하는 식은 은유적 방편이어서 자명한 편이 아니다. 하물며 동과 서, 남과 북의 대칭점으로 방위 관계를 환산하는 것이 자명할 수는 없다. 그런데 우리는 어느덧 '동서남북'이라는 대칭 개념에 익숙해져 있어 이 개념을 돌이켜 보는 것 자체를 도리어 심상치 않게 생각하기 십상이다. 그런데 위 대목에서는 그 자동화된 방위 개념을 문제 삼는다. 대칭적 방위 개념 대신 '원으로 짚은' 방위라는 낯선 개념 도식을 제기한 것이다. 세계를 분석적인 개념 도식에 맞춰 대립적인 구도로 보는 태도를 문제 삼으며 유기체적 순리에 조응한 개념 도식으로 세계를 볼 것을 제안하여 낯선 세계관을 부각하고 있는 것이다. 그 세계관의 구심에 '몸은 우주다.' 은유가 개재해 있어, '우주의 자연이 주는 생체 방위의 평화와 순리'에 대한 사유를 통해 '방위는 몸이다.' 도식이 하위의 은유를 구성하면서 새로운 사유의 정향을 세워 새로운 세계관의 확산을 꾀하고 있다. 거창한 세계관과 철리를 표상한 사유의 국면이 서사 공정에 회부되어 문화적 차원의 진전된 가치를 산출하며, 그만큼 현상의 이면을 돌이킴으로써 세계 이해의 지평을 확장하는 서사적 미학의 단면을 예시한다고 해도 좋을 것이다.

아름다움의 실체가 있어서 미적인 제재를 가공하여 작품의 미적 가치가 자명하게 재구되지는 않으며, 서사 언어가 실로 있어 소설 '작품'에 채용되는 것은 아니다. 서사 언어의 아름다움을 구현하기에 적절한 표현 기교나 문체 구조가 정해져 있어서 그 틀에 맞추어 지을 때 소설 작품의 미적 가치가 결정되는 것도 아니다. 서사의 미적 효과는 어휘나 문장 차원의 빼어난 표현만으로 달성되지 않으며 담화의 이해와 반응 양상에 따른 서사 공정의 단말에서 미적 감각과 자질이 수용자의 승인을 통해 구성된다.

서사, 서사 언어, 서사 문체, 서사적 은유, 미적 감각, 미적 자질 등, 서사 언어의 미학에 관여된 개념항들이 실체로서 자명하게 주어지는 것이 아니라 소통의 역동적 과정에서 산출되고 최적화된 의미망이 구성된다는 점을 재삼 유념해야 한다. 서사 언어는 서사적 수행을 통해 진전되는 문화적 과정에 부쳐질 때 미적 가치를 창출할 수 있는 동력원이 되며, 그러한 서사 언어의 창의적 운용의 바탕에서 서사의 문화 가치가 고양될 수 있는 것이다. 서사는 문화적 공정을 통해 가치가 드러나고 그 가치가 문화적 소통과 적층에 환류될 때 위상이 세워지는 해석학적 순환 구도에 드는 문화 현상이다.

단순히 문화적 산물을 소재로 삼아 이야깃거리를 구성하거나 문화적 배경을 이야기 구성의 배경으로 삼는 식으로 서사의 문화적 가치가 달성되는 것은 아니다. 소설이 실제 문화 현장에서 두 층위 이상 동떨어진 기술記述 서사이지만, 서사적 수행이 곧 문화적 수행의 중요한 계기라는 점을 의식한다면, 문화장에 작용한 담론의 효력을 전하여 수용자들의 교감을 활성화하는 서사 언어의 가치를 높이 환산할 여지가 생긴다.

『혼불』 같은 사례에서, 문화적 유산은 물론 문화 현장에서 취재한 이야깃거리를 풍성하게 게재하여 그 자체로서 문화적 적층에 기여하는 텍스트의 자격을 확인할 수 있다. 『혼불』은 소설이지만, 잊혀져 가는 풍속이나 민속은 물론이거니와 문화장에 편재한 문화 객체를 기술한 문화지 역할을 함으로써 문화의 가치를 고양하는 역할을 충실히 한다고 할 수 있는 것이다. 문화 현장에 대한 해석을 통해 재구성한 이야기를 제시함으로써, 단순히 문화 유산의 보존이나 전통 문화의 복원이라는 미명에 호도되지 않는다. 새로 창의한 서사 문맥을 통해 그 문화장에서 펼쳐질 법한 삶의 면면과 문화적 수행의 양태들을 구현함으로써 문화장의 역동적 감각을 재구한 서사적 결정結晶이 마땅한 찬사를 자아낸다.

언어 면에서도, 『혼불』은 잊혀진 고유어나 보편적으로 쓰이지 않는 각 지역의 방언을 채록하고 적절한 문맥에 배열하여 활용함으로써 그 보존에 기여하는 바 크다. 고유어만 아니라, 한국어의 상당 부분을 점유한 한자어의 빼어난 의미 맥락을 지어 문장에 반영하는가 하면, 뜻을 다 표현할 수 없을 때에는 새로운 한자어를 조어하여 제시함으로써, 한국어의 총체적 면모를 서사에 반영하여 보이기도 한다. 무엇보다, 문화 현장의 감각과 성원들의 의식을 밀도 있게 투영한 언어의 집하를 통해 서사 언어의 문화적 가치를 명증하는 서사 텍스트의 자질을 제안하는 한편, 그 자체가 문화 서사로서의 위상을 공고히 하였다고 할 수 있다. 일상어와 은유의 경계를 해체하여 서사 언어의 국면을 문화적 차원의 언어 수행으로 환류하는 서사의 문화 가치가 한층 진전된 지평이 이로써 개시된다. 서사의 문화 가치에 대한 확산적 인지에 관여된 방법적 개념을 세우고 이를 통해 『혼불』의 문화 가치에 대한 사유의 지평을 넓힐 여지가 열린다. 서사를 통해 확산되는 문화 가치의 위상을 『혼불』에 편재한 은유의 문화적 구성 역학과 인지 공정에서 찾는 것은 수순이다.

1 David Herman, *Storytelling and the Science of Mind*, The MIT Press, 2013, pp. 295~296 참조.

2 M. M. Bakhtin, Michael Holquist (ed.), Caryl Emerson & Michael Holquist (trans.), *The Dialogic Imagination*, Texas UP., 1981, pp. 331~332 참조. M. M. Bakhtin, Caryl Emerson & Michael Holquist (ed.), Vern W. McGee (trans.), *Speech Genres & Other Late Essays*, Texas UP., 1986, pp. 99~100 참조.

3 Yi-Fu Tuan, *Space and Place*, University of Minnesota Press, 1977, p. 54 참조.

4 Stanley Fish, *Is There a Text in This Class?*, Harbard UP., 1980, p. 106, pp. 108~109 참조.

5 레이코프 일가에서 은유가 삶의 방편으로서(*metaphors we live by*) 담론의 장에 편재해 있다고 내세운 입론이 그것이다.

6 Gilles Fauconnier & Mark Turner, *The Way We Think*, Basic Books, 2002, p. 29 참조.

7 인류학자들이 문화장을 탐색한 결실을 모은 파일(예컨대 HRAF)을 일별만 해도, 문화는 상부 구조에 편입되는 정신 영역의 부산물에 그치는 것이 아니라, 그 자체로서 삶의 토대인 하부 구조를 이룬다는 점을 깨달을 수 있다. 이를테면 '문화 유물론'이 성립될 수 있는 거점은 문화를 삶의 토대로 보는 데 있다고 할 수 있다.

서사 은유의 문화적 함수

피쉬Stanley Fish는 일상어와 문학어의 경계를 구획할 만한 자명한 표지나 구조적 변별 자질을 상정하기 어렵다는 식으로, 구조주의와 신비평의 입론에서 제기된 문체론의 전제와 결론에 대해 여러모로 의구심을 표한다.[1] 리파테르Michael Riffaterre처럼 의사소통의 국면을 분석하여 문체에 대해 논급하는 경우라도, 잠정적으로 전제된 담론의 안정된 저변을 분석할 이상적인 역량을 갖춘 슈퍼-독자super-reader를 상정하는 한, 텍스트를 고립된(독립적이라고 하지만 실은) 실체로 환원할 수밖에 없는 까닭에, '상호' 간 소통*communication*의 역학을 온전히 해석할 수 없는 난항에 봉착할 수밖에 없다. 문학어의 실체적 자질을 자명한 것으로 전제한 채, 일상어와 변별되는 국면들을 분석하고 유형화하는 논의 방식은 환원론reductionism의 오류를 안고 있기 때문이다.

과연 '표현과 이해, 이해와 반응(피드백feedback), 반응과 재표현' 회로로 순환되는 소통의 과정을 해석하는 데서 관건인, 저자와 독자

사이의 역학 관계를 규명하는 방법론적 통찰이 선행되지 않고서는, 문체는 물론 문학 현상의 여러 국면에 작용하는 기제를 온전히 연구할 수 없다. 그러므로 일상어와 별반 차이가 없는 언어 표현을 통해 소통되면서도, 통상의 언어적 소통과 다른 효과와 가치를 창출함으로써 독자의 반응에 영향을 끼치는 담론적 자질이나 기제의 작용 양상을 해석하는 데서 논의의 거점을 찾는 것이 온당할 것이다.

문학어의 중요한 자질로 거론되는 '은유metaphor'에 대해서, 전통적인 개념이나 표현 원리 또는 구조 분석의 차원을 넘어선 방법론을 모색하는 데 주력해야 하는 것도 이와 맥락을 같이 한다. 이를테면, 은유의 구조 분석에서 담론 해석으로 관심을 전환해야 한다고 역설한 리쾨르Paul Ricoeur의 입론이나, 삶의 일상에서 쓰이는 언어와 사고에 편재한 은유에 주목하여 인지론 맥락에서 다면적으로 탐색한 레이코프George Lakoff 등의 입론에서 은유 논의의 단서를 얻음직한 것이다. 요체는, 언어 현상이 일정한 유형적 기준이나 고정불변의 구조로 환원될 실체적 범주의 대상이 아니라는 생각이다. 문학 현상 또한 그 매재인 언어나 삶의 요건들과 별개의 독자적 체계로서 구획된 실체가 아니라는 점을 의식하는 것도 관건이다. '은유'를 수사적 기교rhetorics의 일환으로 간주하거나, 메시지 자체의 시적 기능을 복돋우는 언어 운용에 국한시켜 이해할 이유는 없다.

은유와 문화적 수행

은유는 삶에 편재해 있으며, 단순히 언어 표현의 문제만이 아니라 사고와 행동에서 드러나는 광범위한 '현상'에 관련된 문제다.[2] 언어를 통해 빚어지는 의미의 '제도화된 적합성을 파기'[3]하고 '새로운 적합성을 창출하는 살아 있는 은유'[4]를 통해, 지시 기능에 국한된 언어의 구조를 확장할 수 있는 여지가 조성된다. 그러므로 은유는 일정한 구조적 경계로 구획하여 분석하고 유형화하여 설명하는 방식으로 논급할 대상이 아니다. 그렇다고 감수성이나 상상력에 의존하여 주관적인 의미를 부여함으로써 개별화할 성질의 것도 아니다. 가령 '이해와 설명의 변증법'[5]이나 '이미지 도식image-schema'을 통한 인지 양상의 추정을 통해 논급할 현상이다.

은유가 비단 문학적 언어의 자질에 직결되리라는 예단을 중지하는 것은 수순이다.[6] 작가 고유의 개성을 드러내는 창의적 소산일 때 은유의 특권이 보장되리라는 문학적 상식 또한 잠정적인 가설에 불과하거나 논증될 필요가 있는 문젯거리일 뿐이다.[7] "위대한 시인은 우리 모두가 생각하는 방식대로 사유함으로써만 우리에게 말을 건넬 수 있다."[8]는 레이코프와 터너Mark Turner의 언명은 의미심장하다.

과연 이들의 얘기대로, 문학적 창의성이라고 해서 일상적인 사유 방식과 다른 차원 높은 사유 양식을 통해 지어지는 것은 아니다. 더욱이 아무리 창의적인 생각과 표현이라도 독자들이 온전히 그리 인지할 때라야 창의성이 평가된다는 심산으로 생각을 전향할 여지가 다분하다. 은유적 이해는 단순한 단어 놀음word play의 문제가 아니라,[9] 본디 맥락에 따라 특유하게 개념화된 것(즉, 삶이나 죽음, 시간 같은 개념에 대한 이해와 추론)일 수밖에 없다.[10] 종내, 문화 성원들이 공유하는 개념 장치conceptual apparatus의 일부로서 기본적 개념 은유[11]를 상정하는 데 이를 때, 삶의 방편으로서의 은유에서 문학적 은유가 분화되는 맥락을 이해할 수 있을 것이다. 문학적 은유를 이해하기 위해서 관습적 은유를 이해하지 않을 수 없다[12]는 지적은 시사하는 바 크다.

"인류에게 공통된 상징의 근거에 뿌리를 두지 않은 상징적 창조는 없다."[13]는 리쾨르의 주장도 마찬가지 맥락에서 이해된다. 은유는 개인 창작에 관여된 표현만이 관건이 아니며, 소통의 역동적 과정에서 다각으로 작용하는 문화적 이해의 맥락이 관건이다. 삶의 구체적 의미망을 전제로 지어지고 표현되어 소통에 부쳐짐으로써 새 의미가 창출되는 '해석학적 순환hermeneutischer Zirkel'이 은유 현상에도 작용한다고 할 것이다. 삶 속에서 익숙한 개념이나 인지 도식을 통해서 세계를 이해하고 그 이해한 바를 표현할 때에 은유적 장치를 사용하는 것도, 이를테면 문화적 의미망에 내재한 인지 도식을 통해 구체를 창출하는 표현의 국면에 맞닿는다. 수용자 역시 은유를 해석하는 데 소용될 삶의 체험과 인지 도식의 역동적 활용을 통해 반응한다. 이러한 표현과 이해의 회로를 단순한 언어적 구조나 유형으로 환원할 수 없음은 물론이다. 지시적 의미 함수로만 이룰 수 없는 담화적 소통의 역학이 대두하는데, 의미의 창출에 맞닿은 담화 수행의 구심에 은유가 자리 잡고 있다고 해도 좋을 것이다. 체험적 은유, 곧 살아 있는 은유[14]와 결합되는 개인 창의적 상징이라도 공동의 문화적 상징과 조우할 수밖에 없어,[15] 요컨대 은유의 문화적 층위를 해석의 단서로 상정해 봄직하다. 축자적 의미를 환언하여 설명하는 식으로는 온전히 간파하기 힘든 담화 수행의 다면과 각양을 해석할 단서를 은유의 해석에서 찾을 수 있는 것이다.

그래서 더욱, 은유는 단순한 언어적 표현의 수사학으로 포괄할 수 없는 외연을 지닌다고 할 수 있다. 살아 있는 은유나 삶의 방편으로서의 은유로 관심을 전향하는 태도는 단지 새로운 관점을 애써 지어내려는 의중에서 비롯되지 않는다. 일상어 자체의 다의적 자질polysemic feature이야말로 상징적 담화의 기본 조건이므로 은유나 상징, 속담 등에 대한 이론의 기반이라는 점을 의식하는 전향적 사고가 요구되었을 따름이다.[16] 이러한 방법론적 전향의 모색과 조응하는 은유론의 근사한 기획은, 단지 술어적 조작에 머물지 않을 뿐만 아니라, 관심의 영역과 범위는 물론 진리 개념에 대한 대안적 입론에까지 그 자장이 넓게 형성되어 있다. "언어가 객관이나 객체가 아니며 매개체"인 까닭에 "언어를 거쳐 현실로 나아간다"는 현상학적 언어관[17]에 수긍한 다음이라면, 은유의 해석을 통해 삶을 이해하고 삶의 체험을 은유적 표현으로써 구현하는 수순을 인정할 수 있을 것이다. 언어의 닫힌 체계를 염두에 두고 자족적인 언어 표현의 내적 구조를 환산하려는 구조주의적 언어관이나 기호론과는 사뭇 대조적인 접근 태도를 취하게 되는 것이다.

발화나 소통에는 무관심한 채 랑그langue 수준의 언어 기호에만 관심하여서는 은유의 내외적 구성 역학과 의미의 창의 기제를 오롯이 추론할 수 없다.[18] 본연의 의미를 환기하고 재구하는 태도나 환원적 설명에 반대하는 해석학적 입론[19]에서 은유 문제에 주목하는 것은 새삼스런 일이 아니다. "텍스트에서 해석된 바는 그 텍스트가 열어젖힌 세계에 대해 말한 바"이며, 최종 '전유專有appropriation 행위'는 선입견을 텍스트에 투사하는 것이라기보다는, 독자의 세계와 텍스트의 세계가 어우러진 '지평 융합'이라 할 수 있다.[20] 말하자면 은유의 해석은 언어적 표현의 특유한 구조나 그 의미 기능을 추론하는 일이 아니라, 해석자와 텍스트의 세계가 어우러져 새로운 양태의 의미망을 기획하는 문화적 수행에 육박한다. 의미적 실체나 구조 차원의 것을 추론하거나 재구하여 설명하는 수준이 아니라, 문화적 담론 차원에서 의미를 궁리하는 수준인 것이다.

구조주의의 전제를 굳이 고집할 요량이 아니라면, 의사소통의 수단인 언어의 수행 국면에 주목하는 것이 타당하다. 삶의 다면에 걸친 매체인 언어는 변화무상한 맥락의 역동성과 디테일의 복잡 미묘한 국면들을 재단하여 일정하고 완고한 구조로 환원할 경우 본색이 퇴색되는 현상이다. 언어는 인간 상호 간의 주관이 마주쳐 벌어지는 현상이므로 객관적 물리 현상과 같이 다루어서는 본디 속성을 온전히 들출 수 없는 것이다. 언어의 구조를 추론하여 체계를 기술하려고 한 구조주의는 세계를 과학적 방법으로 전부 기술할 수 있다는, 이를테면 '객관주의의 신화'[21]에서 비롯된 방법적 조작의 한 결과에 불과한 만큼, 사상事象의 다면과 다층, 그리고 이면적 의미에 관심하는 인문학(정신과학Geisteswissenschaft)의 방법으로 고스란히 수렴시키기 힘들다. 겉에 드러난 형국을 실증하거나 분석하고 설명하여 드러낼 수 없는 현상의 다층과 이면적 의미를 기술하는 방법이 요구된다.

'은유'처럼 언어의 문법과 의미의 지시 관계를 변형하거나 해체함으로써 성립되는 현상을 다룰 경우라면 더욱 그러하다. 객관적 인식론과 궤를 달리한 현상학, 본질적 존재론을 해체하려는 실존론, 실증주의를 넘어선 해석학 등의 지평에서 은유의 국면들에 주목함직한 것이다. 방법론적 전제를 성찰하고 보면, 객관적 실체로서 다룰 수 없는 은유의 자질을 구조로 환원하는 것 자체가 어불성설임을 깨달을 수 있다. 이해와 해석의 맥락을 떠난 객관적 대상으로서 다룰 수 없는 은유의 속성과 실례들에 직면하게도 된다.

리쾨르가 구조에서 담화 층위로 은유 논점을 전환하고서, 현상학적 해석학의 사유와 실천의 의지를 표명한 성과를 '살아 있는 은유*La Métaphore vive*'[22]라 정리한 것은 시사적이다. 표현과 이해는 별개로 독립된 차원에 있지 않으며, 더욱이 상반된 객체로서 대립되는 실체가 아니다. 이들은 소통의 과정에서 교호 작용을 통해 생기는 현상으로서 상호주관적인 현상이자 구성적 개념이다. 세계-내-존재로서 상호 작용하는 주체 간에 벌어지는 일인 만큼, 소통의 회로에 작용하는 삶의 맥락이 관건이다. 따라서 은유 현상은 인간의 실존적 조건과 무관하게 독립된 구조적 실체로서 다룰 수 없으며, 말하자면 문화적 구성체로서 다룰 때라야 온전한 면모를 기술할 수 있다.

이런 맥락에서 보건대, 삶의 방편으로 쓰이면서 일상에 편재한 은유의 국면들에 주목한 레이코프 일가의 노력이 가상하고 성과는 의의 있다. 그들의 존재감을 널리 알린 저작인 『삶의 방편인 은유*Metaphors We Live By*』에서 특히 주목을 끄는 것은 그 책의 방법론적 전제와 지평을 약술한 뒷 대목 장들이다. 그들은 객관주의와 주관주의 '신화'의 문제점을 지적하고 새로이 '체험주의의 신화'[23]를 제시한다. 인간과 환경의 간극이나 경계를 해체, 인간 상호 간의 교호 작용mutual interaction을 전제한 세계 이해에 대해 주창한 것이다.[24] 논의의 맥락이 구체적이지 않은 대신 매우 인상적인 선언처럼 보이는 그 방법론적 전제가 실은 현상학과 해석학의 통찰과 맞닿아 있음을 눈치채기 어렵지 않다.[25] 가령 "우리의 몸과 물리적, 문화적 환경의 본질에 우리의 체험 구조가 내재해 있다."[26]는 식의 언명은, 세계에 닻을 내린 인간의 몸과 분리된 존재 개념을 상정할 수 없다는 전제에서 출발한 메를로-퐁티Maurice Merlau-Ponty의 '지각 현상학'의 주요 논지를 떠올리게 한다. "진리는 이해가 관건인데 이해는 세계 내적 기능에서 비롯된다."[27]는 생각도 하이데거 식의 '실존론적 해석학'의 논지와 조응된다.

이때 "한 체험 영역에서 비롯된 게슈탈트를 다른 영역의 체험 구조로 활용할 때 경험을 은유적으로 이해"[28]하는 까닭에, 은유는 세계 해석과 이를 통해 기획하는 삶의 지평 확대에 중요한 관건이다. "의미는 늘 누군가에게 심장한 의미"[29]이기 때문이다. 이렇듯 은유를 통해 이해되는 체험의 국면으로는, 상호 소통과 상호 이해, 자기 이해, 의례ritual, 미적 체험, 정치 등을 거론할 수 있다고 하여,[30] 삶에 편재한 은유 해석의 범주적 단서가 제시되기도 하는데, 과연 은유는 삶의 전역에 걸쳐 우리의 사고와 표현, 그리고 이해에 관여되는 방편이라는 점이 이로써 시사된다. 특히 자기 이해와 상호 이해에 관건인 세계관과 철리에 대한 이해를 염두에 두고 보면, 은유에 대한 논의가 비단 문학적 수사의 영역에 국한될 수 없음이 더욱 분명해진다.

문학론에서 은유에 접근할 때에 의식해야 할 범주와 개념에 대해서도 물론 시사받는 바 크다. 다만 문학적 은유의 표현이나 이해 면에서 '문학 활동'에 관련된 쉐마Schema(인지 도식)가 동원되는 만큼, 언어의 구사 양상과 소통의 선이해Vorverständnis가 타 범주의 은유와 같을 것이라고 전제한다면 문제다. 삶의 양식이 여러 양태이니, 은유의 양태 또한 각양일 수밖에 없는데, 문학적 은유의 범주적 자질을 아주 배제할 수는 없을 터라서 그렇다. 나아가 관습과 창의 사이의 장력張力을 고려하지 않고서, 일상적 은유와 다를 바 없는 도식을 통해 문학적 은유를 이해할 수 있다고 전제한다면 또 다른 환원론에 빠질 수 있어 위험하다.

가령 거창한 철학적 사변과 일상의 상념을 이어주는 매개로서 은유의 기능에 주목할 만한데, 문학적 담론은 그러한 기능을 가장 잘 살릴 수 있는 매체다. 삶의 방편으로서의 은유, 살아 있는 은유의 절묘한 국면들을 빼어나게 표현함으로써 성원들로 하여금 일상적 삶의 지평을 드넓히도록 돕는 문학적 기제가 분명 작동해 왔다. 존재자seiende로 전락하지 않고 존재Sein의 자질을 유지하기 위한 실존적 기획의 방편이 해석hermeneuen이라는 하이데거 식의 생각을 재삼 의식해 봄직하다.

단순히 문화적 유산에서나 일상적 문화 현장에서 찾아볼 수 있는 은유적 표현의 유형과 범주를 인지 구조로 환원할 경우, 은유의 문화적 국면을 지나치게 단순화함으로써 종내 행동주의적 한계에 봉착할 우려가 있으니 주의해야 한다. 또한 은유는 이론상 무한 변주가 가능한 태이며, 특히 문학적 활동을 전제할 때 은유적 소통의 국면이 다변화될 가능성이 다분한데, 그러한 역동적인 국면을 단순화하는 우를 범하지 않도록 경계해야 한다.

일상의 쉐마를 통해 이해 가능한 은유의 국면이 이해의 주요 거점이라 하더라도, 독자들의 미적 '체험'의 지평은 틀에 박히지 않은 창의적 은유를 요구하는 식으로 이중적이기 십상이다. 수월하게 이해할 수 있는 표현을 원한다고 해서 상투적이거나 누구나 구사할 수 있는 표현을 선호하는 것은 아니라는 얘기다. 때로는 지적인 욕구를 충족하려는 양 이해하기 수월찮은 글을 읽기에 열중하기도 한다.

이른바 대중 독자의 인지에 관여된 이중성이 문제인데, 대중성 자체가 여러 역학 구도에 걸치는 만큼 일정한 구획으로 환원하여 재단하기 힘들다. 그런 정황에서 독자의 층위를 전처럼 쉬이 유형화할 수 없는 것은, 일반 독자들이 신비평 시대처럼 비아냥 섞인 대우를 받을 만큼 우매한 대중이 아닌 까닭도 크다. 대중이 '살덩어리 독자' 수준에 머무는 경우는 흔치 않으며, 그런 경우가 있다손치더라도 모든 텍스트에 대해 그러한 수준에 머무는 것은 아니다. 슈퍼맨이 가상의 영웅이듯이 '슈퍼 독자'도 독자의 가상형에 불과하다. 이런 점을 고려하고 보면 개념 은유의 유형이나 이미지 도식 등을 기준으로 은유의 인지 양상에 대해 논급하는 일이 썩 안정된 기반에서 진행되기는 힘들다는 점을 의식할 수 있다. 결국 절대적 조건에 부응하는 독자보다는 개별 현상이나 텍스트에 대응하여 '정보를 가진 독자informed reader' 차원에서 논급할 수 있는 가능성에 기대를 걸어야 한다. 개인적 체험과 기억은 물론 문화적으로 축적된 인지 정보를 활용하여 이해를 도모하는 독자들의 노력과 이해 과정은 의외로 단순하지 않다. 은유와 같은 표현에 직면할 경우 그러한 인지 회로의 알고리즘이 더욱 복잡하게 작동함 직하다.

이런 맥락에서, 은유의 소통에 작용하는 창의와 이해 과정에 관여되는 문화의 국면이 논의 선상에 부각된다. 쉐마에 기대지만 그 지평을 확장할 수 있는 '은유의 힘'에 대해 궁리할 여지가 다분하다. 술어 기능의 새로운 적합성을 통해 새 세계를 기획하는 은유의 힘이 이야기의 힘과 조응한다는 리쾨르의 통찰[31]에 주목하는 것은 이와 궤를 같이 한다. 표현과 대상 사이의 지시성과 객관적 실체 개념에 기반한 리얼리티 의식을 해체함으로써, 담론의 허구를 통해 세계를 재구성하는 이야기와 은유의 힘은, 인간 실존이 존재자로 전락하지 않기 위해 해석 활동을 통해 세계를 기획하려고 도모한다는 실존론적 해석학의 중요한 거점으로서 손색이 없을 것이다. 그 거점에서 은유와 서사가 조우한다고 리쾨르는 통찰하였던 것이다. 실존이 해석을 매개로 세계 기획을 수행하는 한, 우리는 대화 장르인 서사에 구사된 은유의 국면들이 '서사(적) 은유' 차원으로 이관될 것이라 예견할 수 있으며, 문화와 더욱 조응할 수밖에 없는 서사와 은유의 함수에 대해 궁리하게 된다.

은유의 서사적 재구성

리쾨르의 해석학적 은유론이나 레이코프 일가의 인지적 은유론은, 문학적 은유에 특화된 개념을 상정하지 않는 대신, 문화적 차원에서 지어지고 이해되는 은유의 범주 내에 문학적 은유를 자연스레 포괄하는 시각을 제안한다. 그러한 생각을 전제로, 또한 그 생각을 입증한 해석의 성과를 통해 문학적 은유의 문화적 차원에 대해 논급할 단서를 얻음 직하다.

나는 이러한 단서를 얻기 이전에 야콥슨Roman Jakobson 식의 은유 논의를 바탕으로 『혼불』의 비유를 해설하면서, 구조나 유형으로 환원할 수 없는, 그리고 시적 은유와 양상이 다를 수밖에 없는 서사적 은유의 가능성을 타진한 적이 있다.[32] 서사의 문화적 역학에 관해 풍성한 사례를 제시하는 『혼불』의 의의가 은유 면에서도 예외는 아니었던 셈이다. 앞서 얘기한 은유의 문화적 국면을 입증하기에 『혼불』은 손색 없는 텍스트로 인정되는데, 은유와 서사의 함수들을 문화적 수행 맥락에서 타진할 수 있는 사례들을 해석하여 은유의 서사적 자장에 대한 논의를 시연하고자 한다. 요컨대 『혼불』에서 '서사 은유'의 문화적 구성 역학에 관련된 단서를 추론하려는 것이다.

서사는 상념이나 정서를 단편적으로나 직관적으로 전하지 않고 일정한 담화 형태로 전한다. 혼잣말로 이야기를 중얼대는 것이 이상해 보이는 만큼, 대화적 소통 상황을 전제하는 서사에서는 어떠한 경험이나 생각과 감정이라도 되도록 구체적으로 이야기함으로써만 의미를 획득할 수 있다. 따라서 서사에 쓰인 은유는 시에서 쓰이는 은유보다 더, 삶의 방편으로서의 은유에 근사한 양태일 것이다. 삶의 경험이나 철리를 은유적으로 이해하는 것은 물론, 이를 이야기함으로써만 의미가 구성되는 정황에 비추어 볼 때, 문화의 자장 내에서 창출되는 서사적 은유의 양상을 추정할 만하다. 이런 맥락에서, 이른바 사은유dead metaphor라는 소극적negative 개념을 문화적 은유cultural metaphor라는 적극적positive 개념으로 고쳐 이해할 여지가 다분하다. 레이코프와 터너는 관습적 은유conventional metaphor 범주를 제안하기도 하였는데,[33] 이는 은유의 창의적 가능성을 지나치게 단순한 차원으로 환원하여 행동주의적 개념으로 전락시킬 우려가 없지 않다. 그에 비해 은유의 적극적 가능성을 살릴 수 있도록 '문화적 은유' 차원의 개념 범주를 수립할 필요가 있는 것이다.

『혼불』에서 그 단서가 될 만한 자질을 몇 국면 추론할 수 있는데, 문화 서사로서 『혼불』의 위상을 떠받치는 거점축으로서 은유의 전략들에 주목할 만한 것이다.

우선, 경구나 격언, 속담은 그대로가 은유의 형태로 소통되는데, 이는 곧 일상적 상념의 인지 도식을 형성할 뿐만 아니라, 이를 변주한 은유가 파생될 수 있는 원심이기도 하다. 앞 장에서 예시했던 다음 대목을 다시 살펴 확산된 사유의 구심으로 삼아 '나선형적 인지' 공정을 구동해 보자.

> 막바지로 공사가 치달아 마무리가 되려는데, 꼭 기다렸다는 듯이, 나라가 망했다, 하지 않는가. 나는 믿을 수가 없었네. 하늘과 땅이 합벽을 하고 맷돌을 갈아, 천지가 캄캄한 일이었지. 그런데 묘한 것은, 그 와중에서도 남모르게 벅찬 희망이 샘솟았다는 것이야. 맷돌질 해보면, 왜, 우아랫짝이 맞물려 돌면서 곡식을 가루로 만들어 버리지만, 껍질도 벗겨지지 않은 채 통째로 빠져 나오는 놈이 있지 않던가? 신기하지. 꼭 그 통밀이나 통팥, 녹두같이 또글또글 살아서 튀어나온 희망, 그것이 저수지였어. (2권, 33쪽)

다시 보아도 이 대목에서 '하늘이 무너져도 솟아날 구멍이 있다.'는 말을 떠올리게 되는 것은 대수롭지 않다. '하늘'은 무너질 수 있는 물리적 대상이 아니다. 그런데 '땅'과 대를 이룰 때라면, 예컨대 삶의 터전인 '땅'이 '집'에 대응되는 데 대해서 '하늘'이 '지붕'에 상응하는 표상으로 이해된다. 그렇다면 '하늘은 지붕이다.' 식의 은유가 성립되며, 이로써 '하늘이 무너지다.'라는 표현이 파생될 맥락이 형성된다. '집은 보금자리다.'라고 친다면, '지붕은 보호막이다.'라는 식으로 은유의 연쇄가 형성될 수 있을 것이다. '하늘이 무너지다.'는 요컨대 삶의 안정이나 생명을 위협하는 상황에 직면하였다는 생각을 빗댄 표상이다. '절망적인 상황'을 표상한 것이다.

'하늘은 희망이다.'라는 은유도 일반적으로 통용된다. '하늘'을 신격에 대응시켜 표상하는 문화적 관념에서 파생되었을 이러한 개념 은유를 전제로 보더라도, '하늘이 무너지다.'는 희망이 무너진 절체절명의 절망적 상황을 빗대는 은유로 이해된다. 무너진 더미 속에서 빠져 나갈 '구멍'이 있다는 것은, 그러므로 절망 속에서도 '희망'의 여지가 있다는 기대감을 표상한다. 이는 실제 일어날 수 있는 상황을 전제하지 않은 까닭에 짐짓 '희망'을 표상하는 데 극적인 문맥이 제공된 셈이다.

실존적 위기 상황에 직면한 이들은 으레 절망감에 휩싸이게 마련이다. 이때 절망 속에서 위기를 모면할 방도를 모색하지 않고 주저앉는 태도야말로 절망을 더욱 심화하는 요인인 것을 누구나 모르는 바는 아닐 것이다. 그렇지만 정작 그러한 상황에 직면하여 적극적인 태도로 상황에 맞서기 쉽지 않은 것이 사실이다. 막연하더라도 '희망'을 갖고 위기를 극복할 길을 찾는 것이 타당함을 재삼 일깨우는 지혜가 요구되는데, 그러한 삶의 예지를 문화 성원들은 저와 같은 경구를 통해 은유로 이해한 것이다.

이렇듯 삶의 예지에서 비롯된 은유는 피상적인 관념이나 이념을 삶에 밀착된 구체적인 표상으로 전이함으로써 그 본색에 충실한 설득력이 발휘된다. 그렇지만 그 경구 자체를 운용하여 상념을 드러내서는 더 이상 은유로서의 제 기능을 살릴 수 없다. 일상적으로 통용되는 경구가 부지불식간에 쓰이는 은유라고 하는 논지는 십분 타당하지만, 그렇다고 이러한 경구를 사용하는 경우에 대해 언어의 은유적 용례라고 논급하는 것은 논리적 착종이다. 더욱이 문학 텍스트에서 쓰인 용례를 두고 섣불리 은유의 범주를 확장 적용할 경우 동어반복tautology에 빠질 공산마저 있다. 대신 문화적 이해 저변이 넓은 경구의 안출 방식을 통찰하여, 비유에 쓰일 사물이나 현상, 혹은 관념 등을 삶의 구석에서 찾아, 변주된 표상을 통해 은유를 안출하는 길을 모색하는 것이 타당하다.

위 인용문은 맷돌질을 하다 발견한 '신기한' 현상, 갈리지 않고 통째 튀어나온 곡물이 있음에 착안하여, 아무리 절망적인 상황에서도 희망이 있음을 비유한 대목이다. 여기에서 '하늘이 무너지다.'는 '하늘과 땅이 합벽하다.'로 변주된다. 하늘이 무너졌으니 땅과 맞닿았을 테고, 그리 맞붙은 상황은 무너진 더미보다 더 틈이 없을 터이므로, 더욱 절망적인 상황을 표상한 것으로 이해된다. 합벽한 상황이니, 곧 '맷돌질'하는 상황에 빗대어 이야기될 만하다. 익숙한 일과 대상에서 은유를 착안하여 짓고 있는 것이다. 그래서 '하늘이 무너지다.'는 '하늘과 땅이 맷돌질하다.'는 은유로 전환되어 이해된다.

직접 '맷돌질'하면서 체험하였거나 전해 들은 이야기가 은유의 이해와 은유 재창조의 맥락으로 작용한다. 맷돌질로 갈리는 콩으로 따지자면 절명의 상황에 직면한 처지를 빗대기에 더없이 좋은 대상이다. 곧 '하늘이 무너지다.' 은유는 '맷돌질 당하다.' 은유로 전이되어 주제어와 술어 사이의 긴장감이 더욱 커진 양이다. 돌 두짝이 포개진 사이에서 갈릴 수밖에 없는 콩의 절망적 처지는, 윗돌에 난 구멍이 살아서 솟아날 구멍이 아니라 맷돌 사이로 투입되는 구멍이라서 절망적인 지경의 극으로 그려져 있으니, 이에 대한 은유의 감각이 더욱 극적으로 조성된 셈이다.

이처럼 위 대목에서 관습적 은유에 해당하는 한 경구의 개념은 여지없이 해체된다. 그런데 해체de-con-struction는 파괴de-struction가 아닌 법, 새로운 은유를 통해 의미는 재구성re-construction된다.

요컨대 맷돌에 물려 갈린 것이 나오는 '틈'이 '솟아날 구멍'에 상응할 여지가 있다는 전제에서, 개념적 전이가 생겨날 가능성이 점쳐진다. 물론 그 '구멍'과 '틈'은 속성이 전혀 반대다. 하나가 죽을 상황에서도 살아날 가능성을 빗대는 매개체라면, 하나는 죽어 갈린 것이 토출되는 경로인지라 절망의 종국을 빗대는 매개체인 것이다. 그런데 관념으로는 그러하지만, 실제 맷돌질 상황에서는 그 절망의 틈에서도 희망의 표상을 매개할 현상이 나타나고 있다는 데 주목하여 절망적 상황이 반전되리라는 희망의 전언이 전해질 여지가 생긴 것이다. 맷돌 틈으로 통째 나오는 콩이 있다는 사실을 체험한 이로서는 절망적인 상황이라도 희망을 버릴 수 없다는 예지의 은유가 문화장에서 길은 '살아 있는 은유'의 지평에 있다고 증언할 수 있을 테다.

'하늘이 무너지다.' 개념을 적용하여 막연하고 불가능한 상황을 전제로 생각한 데 대해, 실생활 속에서 실로 체험할 수 있는 일을 전제로 생각하여 지어진 은유가 더욱 구체적인 심상을 불러일으킬 수 있음은 말할 나위 없다. '절망 속 희망'에 관한 은유가 문화적 체험을 맥락으로 구현될 때, 삶의 예지를 실생활에 대응시키는 은유적 사상은 그 의미 함수의 구체성이 더해지며, 따라서 이해 가능성이 드높아진다. 물론 기성의 경구를 통해서 이루기 힘든 창의적인 의미망이 구성되며 이로써 문학적 은유의 다른 차원이 열린다고 해도 좋을 것이다. '또글또글 살아서 튀어나온 희망'을 수렴항으로 펼쳐지는 은유의 장에서, 생생한 생명의 기운을 배가하여 생동감을 구현한 표현을 통해 짐짓 '희망의 기운'이 살아난다고 해도 좋을 것이다. 절체절명의 절망에 짓눌린 속에서도 희망이 생동하는 담화의 장이 이처럼 펼쳐진다.

이렇듯 희망을 개념화한 은유는 다시금 일제의 강제 점령으로 야기된 절명의 위기감과 절망감을 헤집고 튀어나온 희망으로 의미의 자장을 확산시키면서, 의식이나 이념항으로서의 은유로까지 비약하여 그 장력이 만만치 않음이 시사된다. 그 은유의 힘이 개인의 기발한 착상이나 상상력에서만 비롯되지 않고, 삶의 체험과 문화 현장에 대한 이해를 통해 지어지고 소통되어 빚어졌을 여지가 다분하다. 그리고 이야기의 전달력을 높이고 이해 가능성을 드높이는 이미지 도식의 구성에도 문화의 자장이 미치고 있다. 『혼불』에 구사된 숱한 은유가 문화 서사로서 주목 받는 이 소설의 본색과 조응하기도 한다. 문화 현장에서 직접 체험한 바와 사상事象을 세심하게 관찰한 바에서 빚어내는 만큼, 그 은유는 대개 구체화된 형태다. 삶의 위기 상황을 극복하려는 의지를 북돋우는 예지와 철리를 저와 같은 은유를 통해 구현한 것이다.

삶의 장에 대한 통찰을 통해, 관습적 은유의 자동화된 형태인 경구의 의미를 확장하고 표현을 낯설게 함으로써, 문학적 은유의 묘를 살린 것은 분명 미덕이다. 짐짓 살아 있는 은유란 삶의 방편으로서의 은유에 그치지 않고 저처럼 삶의 장에서 생동하는 예지를 은유로써 이해하고 표현한 사례를 두루 일컫는다고 할 수 있다. 문학적 은유를 고차원의 언어 운용으로 보지 않는다고 해서 일상어의 은유적 용례와 다를 바 없다고 전제하는 태도 또한 종과 유의 범주를 착종하는 오류를 안는다. 문학적으로 조탁된 은유적 표현이라도 일상어를 사용하여 효과를 낸다는 통찰은 가상하지만, 그리고 문학적 은유 또한 개념적 은유나 이미지 도식에 관여된 은유와 원리 면에서 크게 차이가 없다는 논의는 무릎을 치게 하지만, 그렇다고 해서 문학적 은유의 변별성이 전혀 없다고 하는 것도 그리 가당치는 않다. 특히 문장 층위보다는 담화 층위에서 의미망이 구성되는 서사에서는 은유가 밀도 있는 구성을 통해 자장을 넓혀가는 과정이 관건이다. 다음을 보자.

> 연이란 그저 바람만 잘 타면 뜨기 마련인 종이 조각이라고 생각할 수도 있지만, 꼭 그런 것만도 아니었다. 같은 연을 날려도, 자새를 감고 푸는 솜씨며 실을 당기고 늦추는 재주에 따라, 창공에 뜬 한 마리 연은 그야말로 아무도 당할 자 없는 솔개가 되기도 하고, 그만 힘없이 떨어져 버리는 나뭇잎이 되기도 하였다.
>
> 그러나 그 이전에 무엇보다도 연은 우선 모양이 잘생기고 풍채가 당당해야 하며, 오려 붙인 꼭지나 그려 넣은 그림이 예쁘고 좋아야

했다. (5권, 222~223쪽)

'연은 몸이다.' 은유가 전제된 대목이다. 단편적인 문장 수준에서가 아니라 문장들이 어우러지면서 구성된 담화 수준에서 은유의 밀도가 더해진다. '연'은 '종이 조각'에 불과한 것이 아니라, 날리기 나름으로 '솔개'도 되고 '나뭇잎'도 된다. '몸'에 상응하는 것으로 이해되는 것이다. 무엇보다 '풍채가 당당해야' 한다고 하니 과연 몸으로 표상되는 것이 그럴싸한 은유적 함수다. 몸으로 이해된 다음인지라, 그 몸의 원리에 따라 연을 만들어야 한다는 예지가 자연스레 빚어진다. 그리고 다음과 같이, '연은 몸이다.' 은유는 표상의 범주와 의미가 더욱 구체화되어 '연은 사람 몸이다.' 은유를 낳는다. 상대적으로 사람을 연에 빗대어 생각할 여지가 조성된 셈이다.

> "사람의 몸에서 제일 유연해야 허는 데가 어디냐? 허리지? 허리가 바르고 유연해야 몸에 균형이 잡히는 것이다. 연도 마찬가지라. 이 허릿달이 바로 연의 중심을 잡는 것이야." (5권, 225쪽)

> 머리 쪽은 두터운 이마와 강인한 뼈대를 갖추고, 치마 쪽은 가볍고 유연한 연 (5권, 227쪽)

이처럼 '연은 몸이다.' 은유는 연에 관한 문화적 정보와 어우러져, 연을 매개표지로 하여 이해되는 삶의 예지와 철리를 풍성하게 전하는 거점이다. 이는 동양 사상의 맥락에서 자주 쓰이는 '몸은 우주다.' 은유를 다음과 같이 환기하면서 의미의 지평을 한 차원 넓힌다. '연은 우주다.' 은유로 비약하는 것이다.

연에 쓰는 물감은 적·청·황·흑·백의 오색이었다. 우주의 근원인 하늘에 띄워 올리는 빛깔이므로, 동·서·남·북과 중앙을 나타내며 음양 오행의 원리를 담은 오방색만을 썼던 것이다.

이 천지 자연에 순응하는 경건하고 겸허한 마음의 바탕 위에서, 오색은 얼마나 찬란하고 눈부시게 어우러지고, 또 강렬하게 절제되어, 얼어붙은 창천에 저다지도 현란한 꽃밭을 이루는가. (5권, 228쪽)

통상적인 기호가 다 그러하지만, 특히 은유의 경우 소통에 부쳐질 때 문화적 맥락에서 빚어진 약호code가 관건이다. 상대적으로, 생각이나 체험, 느낌 등을 은유로써 재구성할 때에는 문화적 약호를 통해 구체화된 맥락이 요구되며, 수용자는 그리 지어진 은유를 이해하면서 문화적 정보를 얻을 수 있다. 이를테면 '연은 우주다.' 은유에는 연에 쓰이는 물감의 오방색이 음양오행의 원리를 표상한다는 문화적 은유가 배어 있는 것이다. 그런 맥락을 통해 오색으로 채색된 연은 우주와 어우러지고 감응하여 종내 우주를 담은 몸을 은유하는 매개체로 기능하게 된다. 그리고 채색되기 전의 연을 '천지 자연에 순응하는 경건하고 겸허한 마음의 바탕'에 대응시킴으로써, 몸과 마음이 총체로서 우주적 표상임을 시사한다. 이로써 연은 실존적 교감의 은유적 상대로서 개념화된다. '연은 사람의 마음이다.' 은유가 파생됨 직한 것이다.

과연 연의 아름다움과 함께 그 속에 배인 상처가 표상되는 대목이 이어지면서, 연에다 인물의 심회를 빗대는 은유적 담론이 창출된다.

(전략)… 높이 뜬 연들은, 하나같이 가슴 한복판이 둥그렇게 뚫려 있었다.

가슴을 도려내 버린 그 자리에는 메마른 연달만이 가슴에 걸린 가시처럼 드러나 있고, 그 구멍으로는 하늘이 그대로 푸르게 비치는 것이었다. 애[肝腸]도 창자도 없이 비어 버린 연의 가슴을 푸른 하늘이 대신 채워 주고 있는 것일까, 아니면 그저 빈 집을 아무 뜻없이 통과하는 바람처럼 하늘은 비치는 것일까.

…(중략)… 연달을 다 깎아 한쪽으로 밀어 놓고, 깨끗한 연종이를 가로 한 번, 또 다시 세로 한 번 접어서, 각이 지게 접혀진 한가운데를 칼로 그린 듯 동그랗게 오려 냈다. 반듯하고 온전했던 하얀 백지는, 그만 한순간에 가슴이 송두리째 빠져 버려 펑 뚫리고 말았다.

종이의 오장五臟을 무참하게 도려내 버린 것이라고나 할까. …(중략)…

기응은 아까 오려 낸 종이를 구기거나 버리지 않고 한쪽 옆에 두었다.

그리고는 물감을 곱게 풀어, 때로는 선연한 다홍으로, 때로는 쪽빛 청람으로, 또 때로는 아주 검은 먹물로 색칠하여 연의 이마에 갖다 붙였다. 그것이 바로 '꼭지'였다. (5권, 229~231쪽)

'연은 몸이다.' 은유는 이와 같이 매우 선연하게 묘사된 담화의 맥을 타고 그 형상이 점점 구체를 띤다. 몸의 중심이며 마음의 중심인 '가슴'을 도려내어 이마에 붙임으로써 완성되는 연의 제작 원리는, 고통마저도 아름다움으로 승화하는 사람의 예지를 극화한 표상으로 수렴된다. 이로써 빚어진 '연은 사람의 마음이다.' 은유는, 연을 교감의 대상으로 삼아 자기 심회를 투영하는 은유적 사유의 정수를 보이면서, 은유적 담론으로 구현될 수 있는 서사적 미감의 한 정점을 이룬다. 은유에 은유가 더해지면서 처음 '연은 몸이다.' 은유의 의미가 더욱 심장해지며, 이로써 정서적 교감을 자아내는 '교감의 서사'가 구축된다고 할 수 있다. 독백 차원의 서정성을 자아내는 시적 은유와는 양태가 다르다고 할 수밖에 없을 '서사 은유'는 이처럼 문화장에서 지어진 대화적 자질을 거점으로 하여 구성의 묘를 발휘한다. 은유가 단편적인 표현에 그치지 않고, 서사 담론 차원에서 텍스트의 결을 형성함으로써 미감을 자아내는 씨줄과 날줄로서 기능한다고 해도 좋을 것이다.

> 연이야 무슨 생각이 있을까마는, 그렇게 제 가슴을 아프게 도려낸 애를 곱게 곱게 물들이어 이마빼기에 붙이고, 그 어느 연보다 더 휘황한 빛깔로 자태를 자랑하며, 이름까지 지어 받아, 소원을 싣고 악귀를 쫓으면서, 높고 높은 하늘의 먼 곳으로 나는 것이다.
> 얼마나 서럽고도 아름다운 일이리.
> 사람도 그러하랴. (5권, 231~232쪽)

역설적 상념을 표상한 '고통은 아름다움이다.'나 '아름다움은 고통이다.' 은유가 이처럼 연을 매개표지 삼아 기술된다. '서럽고도 아름다운 일'이 곧 사람의 일에 사상된다. 액막이연을 만들고 날리면서 사람의 일을 성찰하는 풍속을 통해, 고도의 은유로 꼽힐 역설적 철리를 돌이키게 되는 것이다. 과연, 이 이야기 대목의 주인공인 '강실'에게 '연은 몸이다.' 은유는 절박한 제 처지를 의식하는 도식으로 쓰인다.

> 한 생애를 두고, 그 무슨 못 견딜 일 당하여서, 순결한 눈발처럼 희고 깨끗한 백지의 인생을, 무참하게 달려들어 반으로 꺾은 허리, 다시

한 번 접어서 또 반으로 꺾은 종이, 이제는 도려내어 구멍 뚫는데. …(중략)… 밤마다 흘리는 눈물에 녹아서 이제는 흔적마저 희미한데, 그 이름에 함께 녹아 썩은 물이 되어 버린 애.

그 애 녹은 자리의 쓰라린 공동空洞. 이 상실과 상처와 상심이 버린 가슴은 오히려, 해 같고 달 같은 꼭지로 물들어서, 한숨과 눈물의 풀로 한 생애의 이마에 곱게 붙여질 것인가. (5권, 232쪽)

강실은 제 존재를 연과 동일시한다. 연의 몸을 이룬 종이에 제 몸을 사상하여, 가슴을 도려내어 이마를 장식한 연의 형상에다 상처 입은 제 마음을 조응시킨다. 그러면서, "비어 버린 것의 힘으로 가벼이 되며, 또 그 비어 버린 것의 힘으로 강하게 되어, 바람이 불어오는 것을 두려워하지 않게 될 수" 있는 연의 처지에 자기 심회를 투사한다. "옴시레기 도려내어 가시만 남은 가슴이 없었더라면, 무엇으로 저 연의 오채 찬란한 꼭지를 장식할 수 있었을까"라며 상처와 고통으로 치장하여 아름다움을 드러낸 연을 차라리 동경한다. "하늘에 뜬 연의 투명하게 뚫린 가슴"을 우러르면서, "사람의 가슴도 차라리 저처럼, 애의 찌꺼기 한 토막 붙어 있지 않을 만큼 말갛게 뚫리어 비어 버릴 수만 있다면, 그렇다면 좋을 것인가"라며 슬픔을 누른다. 가벼이 떠올라 자유로이 날 수 있는 연이 되고픈 원망願望을 이처럼 투사하는 것이다. 처음 문화장에서 취한 '연은 몸이다.' 은유를, 연에다 상처 입은 몸과 마음을 투영하여 교감을 자아냄으로써 문예적 미감을 구현한 은유적 담론으로 확산시키고 비약시킨 결과가 저와 같다.

이처럼 『혼불』에 구현된 서사 은유는 문화 현상을 세심하게 관찰한 결과를 통해 아름다움의 음과 양을 형상화하고, 이로써 지어진 서사의 편린들을 세공하여 이야기를 완성하도록 돕는 서사 기제 수준에서 제공된 것이다. 익숙한 일상의 풍경이나 범상한 대상이라도 은유적 담론의 변환 공정을 거치면서 새로이 생생한 감각이 살아나 짐짓 문학적 효과가 창출된다. 이는 단편적인 수사적 표현을 통한 감각의 환기에 그치지 않고 서사의 맥에 따라 지속되는 이미지 도식을 환기함으로써 일정한 사유의 바탕을 조성하는 계기로 조율된 담론 형태이다.[34] 다음을 보자.

서사 은유의 문화적 자장

> 원래 한 통이었던 것을 둘로 나눈, 작고 앙징스러운 표주박의 손잡이에는 명주실 타래가 묶여 길게 드리워져 있다. 신랑 쪽에는 푸른 실, 신부 쪽에는 붉은 실이다. 그것은 가다가, 서로 그 끝을 정교하게 풀로 이어 붙여서 마치 한 타래 같았다.
>
> 이제 이렇게 각기 다른 꼬타리의 실끝이 서로 만나 이어져 하나로 되었듯이, 두 사람도 한 몸을 이루었으니, 부디부디 한평생 변치 말고 살라는 뜻이리라.
>
> 그러나 어려운 것은, 그 표주박에 가득 술을 부어 술잔을 서로 바꾸어 마셔야 하는 일이었다. 그런데 술잔을 바꾸면서 술을 한 방울이라도 흘려서는 안된다. 또 실이 얽히거나 꼬여서는 더욱 안된다. 술방울을 흘리면 흘린 쪽의 마음이 새어 버리고, 실이 얽히면 앞날에 맺힌 일이 많아, 그만큼 고초가 심하다고 하였다. (1권, 23~24쪽)

사람들은 삶의 주요한 계기에 관여된 일일수록 감정이나 뜻을 직서하기보다 에둘러 드러내기 십상이다. 은유는 그러한 국면에서 쉬이 채용되는 표현의 방식이자 소통의 기제로서 작동하여 삶의 자리에 편재한다. 인생에서 가장 중요한 전환의 국면에서 펼쳐지는 의례의 절차가 은유에 힘입어 빚어지는 것은 말할 나위 없는 방증이다. 위 장면처럼 혼례에서, 그도 가장 중요한 절차에서 은유적 표상을 통한 수행의 양상이 빠질 리 없다.

술잔과 사람 사이에는 별다른 유연성이 없다. '술잔은 사람이다.' 은유 도식이 성립하기 위해서는 그에 합당한 맥락이 주어져야 하는데 선뜻 그 관계 함수의 맥락을 떠올리기 어렵다. 그런데 위에서처럼 술잔에 묶여 이어진 실을 단서로 이미지 함수를 구성해 보면, 혼례 상황에서 쓰이는 소품의 표상성을 전제로 술잔과 신랑 신부의 은유적 관계를 설정할 수 있는데, 여기에 '실은 인연이다.' 도식이 상기됨으로써, 표주박 술잔을 활용한 상징적 의례 수행의 의미가 구성될 수 있는 것이다. 술잔과 실이라는 구상적 심상과 사람의 인연이라는 추상적 심상 사이의 상당한 간극이 이렇듯 이미지의 작용을 통해 소거됨으로써 은유가 지어진다. 이 경우 비유임을 직접 알리는 '-듯이'라는 연결어미가 덧붙음으로써 그 비유적 관계를 가늠하여 이해의 문맥을 짓는 데 어려움 없게끔 되어 있기도 하다. 그러나 '인연을 맺었으니, 한평생 변치 말고 잘 살라'고 뜻을 덧붙이는 데 이르러서는 인과 관계를 가늠할 수 없는 형편이 된다.

혼례 절차의 소품으로 쓰이는 '표주박'은 그저 실제 대상으로 상정될 수 없다. 은유적 개념이 사상된 뒤라야 술을 부어 나누는 행위에 의미가 부여될 수 있다. '술은 마음이다.' 은유는 '표주박은 마음의 그릇이다.' 은유가 전제되고서야 의미 회로에 부쳐질 수 있는 것이다. '술이 흘러 새면 신랑이나 신부의 마음이 새는 것'이라며 긴장감을 부르는 의례 상황이 가능해지는 것도 이 맥락에 있다. '실은 인연이다.' 은유 도식이 이 회로에 부가되어 작동하면서 '실이 엉키면 신랑 신부의 앞날이 맺히는 것'이라는 표상적 단언이 설득력을 얻게 된다. 물론 아무런 인과 관계가 없는 항끼리 등식을 지은 만큼 인지 공정상 혼란이 빚어질 여지가 있는데, 흥미롭게도 혼례에 참여한 이들은 인과 논리와 무관하게 그 표상적 수행의 전제들을 자명한 것으로 수용한다. 의미를 생성하는 개념 사상의 은유적 양상과 달리, 의미의 소통 국면이 짐짓 환유적이라 할 만큼, 은유적 개념 도식이 성원들 사이에 공유되어 '낯익은 것'이 되어 은유로서 효력을 발휘하지는 못하는 형국이 빚어진 셈이다. 은유가 삶의 방편으로서 문화장에 편재한다는 생각에 타당한 방증이 더해진다고 할 수 있는데, '의례'는 늘 최적의 예를 비축하고 있는 보고와도 같다.

죽음의 의례에서도 이러한 은유적 사상을 통한 이미지의 융합 공정이 작동하여 의미심장한 심상과 행위를 창출한다. 청암부인의 임종에 직면하여 상례를 진행하는 중 펼쳐지는 '혼백 매듭'에 관한 기술은 이 소설의 백미 가운데 하나로 꼽아도 좋을 것이다.

> 이기채의 처 율촌댁이 청암부인 머리맡에 흰 백지를 폈다.
>
> 그리고 그 위에 색실로 맺은 혼백 매듭을 조심스럽게 내려 놓았다.
>
> 그것은 다홍과 청람빛이 선연한 명주실 매듭이었다.
>
> 이제 곧 이승을 하직하고 떠나려는 사람의 머리맡에 정성스럽게 서서, 남은 사람은 매듭을 맺는다. 두 가닥의 실을 한데 섞어 꼬아서 한 가닥으로 만들고는, 뒤쪽은 열 십+자가 되고, 앞쪽은 우물 정井자

가 되게 맺은 것의 이 가닥 저 가닥을 둥글게 뽑아 내, 세 개의 고를 지으면, 그것은 서럽고 아름다운 꽃잎 모양으로 피어난다. 아무리 조여도 꼭 조여지지 않고, 고가 어느 쪽으로나 마음대로 움직이게 맺어야 하는 혼백 매듭은, 죽은 후에 넋이나마 막힌 데 없이, 걸린 데 없이, 천지를 자유로이 날아다니라는 뜻이리라.

아직은 살아 있는 망인의 마지막 숨결을 이 실 매듭에 받아 모신 다음, 청·홍의 색실에 어린 그 혼백魂魄은, 이윽고 초상이 나면, 신주를 만들기 전에 흰 비단 천을 접어서 만든 혼백魂帛 속에 끼워 넣는다. 색실에 스며든 혼백이 넋이라면, 신주 대신 접은 흰 비단은 넋을 담은 집이라고 할 것인가.

임종을 맞이하는 절차는 소리 없이 진행되고 있었다. 그것이 오직 가슴을 미어지게 하는 슬픔뿐일 때는 먼 곳의 일 같던 죽음이, 이렇게 구체적인 형상을 띄우고 모양을 드러내니 가슴이 내려앉으면서,

닥쳐오고 말았구나.

저리게 절감이 되었다.

어둠을 머금어서 더 휘황하게 일룽이는 촛불 아래, 꽃 같은 다홍과 깊은 물빛 청람의 색실 매듭이 요요하다.

그 처연하게 고운 색실 매듭은, 이제는 그냥 실이 아닌 것이다.

(3권, 116～117쪽)

사람이 감정을 북받치는 대로 직접 드러내기 십상이지만, 감정을 표현하는 식이 꼭 그러한 것만은 아니다. 에둘러서 넌지시 표현하거나 아예 감정을 숨겨 표현하지 않을 수도 있다. 특히 여러 사람이 엮인 가운데 범상치 않은 위기 상황에 직면할 경우라면, 다른 사람들의 감정을 살펴 가며 제 감정이 여러 사람의 마음을 상하게 하지 않도록 배려할 여지가 생긴다. 가령 위에서처럼 임종을 맞이하는 자리에 함께한 상황이라면, 죽음이라는 부정적 표지가 주는 위기감을

질게 할 슬픔을 직서하는 일은 백번 자제해 마땅하다. 죽음에 관여된 표현이 은유 도식에 기반을 두는 것은, 위기 상황에 얽힌 감정을 에둘러 표출함으로써, 단적인 감상感傷으로 몸과 마음을 상하지 않도록 하려는 문화 구성원들의 예지에서 비롯된다. 이승은 본연의 세계가 아니며 잠시 머무르는 세계라는 관념적 약호에 따라 '죽음은 회귀이다.' 은유가 구성되어 인지의 중요한 거점을 이루는 현상이 편재한다. '죽다'라는 직설적 표현을 금기시하는 대신 '돌아가다, 운명하다, 유명을 달리하다, 영면하다' 등과 같이 본연의 세계로 회귀한다는 생각을 사상한 표지들이 동원된다. 죽음의 의례의 장에서는 죽음이 주는 위기감과 부정적이며 음울한 이미지를 탈색하거나 되려 역설적인 이미지들로 대체하려는 예지 또한 곧잘 발휘된다. '처연하게 고운'이라는 모순 형용이 사상된 '혼백 매듭'은 그 정수다.

'혼백 매듭' 표상의 기저에는 '실은 인연이다.' 은유가 전제된다. 삶의 관계망 속에서 얽히고설킨 인연의 실이 삶이 일단락 지어지는 죽음을 계기로 매듭을 이룬다는 심상을 환기할 만한 그럴싸한 사상 표지로 '색실 매듭'이 마련된 것이다. 무속 의례에서 '고'와 '고풀이'를 통해 표상되는 한풀이를 구현한 의례적 수행의 표상이 덧입혀지면서 색실 매듭은 망자의 삶에서 맺힌 한의 응어리를 환기하기도 하여 은유 도식의 문화적 함의가 더해진다. 하필 '다홍과 청람빛이 선연한 명주실 매듭'으로 지어 매우 '처연하게 고운 색실 매듭'이라 하기에, 망자의 넋을 위로하기 위해 펼치는 상례喪禮의 의의가 부각되는 의의가 성취된다고 할 수 있다. 무채색으로 얼룩진 죽음의 장에 올려진 빛 고운 명주실 매듭의 화려한 형상이 모순 형용의 정서적 아이러니를 자아내기도 한다.

'죽음은 혼백의 비상이다.' 은유가 기저를 이루는 가운데 죽음이 끝이 아니라 본디 세계로 회귀하는 새로운 시작이라는 상념이 파생된다. 그렇다면 죽은 이의 입장에서든 임종에 함께한 이들의 입장에서든, 죽음을 슬픈 일이 아니라 되려 기쁨에 들뜰 일로 돌이켜 수용하는 것이 온당하다. 관계 속에서 얽히고설킨 삶의 속박에서 벗어나 자유로이 비상하여 천상 저편에 있다는 본연의 세계로 돌아간다는 것은 어찌 보아도 축하할 상황인 것이다. '막힌 데 없이, 걸린 데 없이' 저 세상으로 가기를 비는 마음에 상응하듯, 혼백 매듭의 고는 따로 풀어주지 않더라도 고 자체가 '어느 쪽으로나 마음대로 움직이게 맺어져' 있다는 것이다. '아무리 조여도 꼭 조여지지 않는' 혼백 매듭에 스민 정서가, 죽음에 관여된 부정적 이미지들을 긍정적 이미지로 변환하여 삶의 장에 좋지 않은 영향을 끼치지 않도록 하는, 문화적 예지를 담은 은유 도식들을 통해 저와 같이 구현되고 있는 것이다.

물론 집안 어른의 임종을 맞이한 이들 개개의 처연한 슬픔까지 그러한 이미지 도식들로 다 포착할 수는 없다는 점을 『혼불』은 간과하지 않는다. 혼백 매듭으로 대상화된 죽음의 형태에 직면하고서야 여태 가슴 깊은 데 누르고 있던 슬픔을 더 이상 그냥 둘 수는 없을 터, '닥쳐오고야' 만 상황을 의식한 이들은 슬픔의 정서를 표출하여 교감하고 서로를 위무하는 장에 함께하게 된다. '하얀 백지 위에 고요히 떠 있는 동심결同心結에 눈이 멎은 이기채는 속에서 치미는 설움을 참지 못하고, 흐윽, 울음을 토한다.'고 했는데, 그 울음판에 모두들 어우러질 법한 것이다. 혼백 매듭이라는 은유적 사상 표지의 역할은 문화장의 구성에 기여할 때 이처럼 최적화된다.

죽음은 중대한 위기 상황이다. 이에 직면한 사람들은 제 삶의 궤적을 돌이켜 성찰하는 계기를 얻고는 한다. 사람들 사이의 관계를 돌아보는 일도 이 상황에서 곧잘 이루어진다. 망자의 넋을 위로하고 상주들의 마음을 달래는 담화의 장은 때로 슬픔이 극화된 판을 이루기도 하지만 때로 떠들썩하고 흥겨운 판을 이루기도 한다. 죽음의 부정적 분위기가, 살아 있는 이들의 삶의 장을 해쳐서는 곤란하다는 심산이 공유된 수행들이 상례의 대체를 이룬다. 여러모로 모순된 형용들이 공생하는 이 문화장의 면면이 응축된 결정체가 혼백 매듭에 관한 이야기 시퀀스를 통해 구현된 것이라 할 수 있어 서사의 문화 가치가 확산될 여지가 커진다. 그 동력원이 은유 기제에서 발동된다. 혼백 매듭에 부여된 문화적 표상 도구로서의 함의를 기술한 뒤에 이어 인물들의 심회와 수행의 동인에 관여된 이야기를 기술하는 식의 수순은 이 소설 『혼불』에 편재한 서사적 은유 공정의 양상을 표나게 예증한다고 할 것이다.

이러한 의례적 은유의 자장이 『혼불』의 중요한 구심을 이루는 만큼, 그 은유의 양태가 문화장에 대한 통찰에서 비롯된 이 서사 텍스트 특유의 문화 가치를 명변한다고 할 수 있을 것이다. 물론 이러한 통찰은 의례와 같이 거창한 문화적 수행에 대해서만 국한되지 않는다. 심상한 사태나 대상이라도 세심하게 관찰하여 기술하려는 자세와 이를 잘 적용하여 이야기를 구성하고 서술하는 역량은 작가의 가장 큰 미덕이다. 『혼불』은 그러한 미덕의 단면을 여실히 엿보기에 좋은 서사체이다.

> 부인은 세우고 앉은 무릎을 내리고, 몸을 돌려 마당을 내다본다. 마당에는 광목필을 바래는 듯한 햇빛이 눈에 부셨다.
>
> 마당 귀퉁이의 앵두나무에 나비가 앉으려다 말고 그냥 지나쳐 날아간다. 흰나비 날개 아래, 앵두가 수줍은 듯 새빨갛게 익어 햇볕에 눈이 부시다. 다닥다닥 열린 붉은 앵두를 한번 올려다보고 사발 접시에 물 한 모금 찍어 여린 소리로 구욱 구구 꾸꾸거리는 영계들이, 누렁이가 다가서자 가냘픈 다리를 짝 벌리며 달아난다. (1권, 214쪽)

창씨개명 문제로 아들과 언쟁을 벌이던 중에 청암부인은 눈을 돌려 마당에서 벌어지는 사태를 응시한다. 날카로운 언성에 신경이 곤두서는 듯한 감성이 느껴지는 긴박한 언쟁 상황과 사뭇 달리 여유로운 감성을 돌이키게 하는 정황이 이처럼 펼쳐진다. 언쟁의 긴장감을 잠시 물리치기라도 하려는 듯 심상한 풍광에 시선을 돌림으로써 청암부인은 평소 지나쳤을 장면들을 놓치지 않고 범상치 않은 장면을 목도한 듯하다.

생활 속에서 긴박하고 심상치 않은 상황이나 사건에 처하더라도 사람들이 내내 긴장감을 유지하는 것은 아니다. 오히려 마음의 여유를 찾아 긴장을 완화하려고 도모하게 마련이다. 그러므로 직면한 사태에서 시선이나 의식의 초점을 잠시 딴 데 돌려 일의 추이나 대상의 세세한 진면목을 서사 담론에 채용할 수 있는 길을 엶으로써 삶의 담론 현장에 더욱 박진한 감각을 살리는 계기를 마련할 수 있다. 이렇게 하는 데 은유적 이미지 도식이 잘 활용된다는 점이 재삼 주목을 끈다. 대수롭지 않은 일이나 대상을 범상치 않은 형상적 표지들에 사상하여 세밀하게 묘사한 듯한 미감을 살린 것이 그러하다. 한눈에 드는 장면이지만, 서사가 진행되는 데 소요되는 시간 폭을 확장하여 서술함으로써, 정서적 반응의 여지를 넓혀 서사의 서정적 자질을 드높일 수 있다는 점을 상기해 봄직하다. 은유적 이미지의 사상 기제를 구동하여 소소한 대상들이나 눈에 띄지 않을 만큼 사소한 사태들 사이의 관계를 새로 지어 묘사적 효과를 더하였다고 할 만한 것이다.

이러한 서술 양상을 통해 드러나는 일상적 삶의 장에 대한 인지적 환기는 그 장면에 대한 경험과 감각을 공유하는 이들 사이의 공감을 부르며 소통의 여지를 더한다. 문화적 소통이라 할 만한 이러한 국면은 의미심장한 사유의 결과나 자랑할 만한 자기만의 경험 등에 국한된 것이 아니다. 개인 내면의 정서를 나누어 상대의 공감을 부르는 활동도 문화적 소통의 중요한 국면을 이룬다. 사람들 사이에서 정서를 소통하는 방식 또한 에둘러 마음을 표하는 식이기 십상인지라 은유 공정에 회부될 여지가 그 어떤 경우보다 크다고 할 수 있다. 예로 다음을 보자.

> 햇살은 강실이의 검은 머릿단에 푸르게 미끄러진다.
>
> 그 머리 위에는 눈부신 자운영紫雲英 화관이 씌워져 있었다.
>
> 진분홍과 흰색이 봉울봉울 어우러진 자운영 화관은 햇무리마냥 휘황하고도 아련하게 강실이의 머리를 두르고 있는 것이다.
>
> 그 햇무리가 광채를 뿜으며 강모의 눈을 아프게 쏘았다.
>
> 찔리는 것 같은 통증이었다.

그것은 초례청의 신부가 쓰고 있던 오색 찬란한 화관과 뒤범벅이 되어 강모의 가슴팍으로 쏟아진다.

흙더미 무너지는 소리가 났다.

사태가 난 것도 같았다.

햇살이 무서운 속도로 쏟아지며 무너진다.

……강실아아.

가슴 속살에 자운영 꽃잎이 톱날처럼 박힌다.

……아아.

강모는 가슴을 오그린다.

톱날에 베인 자리에서 피가 빠짓이 배어난다.

그러나 그 아픔은 어깻죽지에서 오는 것이었다.

누군가 강모의 어깨를 장작으로 후려쳤다.

한번만이 아니라 정신없이 내리치는 그 매는, 그것도 한 사람이 아니라 뭇사람이 한꺼번에 때리는 몰매였다.

강모는 앞으로 고꾸라졌다.

덕석에 말어라.

쉬어 갈라진 그 목소리는 오류골 숙부의 것이 분명하다.

이놈, 이 인륜 도덕이 무언지도 모르는 천하에 못된 노옴.

짐승 같은 놈. 네 이노오옴.

가문에 먹칠을 하고 상피相避붙은 네 놈이, 그래 사람이란 말이냐. 사람의 가죽을 쓰고 네가 이놈, 감히 어디서.

햇살처럼 몰매가 쏟아진다.

비명도 없이 강모는 매를 맞는다.

돌팔매가 날아온다.

찢어지고 깨진 강모의 피투성이가 된 몸을 누가 뒤에서 순식간에 덕석으로 덮으며 두르르 말아 버린다.

허억. (1권, 50~51쪽)

감정을 즉자적으로 표출해서는 남의 공감을 부르기 어렵다. 상대가 교감할 수 있도록 하기 위해서는 우선 감정을 이해할 여지를 주어야 하는데, 통상 남의 직설적 감정을 곧이곧대로 받아들이기는 곤란하다. 감정을 에둘러 표현하여 상대방과 공감대를 형성하려는 소통의 전략이 두루 쓰이는 것은 이 때문이다. 이때 주관적인 감정을 객관적 대상에 빗대는 표현이 종종 활용된다. '아 슬프다!'라고 표현하는 대신 '저 새가 내 마음을 아는 듯 어이 저리 슬피 울꼬.'라고 하여 제 심정을 새가 지저귀는 소리에 투사하여 표현한 것이 비단 수사적 차원의 여구에 한정되지는 않을 것이다. '만화방창萬化方暢하고 산새들 즐거이 지저귀는데/추연惆然한 이 마음 둘 데 없다.'는 식으로 경물景物과 대조되는 처지를 통해 곡진한 정서를 극적으로 표현하는 수도 안출할 만하다. 이렇게 사상된 정서의 은유적 심상에 대해서라면 상대 또한 흡사한 경험이나 정서를 대상화된 개념에 재차 사상하여 서로 다른 상대의 마음이지만 '제 마음인 양' 수긍할 문맥을 얻을 수 있는 것이다. 그 문맥이 여러 사람들 사이에 통용될 여지가 생기면서 정서적 공감대는 문화적 차원의 것으로 비약하게 된다. 이렇듯 정서를 나누는 소통의 수행은 은유 공정을 통한 문화장의 구성 역학에 대한 중요한 단서가 된다.

위 대목에서 '햇살'과 '자운영 꽃잎'이 처음부터 같은 이미지로 엮여 제시된다. 우선 '해'와 '살'의 조합은 은유적 개념 변환을 통해서라야 성립할 수 있다. 해는 스스로 빛과 열을 발하는 항성으로서 빛이나 열기와 어우러질 때 의미가 구성된다. '햇빛'이나 '햇볕' 정도가 지시적 의미 조합으로 성립할 수 있는 어휘다. 그런데 '햇살'은 우선 해에서 나는 빛이 '줄기'나 '화살' 등에 상응하는 물리적 연장을 지닌다는 전제 하에서라야 성립할 수 있다. 그러나 빛에 그와 같은 물리적 연장이 없기 때문에 '빛은 줄기다.' 또는 '빛은 (화)살이다.' 등과 같은 은유 도식의 중개를 거친 뒤에야 '햇살'이 조어될 수 있으며 이는 이미지 도식에 의해서만 이해 가능하다. 이 '햇살'의 이미지가 '자운영 화관을 쓴 강실이'의 이미지에 겹쳐지면서, 햇무리의 광채가 눈을 찌르는 듯한 이미지 감각으로 변환되어 강모의 뇌리를 자극한다. 햇살의 광채가 날카로운 살로 변환되어 사무칠 듯 자극적인 이미지 감각을 부르는 대상으로 전이되기에 이른 것이다. 순간 '화관'마저, 오색찬란하게 시視 감각에 수용되던 이미지 도식을 뒤로 하고, '톱날'에 사상되어 가슴에 사무치는 촉觸 감각에 수용되는 이미지 도식으로 급전된다.

이렇듯 이미지가 겹으로 전환된 뒤에 표출된 '……아아' 하는 영탄에 묻은 정서는 독자들과의 공감대를 자아냄 직하다. 인물의 아픈 마음을 나누어 갖고 그가 내뱉은 신음의 공명에 귀기울일 여지가 생겨 정서적 교감의 장이 그만큼 활성화될 만한 맥락이 지어진 것이다. 대상적 이미지에 사상되어 형상을 얻게 됨으로써 주관의 영역에서 벗어난 정서가 이미지의 전이 공정을 거쳐 재차 대상화되는 만큼 상대편에서 투사할 지점이 명징해진 다음이다. 독자들이 공감하고 정서적 수용을 용인할 상대는 강모의 사무친 아픔 자체가 아니라 햇살과 자운영 꽃잎에 중층적으로 사상된 은유적 개념이다.

다음 사례에서 더욱 명징한 징표를 읽을 수 있다.

> 봄이 흐드러질 대로 흐드러져 여름으로 넘어갈 무렵, 밤이면 그렇게 목이 갈라져 쉰 소리로 소쩍새는 울었다.
>
> 그 몹쓸 소리.
>
> 컴컴하게 핏속으로 잦아드는 소쩍새의 울음 소리에 홀린 듯이 앉아서 해마다 몇 봄을 그렇게 그네는 쓰라리게 넘겼었는지.
>
> 내게 아무러면 소쩍새만한 한恨이 없으랴. (2권, 36～37쪽)

> 아랫몰 개울가 초가집에 들어서, 토방 아래 마당에도 나서지 않을 만큼 방안에서만 숨어 살다시피 하던 만 십이 년의 세월.
>
> 그것을 어찌 말로 다할 수 있으랴.
>
> 십삼 년째 되던 해 봄, 소쩍새가 그렇게도 울음을 토하던 밤.
>
> 그네는 방죽에 몸을 던졌다.
>
> 울다 울다가 제 목에서 피를 토한다는 새, 토한 피를 다시 삼키며 무슨 서러운 일, 무슨 한 많은 일로, 제 속에 피멍이 들게 간직한 원통한 일로, 한세상을 밤이면 울다가 죽어 가는 새.
>
> 인월댁은 방죽의 수면 위로 번득이며 파고들어 울려 오던, 그 낮고 목 쉰 울음 소리가 조금도 무섭지 않았었다. (2권, 42～43쪽)

새 지저귀는 소리가 울음 소리와 연관 지어져 '새가 울다.' 은유 도식이 지어진 터다. 소쩍새는 피를 토해 운다는 개념이 더해지면서 '소쩍새 소리는 몹쓸 소리다.' 은유가 파생된다. '토한 피를 다시 삼키며' 운다고까지 개념이 비화되면서 '소쩍새 소리는 한 맺힌 울음이다.' 은유가 지어져 사람들 사이에서 인지 도식으로 전파된 터다. 한 맺힌 울음 소리도 모자라 '한세상을 밤이면 울다가 죽어가는 새'의 개념이 소쩍새에 사상되기에 이른다. 죽음의 표상인 소쩍새가 하필 생명력 넘쳐 생동하는 표상인 '신록'의 계절에 병렬된 까닭에, 상극의 대조를 통해 형상이 선명해지는 모순 형용의 단적인 효과가 드러난다. 이 또한 교감의 감각을 최적화하는 은유적 설정인데, 이러한 은유적 개념 사상이 사람들 사이에 널리 공유되어 한에 관한 표상적 약호로 쓰임으로써 성원들에게 문화적 상징으로 용인된 형국이다. 남편의 역마살 탓에 초야에 소박을 맞고서 청상이다시피 살면서 '인월댁'이 체감하고 감내했을 그 한이 소쩍새의 한에 위처럼 투사된 터, 그녀가 되뇌는 독백에 공감하지 않을 수 없는 것은 저처럼 문화적 공감대를 통해 구성된 은유 도식을 매개로 소통의 채널channel(경로)이 조성된 덕이다. 은유는 이처럼도 삶의 자리에 밀착해 있는 담론 기제이다. 특히 소쩍새처럼 문화적 상징체는 그리 성립하기까지 장구한 세월 동안 문화 성원들의 삶의 현장에서 정서의 소통을 매개했을 것이니, 그 문화적 함의는 생각보다 지대하다.

이런 양상은 다음 대목에서도 확인되는 바이다.

> 강실이는 누추한 고개를 떨어뜨렸다.
>
> 천지에 핀 진달래꽃들도 하염없이 떨어져 졌다.
>
> 귀촉도歸蜀道, 귀촉도.
>
> 촉나라로 돌아가고파.
>
> 망해 버린 촉나라의 망제望帝 두우杜宇가 죽은 넋이 새가 되어, 죽어서도 끝내 못 잊을 촉나라를 애타게 그리워하며 밤이면 밤마다
>
> 귀촉도오, 귀촉도.
>
> 서러이 서러이 가슴 찧으며 목을 놓아 우는 소리는, 진달래 핀 봄밤의 검은 산속을 오장 토하게 뒤흔들었다.
>
> 그 새를 어른들은 두백杜魄이라고도 하고, 자규子規라고도 했다. 그

리고 그냥 접동새, 혹은 소쩍새라 하기도.

"저 새는 너무나도 원통하고 애통해서 목이 다 갈라져 찢어지도록 우는데, 처절하게도 제가 토한 피를 도로 삼키면서 연명한단다."

그 한 많은 핏방울 떨어진 자리에서 점점이 꽃으로 피어난 것이 진달래라 하였다. 두견화杜鵑花. 그러나, 온 산에 봄이 겨워 진달래 만발하고, 귀촉도, 토한 피가 병처럼 깊어도,

불여귀不如歸, 불여귀.
돌아갈 수 없으리라, 돌아갈 수 없으리. (9권, 238쪽)

강실이가 고개를 떨어뜨리는 것은 흐드러진 진달래꽃이 떨어지는 것과 조응하여 은유적 이미지가 빚어진다. 앞서 여러 대목을 통해 '강실이는 진달래꽃이다.' 은유가 성립된 터라, 이러한 이미지 조응이 새삼스럽지는 않다. 관건은 두견화와 두견새에 얽힌 설화를 매개로 진달래꽃과 소쩍새 사이의 관계에 관한 개념이 대입되면서 '강실이는 소쩍새다.' 은유가 성립된다는 데 있다. 강실이가 처한 상황이 소쩍새로 환기되는 한 맺힌 상황에 대응되고 있는 것이다. 쉽게 목 놓아 우는 두견새라면 차라리 처지가 나은 편일 터, 강실이는 원통하고 서럽지만 마음껏 울기는커녕 제 감정을 대놓고 풀어 놓을 수조차 없는 처지에 놓여 있다. 두견새의 처지에 강실이가 제 심회를 투사할 만하지만, 그래서 저와 같다는 진달래꽃을 상대로 제 감정을 이입하여 동병상련할 수 있으련만, 마음을 풀고 울 수 없는 처지를 상기하자면, 비슷하면서도 사뭇 다른 처지에 놓인 제 상황이 더욱 원망스럽기만 할 것이다.

한에 관한 민속 관념이 두견새에 관한 설화를 짓는 동력이 되는

한편 설화의 전승을 통해 그 관념이 일정한 문화 영역 내에서 성원들 사이에 회자되는 과정에서 진달래꽃의 표상적 의미가 점차 굳어진다. 진달래꽃의 모양새가 꼭 핏방울이 떨어져 퍼진 흔적처럼 보인데서 연상된 이미지는 피를 토하는 듯 섧게 우는 두견새의 이미지에 사상된 것인데, 사상 관계에 놓인 대상들 사이에서 인과적 함수를 찾을 수는 없다. 앞서도 언급했듯이 두견새의 소리 자체가 울음 소리라 전제할 인과적 근거가 없으며 그도 처절한 소리에 대입하는 것은 인상적인 조응 식에 불과하다. 그렇지만 설화와 민속 관념을 통해 성원들 사이에 편재한 은유적 개념이 문화적 전승을 통해 명맥을 유지하면서 의미가 확정되어, 이른바 원형 상징 또는 문화적 상징이라는 의미 함수에 부쳐져 문화 성원들 사이에서 유효한 인지 도식으로 공유된다. 이를 적용하여 서사적 문맥에서 정서적 교감의 여지를 여는 『혼불』 특유의 텍스트 구성의 결이 위에서 예증된다고 해도 좋다.

이처럼 무정형의 정서를 일상의 현상이나 정형의 대상에 사상함으로써 짓는 은유는 삶의 장에서 펼쳐지는 변화무상하고 다채로운 대소사를 적절히 표현하여 소통에 부치려는 문화적 수행을 수월하게 하는 방편으로 유효하다. 그리고 삶의 방편으로서 삶의 장에 편재한 은유가 서사의 맥을 통해 재편되어 드러날 때 그 문화적 가치가 층을 더하는 양태가 더욱 선연해지고, 이로써 은유 도식은 더욱 풍성한 의미 공정에 회부될 수 있는 것이다. 『혼불』은 이러한 공정을 곧잘 구동하여 서사의 문화적 가치를 고양하는 전범이라 할 만한 위상에 있다.

이를테면 제4권의 '박모薄暮' 장(4권, 161～183쪽)은 아예 그 전체가 거의 은유 도식들로 가득 차 있다.

'박모'는 날이 저물어 어둑어둑해질 무렵을 이르는 말이다. 이를 구체적인 형상들을 통해 기술하면서, 강실이의 애틋한 마음을 사상하는 은유 도식들로 활용한다. 날이 저물어 어둑해진 모양새를, '회색 창호지'나 '담묵淡墨을 먹인 화선지'에 사상한 것을 단서로, 어둠이 내려 앉은 어스름을 수묵으로 그림을 그리듯 형상화한 서술을 통해 은유적 이미지로 드러낸다. 그 이미지는 '스산한 어둠'이란 식으로 차가운 겨울 저녁에 걸맞게 표현되어 이미지가 중첩됨으로써 의미의 중층이 빚어진다. 범종 소리를 사상한 의성어인 '가앙 가아아앙' 하는 소리 이미지는 '잿빛으로 울린다'라 하여 시각적 이미지로 전이됨으로써 박모의 은유적 형상이 된다. 노을빛이 저녁녘의 푸르스름한 기운의 기표인 '이내'에 투영되어 '엷은 보라'를 띠고 차츰 '푸릇한 녹빛'으로 변해가면서 이미지의 감각이 전이된다. 무형이거나 비정형인 대상과 현상에 구상적 이미지를 대응시켜 지은 은유적 개념의 경위經緯로 '박모'의 서사적 형상이 직조된 것이다.

이는 곧 '형광의 인이 푸르게 돋아나는' 듯한 빛을 잠시 얼비쳐 인광이 연상시키는 '귀기鬼氣의 푸른 놀빛'에 사상된다. 섬뜩한 느낌을 자극하는 이 이미지는 어두워가는 동짓달 밤의 기운을 환기하는데, 상이한 감각이 어우러진 이미지에 사상된 박모의 형상에 다시금 범종 소리가 섞인다. 한 문단을 차지하며 도드라지게 표출된 '가아앙 가아아앙' 소리의 공명이 범상치 않은데, 박모의 형상에 이미 뒤섞여 있던 터라 감각의 중층에 투사된 은유적 이미지들이 더욱 선연해진 느낌에 어우러진다.

범종 소리가 '흥건한 구슬픔으로 멀리서 둥그렇게 울려 왔다'고 기술되면서 중층적 이미지의 은유적 사상은 심화된다. 범종 소리가 누군가의 심회를 사상하고 있음이 시사되는데, '그것은 누구를 간절히 부르는 울림이었다.'라고 하더라도 마찬가지다. '그 종소리에 실린 지월至月의 삭풍이 후비는 울음소리로 허공을 훑고 지나간다. 바람 끼친 어스름은 창호지 버석이는 소리로 어둡게 얼어든다.'로 이어지는 서술을 통해 그 모든 이미지가 더욱 밀착되어 어우러진 감각에 부쳐진다. 이렇듯 박모의 형상이 누군가의 정서에 조응되는 형국에 접어드는데, 강모를 그리워하는 강실이의 애타는 마음이 이와 같은 이미지 공정을 통해 서사적 형상을 얻어 드러난 것이다.

강실이의 간절한 심회가 박모의 풍광 이미지의 은유적 전이를 통해 형상화된 터인데, 제 심정을 큰집으로 날아가는 까치의 자취에 실어 애타는 마음을 심화하는 강실이의 심회가 이 맥락에 실려 기술된다. '새는 나무를 골라서 살지만, 나무는 자기에게로 와서 사는 새를 선택할 수가 없다.'는 공자의 말을 떠올리며 자신의 처지를 돌이켜 애절한 마음을 가누지 못하는 설정을 통해, 이러한 마음의 은유적 사상이 비단 감정 수준에 국한된 것이 아니라는 점이 전제된다. 하필이면 그 까치가 강모네 집에 둥지를 틀고 있을 것은 무엇인가 싶었을 터, 공자님 말씀의 본래 뜻이야 어찌 되었든, 강모의 발소리만이라도 듣게 해달라는 애틋한 심회를 그 말에 대응시켜 뜻을 이해한 것이 일견 은유적 개념 사상의 원리에 근사하다. 새가 둥지를 찾아 돌아가는 것이야 박모의 일상적인 풍경이지만, 애달픈 마음을 표할 길이 절실한 이에게는 제 심회를 투사하여 의미를 부여할 범상치 않은 일로 비쳐졌을 것이다. 은유의 공정은 이렇게도 삶의 자리에서 작동한다.

과연 일상의 자리에서 흔히 목도하는 소소한 현상이나 대상 하나라도 자신의 삶에 연관시켜 이해할라치면 의미를 부여하여 새로운 개념으로 변환하는 과정을 거치게 마련이다. 의미 연관은 인간이 자연을 삶의 영역으로 이끌어 삶의 방편으로서 이롭게 가공하는 문화 공정의 핵을 이루는 인지 방식이다. 이를 통해 서로 다른 영역들을 횡단하는 창발적 사유가 가능하게 되는 것이며 이로써 문화적 적층과 확산의 동력이 생긴다. 다음을 보자.

> 며칠 사이에 벌써 여름 기운이 끼친다.
>
> 달구어진 햇볕에서 훅 놋쇠 냄새가 난다. 더위가 익어가고 있는 것이다. 이렇게 덥다가도 한번씩 비가 쏟아져서, 초목은 날로 무성하여지고, 집 안팎에는 파리, 모기가 극성이다. 고샅에도 토담 밑에도 잡초가 검푸르게 우거질 지경으로 농부들은 일손이 바쁘다. 봄보리, 밀, 귀리를 베어 내고, 논밭에 서로서로 대신하여 번갈아 들면서 김매기를 하느라고, 땀이 흘러 흙이 젖고, 땅에서 올라오는 지열과 위에서 내리쪼이는 놋쇠 같은 햇볕 때문에 헉, 헉, 숨이 막힌다. (1권, 259쪽)

여름철 뜨거운 기운을 기술한 대목이다. 작열하는 태양의 열기를 '놋쇠 냄새'를 매개로 표현한 것은 이미지를 이중 사상한 결과이다. 그렇지 않아도 그 자체로서 열을 발전한 해의 열기가 다시금 달구어졌다는 얘기이니 '햇볕이 달구어지다.'는 의외로 은유적 개념의 조합으로 이루어진 상념이다. 달구어지기 위해서는 용체에 담길 수 있는 측량 가능한 연장과 물리적 외연을 지닌 대상이어야 하는데 햇볕은 그렇지 않으니 그 이미지가 은유적 사상에 부쳐져 외연이 부여된 대상으로 전제되는 개념화 공정에 우선 회부되어야 한다. 그런 연후에 비로소 일정한 용기container(수용체)에 담겨 가열될 수 있는데, 놋그릇은 삽시간에 가장 뜨겁게 달구기에 적당한 용기로 선택될 수 있다. '햇볕이 놋그릇에 담겨 달구어지다.'는 여름날의 더운 기운을 표현하기에 그럴싸한 개념으로 납득할 만하다. 한껏 달구어진 놋그릇의 기운을 직접 만져 느끼는 것은 당찮은 일일 테니 놋그릇을 달굴 때 피워진 특유의 냄새를 매개로 그 뜨거운 기운을 드러내는 표현은 그럴싸하다. 한술 더 떠 '더위가 익어가다.'에 이어지면서 뜨거운 더위의 기운이 점층하는 상황을 기술하기 위해서 달궈진 놋그릇의 이미지를 은유적 사상의 거점으로 삼은 것은 설득력 있다. 달궈진 놋그릇 특유의 냄새가 거슬리듯 숨통에 걸리면서 뜨거운 기운을 체감하게 할 서사적 모의narrative simulation의 개연성이 지어진다고 할 만하다. 더위 속에서 이어지는 생활의 면면을 기술한 대목이 부가됨으로써 그 개연성은 더욱 짙어진다.

이를테면 더운 날이 계속된다고 해서 뜨거운 태양이 내내 작열하지만은 않는다. 덥다가도 비가 오곤 하기 십상인데, 비가 개인 뒤에 내리쬐는 햇볕의 열기는 상대적으로 더 더운 기운을 기승시켜 과연 '찜통더위'를 체감하게 한다. 놋쇠로 빚었을 법한 '찜통'을 달군 듯 더운 열기에 사람들은 숨통이 막힐 듯하겠지만, 그 기운이 초목을 무성하게 하는 것이 자연의 이치이다. 잡초가 무성해지는 가운데 파리 모기가 극성을 부리는 것도 예견된 수순이다. 무더위 속에서도 농부들의 일손이 바빠지는 것 또한 자연의 변화에 조응한 생활의 범상한 풍광이다. 이렇듯 별스럽지 않은 여름의 정경 속에서 다시금 '놋쇠 같은 햇볕'의 이미지를 상기하여 가쁜 숨을 몰아 쉬는 소리를 형용하는 데 잇는 식의 설정이 은유적 사상에 기초를 두고 있음은 물론이다. '숨통을 막는 더위'의 감각을 전하기 위해 애초에 여름날 태양의 이미지를 놋쇠 냄새에 사상하여 전제적 이미지 도식으로 삼았던 셈이다. 은유는 단발로 그쳐서 되는 것이 아니라, 문맥을 따라 다른 표현들과 어우러져 체계적인 이미지나 의미를 환기하는 데 이어져야 효력이 제대로 발휘되는 법이다. 생활 속에서 경험한 일들을 개념화하여 이미지 도식을 세우고 이들을 동원하여 현상을 이해하려는 인지 공정에서 은유적 사상의 기제가 수시로 작동한다는 점을 이 대목에서 재삼 떠올려도 좋을 것이다.

이때 특히 인간이 삶의 조건으로 주어진 자연을 이해할 때 은유를 동원하기 십상이라는 점이 또 한번 주목을 끈다. 사람들은 자연현상을 있는 그대로보다는 상황과 맥락에 따라 모종의 의미를 부여하여 삶에 유효한 방향에 회부하여 받아들인다. 특히 경험 영역에서 그 본색을 알기 힘든 미지의 현상에 대해서는 지각 범위 내의 다른 현상이나 대상에서 착안하는 식의 은유 기제를 통한 이해를 도모한다. 태양이 내뿜는 열기에 대한 관심에서 촉발된 위 대목의 서사 또한 이러한 은유적 인지 공정을 통하여 의미가 구성된 것인데, 다음과 같은 대목에서 좀 더 명징한 징표를 엿볼 수 있다.

"그런다고 없는 말 지어내서 허겄어? 숭년에, 가뭄에, 구설에……

이거 어디 시상 어수선해서 살겄다고?"

공배는 풀썩풀썩 연기만 내뱉는다.

중천에서 기울어지고 있는 은하수의 꽁지는 유야무야有耶無耶, 지워지는 흔적처럼 희미하다.

(은하수도 가물었능가. 어째 물줄기가 시언찮허다. 그나저나 춘복이란 놈도 저 주뎅이를 못 참고 오장에서 끓어나는 대로 저렇게 말을 토해야 직성이 풀리니 큰일났다.) (2권, 284쪽)

하늘에서 동시에 반짝이는 별빛은, 무한에 가까운 우주 공간의 항성과 행성들이 발한 빛이 거리에 따라 천차만별인 시간이 지난 뒤에 지구에 도달하여 현재 시야에 포착된 현상이다. 이 사실을 모르는 이상, 우주를 구성한 성운의 무리들이 발하는 빛을 두고 마치 하늘을 가로질러 흐르는 물줄기처럼 여겨 그에 상응하는 표지를 안출했을 법하다. 실상이 어떠하든지 간에 그를 온전히 알 수 없는 미지의 대상에 대해, 경험 영역 내에서 지각한 바를 바탕 삼아, 보통 접하는 자연 현상이나 대상에 이를 투사하여 이해하려고 시도하는 것은 사람들에게 익숙한 인지 방식이다. 미지의 영역에 속한 별빛을 기지의 영역에 속한 '은銀, 강[河], 물[水]'에 조응시켜 얻은 조합은 그러한 인지 방식으로 얻은 은유 표지이다.

이렇게 나타난 '은하수'가 은유 공정에서 붙여진 이름이라는 사실을 사람들은 보통 잊거나 모르고서 이 말을 사용한다. 그러다 보면 은하수를 두고서 실제 물줄기로 전제한 채 이를 바탕으로 또 다른 은유적 사상에 적용하는 수가 생긴다. 위 대목에서처럼, 가뭄으로 고통 받는 이들이 보기에, 기울어지며 그 광채가 희미해지는 은하수는 가뭄에 타들어 가고 있는 것처럼 여겨질 여지가 생기는 것이다. 가뭄과 이로 인한 흉년을 겪어야 하는 삶의 비애가 스며든 것인데, '은하(별 무리)는 강이다.' 은유를 기저로 하여 가뭄으로 강물이 마르는 현상을 하늘의 기운에 대응시켜 '은하수가 가물다.'라는 생각과 함께 '은하수 물줄기가 시원찮다.'는 생각이 순간 타당한 문맥을 얻는 것이다.

이러한 공정을 거친 뒤인 까닭에, 그 자체로도 은유적 공정에서 파생되었을 '하늘의 기운'을 통해 사태를 이해하려는 '춘복이'의 심산이 문득 드러나는 것이 큰 비약은 아니라고 용인될 수 있는 여지가 생긴다. 은하수는 춘복이의 입에서 마구 쏟아지는 구설口舌과 조응하여 그 은유적 효력이 발휘된다. 가뭄에 은하수 물줄기마저 시원찮은 마당에 춘복이 입에서 넘치는 '말줄기'는 세차다는 요량이 가능해지는데, 이는 은하수가 미지의 우주 현상과 무관하게 물길이라는 구상으로 전제되었을 때라야 가능한 생각의 수순이다. 이렇듯 변주 확산되는 은유적 개념의 연쇄에, 춘복이가 겪는 고통의 요인이라 여겨지는 것들이 중층으로 얽히며 서사적 긴장감이 배인다. 그 전제가 은하수에 관여된 은유라는 점, 그 은유가 구성원들 사이에서 두루 용인된 이미지 사상을 통해 안출되는 문화적 공정에서 비롯된 것이라는 점에 재삼 유념할 필요가 있다.

이렇듯 사람들이 삶의 여러 조건에서 직면하는 현상을 다차원적이고 창발적으로 이해하기 위한 방편으로 은유를 동원한다는 사실은 여러 시대에 걸쳐 그리고 여러 문화권에 걸쳐 확인된다. 기지의 것을 통해 미지의 것을 이해한다는 점에서 인간의 인지 능력을 고양하고 인지 영역을 확장하는 데 크게 기여한 방편이기에 은유는 특히 가치가 크고 차원 높은 인간적 자질을 명증한다. 인간의 남다른 정신적 역량의 정수라 할 거창한 철리哲理라도 삶의 조건으로 직면하는 자연과 우주의 현상에 관한 개념들을 은유적 사상 공정에 회부하여 단서를 얻기 십상이다. 『혼불』은 그러한 면면을 곧잘 예증한다.

> 땅에 떨어진 것은 무엇이든지 썩는다.
>
> 땅이 무엇을 거부하는 것은 본 일이 없다. 사람이나 짐승이 내버린 똥·오줌도 땅에 스며들면 거름이 되고, 독이 올라 욕을 하며 내뱉은 침도 땅에 떨어지면 삭아서 물이 된다.
>
> 땅은 천한 것일수록 귀하게 받아들여 새롭게 만들어 준다. 땅에서는 무엇이든지 썩어야 한다. 썩은 것은 거름이 되어 곡식도 기름지게 하고 풀도 무성하게 하고 나무도 단단하게 키운다.
>
> 썩혀서 비로소 다른 생명으로 물오르게 한다. (3권, 14~15쪽)

자연 현상은 사람이 보기에 원리에 어긋나거나 심지어 논리와 모순되는 경우가 있다. 그런데 그런 경우는 대개 사람의 인식 능력이 미치지 못하여 자연의 운행 원리를 온전히 이해하지 못해서 빚어지는 오해나 몰이해에서 비롯되지 자연 현상 자체가 문제되지는 않는다. 사람이 지은 논리로 따져 보면 모순되지만 자연 '법칙'에 비추어 순리인 것을 잘못으로 단언할 수 없는 까닭에 이른바 '역설'이라 여기는 것이 보통이다.

이를테면 생명의 탄생에 관한 역설은 비근한 예이다. 씨앗이 온전히 썩어 없어지고서야 새로운 싹이 움트게 마련이며, 꽃이 시들어진 가지에 열매가 맺히는가 하면, 원형질이 곯아 삭아진 뒤라야 알에서 새가 부화한다. 사람의 탄생도 별반 다르지 않다. 이렇듯 생명의 끝인 죽음과 생명의 시작인 탄생이 맞닿아 있다는 사실이 자연의 순리이지만 이를 논리적으로는 모순으로밖에 판단할 수 없다. '죽음은 생명이다.'처럼 모순 관계의 어휘를 등식에 둘 수 없는 법이다. 그렇지만 자연의 섭리로는 오히려 진리치가 부여되니 이 당찮은 상황을 어떻게 모면할 수 있을 것인가.

은유는 이렇듯 뜻밖의 난항을 해소할 수 있는 길을 열어 준다. 서로 모순된 개념항의 등식을 세워 새로운 의미를 산출할 수 있는 은유적 사상 공정에 '생명|죽음' 대립쌍이 대입되면 자연의 순리를 온전히 이해할 수 있는 새 차원의 논리 맥락이 구성되며 '죽음은 생명이다.'와 같이 역설적 관념이 타당하게 용인된 개념 도식이 산출된다. 단순한 수사적 표현 기교로서의 역설이 은유적 개념 사상의 공정을 거쳐 제법 일반적인 범위의 언중 사이에서 엄연한 약호를 획득하여 문화적 차원의 명제로 전환되었다고 해도 좋다. 이는 삶의 예지를 차원 높여 시사한 것이어서 성원들의 수긍을 부를 여지가 큰데, 땅에 버려져 썩은 모든 것이 생명의 원천이 된다는 자연의 순리가 문화의 논리로 수용되는 양상을 명증한다. 나아가 위 대목에서 담론한 것처럼, 새 생명이 썩은 씨앗에서 움트는 현상에만 그치지 않고, 유사한 계열의 여러 대상이 그 본연의 속성마저 급전하는 양상을 통해 역설적 관념의 개념적 전환 국면이 심장하다는 점이 부각된다. 요컨대 더럽고 쓸모없는 배설물조차도 땅의 순화 과정을 거쳐 사람에게 더없이 유용한 농작물을 키우는 데 쓰이는 거름으로 전환

되며, 독이 오른 침도 땅에서 정화되어 물로 변환된다는 얘기는 역설에 역설이 중층을 이룬 은유적 사상의 회로에서 진행되고 있으며, 종내 땅의 소중함을 일깨우는 삶의 예지를 알려주는 문화적 담론의 기제가 구동된다.

『혼불』은 은유의 장이다. 삶에 산재한 은유적 표현이 문학적 표현에 최적화되어 활용됨으로써 인지적 수용을 수월하게 하는 특질이 돋보인다. 그러면서도 상투적 표현과 상념을 뛰어넘은 거창한 사유의 응축태로서 은유의 자질을 여실히 명증함으로써 삶과 은유의 역동적 관계에 대해서 다각도로 논급할 수 있는 사례를 양과 태를 달리하여 제시한다. 이로써 문화 서사의 자질을 추론하는 데 단서가 되는 『혼불』의 위상은 더욱 공고해진다.

『혼불』의 서사적 은유를 통해, 은유가 그저 허황한 관념에 수사적 외피를 입혀 논리적 모순을 가리는 인이적 유희에 그치는 수준의 것이 아니며 또 그리 되어서는 안 된다는 점을 확증할 거점을 얻을 수 있다. 은유가 작가의 표현 역량을 과시하고 개성적인 문체를 창출하도록 돕는 언어적 요소 정도로 환원될 수 없다는 점은 은유에 대해 논의할 때 전제로 삼아도 될 만큼, 그 논리가 정연하고 사례 분석의 결과도 풍성하다. 삶의 방편으로서나, 삶을 해석하고 삶의 지평을 드넓히는 계기로서나 간에, 은유는 문화적 자장 내에서 유효하고 의미심장한 매질일 수 있다. 은유는 문화적 담론의 장을 구동하는 효율 높은 동력원이다.

물론 은유를 일상적인 상념을 돕는 언어 자질 정도로만 묶어 둔

다면 당착에 빠질 공산이 크다. 인지 도식으로 활용되는 기제에 주목하는 것은 분명 타당하지만, 은유가 사람들의 생각과 삶의 지평을 넓혀 세계 기획에 동참하도록 돕는 창의적 기제로서 작용한다는 점을 간과해서는 곤란하다. 이해와 표현, 표현과 이해의 교호 작용을 통해 세계 인식의 지평을 넓히고자 하는 해석학적 기획의 주요 거점에 은유가 있다는 점을 염두에 두어야 하는 것이다. 『혼불』과 같은 소설을 통해, 저러한 은유의 문화적 구성 역학을 여실히 확인할 수 있는 것은 분명 사실이다.

은유가 단편적인 문장 층위의 산물이 아님을 의식할 때, 문화적 구성 층위에서 은유에 대해 논급할 지평이 열린다. 이 장의 논의를 확산 수렴할 논항을 얻기 위해 은유를 매개로 한 서사적 소통의 장에 대입되는 인지 공정의 문화적 자장에 밀착하여 논지를 나선형으로 확산할 여지를 궁리해 봄직하다.

1 그는 『이 강의(실)에 텍스트가 있는가?』에 실린 글 여러 편을 통해, 이와 같은 의구심을 통찰력 있게 논증하고, 독자의 해석을 거점으로 한 문학의 자질을 여러모로 논급한다. Stanley Fish, *Is There a Text in This Class?*, Harvard UP., 1980. 특히 97쪽 참조.

2 George Lakoff and Mark Johnson, *Metaphors We Live By*, Chicago UP., 1980, p. 3, p. 6.

3 폴 리쾨르, 박병수·남기영 역, 『텍스트에서 행동으로』, 아카넷, 2002, 12쪽.

4 위의 책, 13쪽.

5 위의 책, 28쪽. 과연 리쾨르의 통찰대로 자연과학의 방법인 '설명'과 정신과학의 방법인 '이해' 양단 간의 격차를 줄이는 방법론적 혜안을 은유에 관여된 세계 해석의 방식에서 찾을 수 있음 직하다.

6 George Lakoff and Mark Johnson, *Philosophy in the Flesh*, Basic Books, 1999, p. 123 참조.

7 위의 책, 같은 쪽 참조.

8 George Lakoff and Mark Turner, *More than Cool Reason,* Chicago UP., 1989, p. xi.

9 위의 책, 50쪽.

10 위의 책, 같은 쪽.

11 위의 책, 51쪽.

12 위의 책, 214쪽.

13 리쾨르, 앞의 책, 25쪽.

14 위의 책, 같은 쪽.

15 위의 책, 같은 쪽.

16 Paul Ricoeur, Robert Czerny (trans.), *The Rule of Metaphor*, Routledge & Kegan Paul, 1978, p. 320.

17 폴 리쾨르, 양명수 역, 『해석의 갈등』, 아카넷, 2001, 268쪽.

18 위의 책, 272쪽 참조. "언어가 무엇을 가리키고 거기에 주체가 들어가는 것은 언어가 의미 효과를 내는 것과 같은 차원에서 발생한다. '누가 말하는가?' 하는 물음은 랑그 수준에서는 별 의미가 없으므로, 체계는 익명이고 주체가 없다."

19 리쾨르(1978), 앞의 책, 318쪽.

20 위의 책, 319쪽.

21 레이코프와 존슨(1980), 앞의 책, 186쪽.

22 리쾨르의 대표 저작 가운데 하나인 『살아 있는 은유』를 일컫는다. 그 영역본이 『은유의 법칙(*The Rule of Metaphor*)』이라 되어 있는데, 리쾨르 식 해석학의 전제와 감각을 온전히 살린 번역이라 하기 힘들다.

23 레이코프와 존슨(1980), 앞의 책, 226쪽.

24 위의 책, 230쪽 참조.

25 『삶의 방편인 은유』의 서문에서 밝힌 것처럼, 이들은 리쾨르에게서 중대한 영향을 받아 인문학에 대한 관점을 정립할 수 있었을 것이다. 서양 사상의 전통에 도전하는 '체화된 마음'에 대해 논급한 방대한 저술인 『몸뚱이에 담긴 철학』(레이코프와 존슨(1999), 앞의 책)을 보면, 이들 생각의 연원이 현상학에서 비롯되었음을 여실히 알 수 있다(그 책 표지에 『삶의 방편인 은유』의 저자들이 썼다고 소개된 점이 흥미롭다). 인지 이론(cognitive theory)만 하더라도 행동주의나 경험주의로 윤색된 국면이 돋보이지만, 구성적 개념이나 게슈탈트, 수용의 역학 등, 현상학과 해석학의 방법론적 전제가 바탕을 이룬 면이 여실히 보인다.

26 레이코프와 존슨(1980), 앞의 책, 230쪽.

27 위의 책, 같은 쪽.

28 위의 책, 같은 쪽.

29 위의 책, 228쪽.

30 위의 책, 230쪽 참조.

31 리쾨르(2002), 앞의 책, 13~14쪽 참조.

32 오래 전에 쓴 『혼불의 언어』(한길사, 2003)의 2부는 『혼불』의 비유 사례를 해설한 내용으로 채워져 있다. 그 해설은 은유와 환유의 대립적 구도를 전제로 진행되었던 만큼 한계가 뚜렷하다. 다만 그러한 구도로 환원할 수 없는 은유의 문화적 국면에 대해 언급하였던 바를 떠올릴 만하다. 아래 이어

지는 논의는 대체로 그러한 생각을 해석학과 인지론 맥락에서 재해석하여 구성한 것이다. 표면적 논지가 크게 다르지 않거나 내용이 일부 겹칠 여지가 없지 않지만, 전반적인 논지 구성의 틀이 그와 같지 않은 만큼 참조항의 세부적 지시 표지를 덧붙이지 않는다.

33 레이코프와 터너, 앞의 책, 124쪽 참조.

34 이는 『혼불』의 서사 구성이 일정한 패턴이나 극적인 플롯으로 환원되지 않는 양태를 띠는 것과 무관하지 않다.

■

서사적 인지소와 은유의 문화적 자장

범상한 경험이라도 해석의 시점과 방향에 따라 새로운 의미를 부여할 수 있으며 그 의미의 여지는 표현을 통해서만 구현의 맥락을 얻을 수 있다. 아무리 좋은 경험이라도 사유의 여과를 거쳐 표현되지 않고서는 의미 없는 허망한 것에 불과하다. 그런 만큼 경험이나 감정, 사유와 같은 인간적 수행은 어떤 식으로든 표현되어 삶의 장에 텍스트로 되돌려질 때 비로소 진전된 삶의 계기로 유효한 의미를 획득할 수 있는 것이다. 이러한 해석과 표현의 공정을 통해, 개인의 경험이라도 구성원들의 경험 영역에 던져짐으로써 공적 영역에 편입될 여지가 커지고 문화적 층위에서 새로운 삶의 영역을 조성할 수 있는 계기로 변환된다.

문화장에서 성원들이 수행하는 일상적 삶의 국면은 그 자체로서 해석학적 순환hermeneutischer Zirkel을 명변한다. 사람들이 삶의 경험을 축적하고자 하는 모색이 문화적 수행의 시발인데, 경험을 흘려버리지 않고 의미심장한 결정結晶으로 환원하기 위해서 해석 공정을 발동하는 것이 수순이다. 개인 영역의 소여所與를 문화적 소산으로 변환하는 공정에서 구심은 '표현'이다. 의미를 담아 발산할 수 있는 일정한 체제를 얻기 위해서는 어떠한 경험이나 사유나 느낌이든 일정하게 도식화된 공유 매체를 통해 텍스트로 변환해야 한다. 기록을 통해 인류의 문화적 적층 시스템에 비약적 진전이 있었던 만큼, '텍스트'는 문화의 저류를 형성한다.

문화와 텍스트의 관계에 대한 이해는 서사의 문화적 자질에 대한 관심을 환기한다. 이야기로써 경험을 나누고 세계를 이해하며 삶의 예지를 축적하여 전하는 서사는 문화의 원동력이 되어 왔다. 특히 색다른 해석을 통해 경험의 의미를 재구하고 타의 경험을 재구성하여 자기 경험의 확장을 꾀하는 문화적 수행의 역동적 국면이 서사적 수행과 밀접히 맞닿아 있다. 문화적 적층은 진전된 삶의 영역을 열기 위한 방편인데, 그만큼 전과 다른 삶의 지평을 열기 위해서 남다른 해석과 표현을 통한 창발적 구조의 창출이 요구된다. 서사적 거래는 그러한 요구에 부응한 문화적 수행 중 으뜸이다.

이 맥락에서 같은 이야기라도 다 같은 이야기가 아니라는 서사론의 기본 명제에 상응하는 생각이 재삼 흥미롭다. 같은 제재라도 구성하기 나름으로 다양한 양태의 서사로 변환될 수 있으며, 비슷한 구성이라도 표현하기 나름으로 다채로운 문체가 파생될 여지가 열린다. 서사의 가치는 참신한 제재나 번뜩이는 주제 의식에보다는 창발적 구성이나 영향력 있는 문체 편에서 파급되는 경우가 많다. 따라서 서사 문체를 다채롭게 창출하려는 모색을 통해 진전되는 문화장의 역학을 통찰할 수 있는 실마리를 얻음 직하다.

특히 서사 언어의 문체 자질을 이해하도록 도울 유력한 단서인 '은유'는, '체험—해석—표현—체험'의 해석학적 순환 공정을 통해, 이야기 구성의 변용과 양태 다양한 이야기 담론의 창출을 돕는 원동력이다. 삶에 편재한 은유에 대한 입론으로 의식된 은유의 자질에 비추어 문학어와 일상어의 경계를 넘나들어 서로의 영역을 가로지를 수 있는 여지를 인정한다면, 세계 안의 범위에서 현존재Dasein가 겪은 삶의 체험에 의미를 부여하여 해석하고 이를 표현함으로써 새로운 체험의 상대로 삼는 식으로 진행되는, 은유의 선순환적 공정을 수긍할 만하다. 세계 이해의 방편으로서 편재한 은유적 인지 공정이 서사 텍스트의 창출에 관여되는 과정에서 효력을 크게 발휘하리라 예측할 수 있는 것이다. 은유적 인지 회로에 환류된 해석 공정과 해석한 바를 이야기로 표현하여 소통에 부쳐 공유하는 공정에 작용하는 서사적 요소가 관심거리로 부상하는 것은 수순이다. 서사에서 언어와 은유가 중요한 상수와 변수라면 해석 공정에 작용하는 인지 회로는 매개변수parameter에 상응한다.

앞 장에서 논급한 바, 문화적 약호 차원에 부쳐진 서사적 인지 공정에서 서사에 대입된 은유의 양상은 일상적 담화에 편재한 개념 은유나 시적 담화에 특화된 문학적 은유와 다른 공정을 통해 빚어질 것이라는 가설에 회부된다. 서사적 은유는, 삶의 경험과 사유를 해석하여 의미망을 편성하고 이를 표현한 텍스트를 통해 삶의 장에 환류하여 문화적 적층의 계기를 이룸으로써, 세계의 지평을 확장하고 진전된 삶의 영역을 지으려는 창발적 모색에 수렴된다. 이러한 모색의 한 결정結晶이 『혼불』이라는 점 또한 앞 장에서 살펴 본 바 있는

데, 이 장에서는 그 서사적 인지 공정에 대입된 은유의 양상을 분석한 바를 앞세워, 서사적 은유의 문화적 인지 공정에 관한 입론에 접맥하여 논지의 확산을 도모한다.

은유적 이미지 도식_ 서사의 모티프

『혼불』의 인지 공정에서 제일 표지로 부각되는 것은 '혼불'이라는 표제이다. 책의 제목이나 장절의 표제어는 언어 텍스트의 인지 공정에서 최초의 단서가 되어 인지적 주도권initiative(이니셔티브)을 쥐는 인자다. 그 표지와 텍스트의 의미 과정 및 결과가 온전히 부합하지 않는 경우나 심지어 서로 배치되는 경우라도, 인지 공정에서는 표제어가 단서 표지로 부상하는 정황적 조건은 유지된다. 하물며 표제가 모티프가 되는 경우에서랴. 『혼불』의 표제어 '혼불'은 그 서사의 축을 이루는 모티프로서 서사 전체의 이해에 관여된 요소들이 수렴되는 구심 표지이다.

그런데 '혼불'은 구상적 지시 대상을 대응시킬 수 있는 기호가 아니다. 이는 사실에 관한 표지가 아니며 객관적 의미 함수에 부쳐질 실체에 대한 개념이 아니다. 일정한 문화 영역 내에서 통용되는 민속관념folk-belief에 관한 언표이며, 그 기의의 원형질이 균일하게 책정된 정형의 개념 표상으로 드러난 것도 아니다. 그저 사람이 죽을 때 나간다고 믿어지는 영혼의 불덩이 정도로 피상밖에 공유될 것 없는 허황한 관념이다. 그나마도 사전事前에 드러나 담화에 비쳐지는 것이 아니라 오로지 사후事後에나 운위되는 것이어서 이래저래 공론에 부쳐질 수 있는 이야깃거리도 될 수 없다. 그러므로 '혼불'에 관한 담론은 기본적으로 '은유적 개념'의 소통을 전제로만 이루어질 수 있다.

'혼불'이라는 민속관념이나 그 형상 자체가 은유적 이미지로써 구성된다. 삶의 방편으로서 삶의 장에 편재한다는 은유의 자질을 고려해 보면, '민간'의 '세속'에 퍼진 문화적 수행의 장에서 펼쳐지는 관념과 담론의 양상에서 은유 회로가 작동하고 있다는 것이 그리 특별한 현상은 아니다. 은유는 과연 삶의 방편이며 삶을 영위하는 데서 널리 쓰이는 담화의 전략이며 소통을 원활하게 하여 그 효력을 드높일 방안을 창안하도록 돕는 담론 패턴이다. '죽음'은 생명의 종언을 고한 한 존재가 세상에서 사라지는 상황일 수밖에 없는 부정적 개념을 산출한다. 그렇지만 죽은 이의 넋이 승화되어 하늘로 올라간다는 관념을 지어 이를 '혼불'이라는 구상적 이미지에 사상하면, 죽음이 끝이 아니며 죽은 이의 육신은 사라질 테지만 영혼은 오히려 육신의 굴레를 벗고 자유로이 비상하여 새로운 세계로 이행한다는 식으로 긍정적 개념이 산출된다. 죽음을 직면하고 위기 상황을 넘어서서 삶의 안정된 장을 회복하기 위한 예지에서 개념을 극적으로 변환하는 은유의 방편이 세워진 터이며, 그 예지가 성원들 사이에서 통용되고 적층되어 문화적 수행의 단말端末에서 적용되는 인지 도식으로 대입된 것이다.

이렇듯 민속관념 차원에서 은유적으로 창안된 '혼불'의 이미지 도식이 『혼불』이라는 문학적 서사에 모티프로 채용되어 은유적 변환의 공정이 한 차원 더해질 환경이 조성된다. '혼불'이 서사 구성의 단서로 채용되어 서사의 진전을 추동하는 동력원이 되고 서사 전반을 통어統御하는 의미의 원심이자 '『혼불』'이라는 서사 텍스트의 위상을 세우는 인자로 작용하는데, 그 표상에 관한 의미항이나 이미지 도식들이 서사적 변환 회로를 통해 『혼불』 인지의 주축이 되리라 예측 가능하다. 짐짓 '혼불 이미지 도식'이 관여된 의미망의 경위經緯를 구성하는 은유적 코드(약호)의 자장을 분석하여 텍스트를 가로지르도록 돕는 인지적 분기들cognitive nods을 찾아 재구할 수 있을 법하다. '혼불'에 얽힌 민속관념적 이미지 도식에서 발산하여, 『혼불』의 모티프로 수렴되어 서사적 이미지 도식에 이어지는 확산적 인지 공정을 추산할 수 있으며, 이를 바탕으로 '혼불'의 인지적 원형질을 이룰 요소를 추출할 수 있을 것이라는 얘기다. 나아가 '혼불 이미지 도식'이, '혼불'에 사상된 문화 성원들의 예지에서 파생된 인지적 융해의 시말이 되어 영역횡단 사상cross-domain mapping[1]의 단초를 이루는 거점을 입증할 수 있을 것이다.

이러한 입장에서 『혼불』에 기술된 '혼불' 이미지 도식의 구성소들을 분석해 보자. 그 단서는 '혼불' 이미지의 원상原像을 기술한 다음 대목에 놓일 법하다.

> 그날 밤, 인월댁은 종가의 지붕 위로 훌렁 떠오르는 푸른 불덩어리를 보았다. 안채 쪽에서 솟아오른 그 불덩어리는 보름달만큼 크고 투명하였다. 그러나 달보다 더 투명하고 시리어 섬뜩하도록 푸른 빛이 가슴을 철렁하게 했다.
>
> 청암부인의 혼魂불이었다. (3권, 107쪽)

'혼은 불이다.' 은유는 인간의 생명력을 빗대어 한정하기에 동원되는 '열정'에 대한 이미지를 환기하고 일에 최선을 다할 때를 두고 일컫는 '혼을 불태우다.' 하는 식의 개념을 일깨운다. 사람의 열정과 생명력을 응축한 것이 혼에 사상된다면, 죽음은 이를 불태워 산화하는 과정에 부쳐질 터이니, 이로써 혼불에 관한 개념 이미지가 안출될 은유의 문맥이 조성되는 것이다. 그 혼불은 '푸른 불덩어리'로서 불꽃의 가장 뜨거운 부분이 푸른 색을 띤다는 점을 환기하는가 하면, 시각에 비쳐지기로는 투명할 정도로 푸른 빛이어서 섬뜩하고 시린 감각을 환기하여, 역설적인 이미지를 응축한 매개표지가 된다. '훌렁 떠오르다' 식의 개념이 덧붙어, 무거워 땅에 발붙일 수밖에 없는 육신을 이탈하여 가벼이 천공을 나르며 저승으로 이행하는 영혼의 자질이 부각되면서, 죽음에 관여된 관념과 감각적 소여의 중층을 형상하기에 그럴싸한 이미지 도식을 구성하는 서사 공정이 진전한다. 이러한 '혼불'의 은유 형상이 인물 구도의 주축인 '청암부인'의 죽음을 계기로 펼쳐지는 서사를 추동하는 원심을 이룬다.

『혼불』 텍스트의 전역에 편재하여 이해 공정의 단서가 되는 분기들에서 '혼불 은유 도식'이 작동한다는 방증은 수다하고 다채로우며, 그 의미망 조성의 경위經緯가 촘촘하여, 이를 통해 포착되는 서사 면면의 양상이 자못 밀도 있다. 은유적 표상을 해석하는 데 쓰일 개념적 약호를 공유하는 문화 성원들에게 '혼불'의 현현은 '청암부인의 죽음'을 둘러싸고 펼쳐질 계기적 사건에 상응하는 것이라는 개념적 전제로 세워진다. 그 전제 아래, 죽음에 관여된 민속관념이나 의례적 표상이 의미심장하게 적용될 수 있는 효력을 발하게 될 전환적 인지 공정이 발전한다. '혼불'은 실체일 리 없지만, 이에 대한 표상을 구성하는 이미지 도식과 이에서 파생된 감각이 성원들 사이에서 공유될 때, 죽음에 직면하여 터 오르는 정서를 교감할 수 있는 장을 여는 계기로서 유효한 문화적 구성체라는 위상을 획득한다. 그리고 이 은유 표상을 둘러싼 담론이 확산되면서 죽음의 의례 과정에 얽힌 문화적 수행의 여지가 드넓어지는 것이다.

『혼불』에서는 '혼불'의 은유 표상을 위처럼 기술한 뒤에 문화지적 정보를 이어 기술함으로써 은유 표상의 이해 맥락을 구성해 제시한다. 이는 은유적 기호 해석의 맥을 은폐해서 표상의 효력을 최적화하는 시적 은유와 변별되는 서사적 은유의 요건을 시사한다. 민속관념이 구성되는 문화장의 정황을 기술하여 은유의 문맥을 제공함으로써 '해석적 개연성'을 드높인다는 얘기다.

> 사람의 육신에서 그렇게 혼불이 나가면 바로 사흘 안에, 아니면 오래 가야 석 달 안에 초상이 난다고 사람들은 말하였다. 그러니 불이 나가고도 석 달까지는 살 수 있다는 말이기도 했다. 하지만 석 달을 더 넘길 수는 없다는 말이기도 하였다. 그런데, 참으로 알 수 없는 일은 그 말이 영락없이 맞아 떨어진다는 점이었다.
>
> 운명하기 전에, 저와 더불어 살던 집이라고 할 육신을 가볍게 내버리고 홀연히 떠오르는 혼불은 크기가 종발만 하며, 살 없는 빛으로 별 색같이 맑고 포르스름한데, 다른 사람들의 눈에도 선히 보이는 것이었다. 그것도 남자와 여자는 그 모양이 다른데. 여자의 것은 둥글고 남자의 것은 꼬리가 있다. 그것은 장닭의 꼬리처럼 생겼다 한다. 어쩌면 남자의 불이 좀더 크다고 하던가.
>
> 비명非命에 횡사를 한 원통한 사람의 넋은, 미처 몸 속에서 빠져 나가지 못한 채 거리 중천에서 방황하게 된다.

> 그래서 혼불도 흩어져 버린다.
>
> 하지만 제 목숨을 다 채우고 고종명考終命하여, 제 명대로 살다가 편안히 가는 사람의 혼불은, 그처럼 미리 나가 들판 너머로 강 건너로 어디 더 먼 산 너머로 날아간다. 그렇게 날아서 다음에 태어날 자리를 찾아가고 있는 것이라고도 하였다. 아니면 저승으로 너훌너훌 날아가는 것이라고도 했다. (3권, 107~108쪽)

위에서 첫 문장은 문화 성원들 간에 통용되는 '혼불'의 의미를 기술한 대목이다. 이어지는 두 문장은 그에 대한 해석의 여지를 덧붙여 기술한 것이며, 그 이후 대목은 그 해석의 여지에서 여러 수준의 의미가 파생되고 있음을 시사한다. 이를테면 문화지적 정보의 전말에서 은유 표상의 해석 시퀀스가 전개되고 그 해석을 바탕으로 서사 문맥에서 구성된 이차 은유가 제시된 것이다. '혼불이 날아가다.' 도식에 접맥된 서사 분절의 노드들이 파상으로 진전되는 서사의 배열 양상을 통해, 서사적 인지 공정의 양상을 다각에서 조형하는 서사 구성 특유의 묘미가 배인다고 해도 좋을 것이다.

> 어두운 반공중에 우뚝한 용마루 근처에서 그 혼불은 잠시 멈칫하더니 이윽고 혀를 차듯 한 번 출렁하고는, 검푸른 대밭을 넘어 너훌너훌 들판 쪽으로 날아갔다.
>
> 서늘하게 눈부신 불덩어리가 날아가는 모습을 향하여 인월댁은 하늘을 우러르며 두 손을 모은다.
>
> 삭막한 겨울의 밤하늘이 에이게 푸르다. (3권, 107쪽)

'훌렁 떠오르다'라고 하여 무게감 없는 이미지로 표상된 터에, '너훌너훌'로 부연되어 더없이 자유로이 떠갈 수 있는 혼불이건만 이내 날아가지 못하고 멈칫한다는 설정이 부기되어, 망자의 넋이 이승의 연에 미련을 떨치지 못한다는 심상이 더해진 터다. 불덩어리이지만 서늘한 감각을 돋우는 저 혼불이 사무치게 차가운 겨울밤의 한기를 환기하여 그 이미지를 받아들이는 이의 설운 마음을 돋워 죽음의 슬픔을 교감하게 한다는 설정이 이로써 온당한 정황 맥락을 얻는다. 심회를 곡진하게 드러내 말문을 틔워 위무하는 정서적 교감과 서사적 치유narrative therapy의 모색이 은유 형상의 대조를 통해 유효해지는 것이다. 존재를 무겁게 짓누르던 세상을 떠나 삶에 맺힌 응어리와 얽힌 고를 풀고 고통 없는 저승으로 가벼이 이행하여 죽음의 부정적 감각과 이미지를 소거하라는 문화적 주문에 부응한 서사적 대응이 이렇듯 결구된다.

마음을 터놓던 이의 죽음을 목전에 둔 이가 망자의 넋을 위무하는 '침음沈吟'의 담론에 배인 정서의 은유 회로가 이 맥락에서 활성화된다. 그 문화적 자장은 이야기로 어우러지는 서사적 교감의 장을 더욱 값있게 한다.

> 무겁게 감은 청암부인의 왼쪽 눈귀에 찐득한 눈물이 배어났다. 그것은 댓진 같은 진액津液이었다. 차마 흘러내리지도 못한 채 눈 언저리에 엉기어 있기만 하는 그 눈물은, 무슨 응어리 같기도 하였다.
>
> 그날 밤, 인월댁은 종가의 지붕 위로 훌렁 떠오르는 푸른 불덩어리를 보았다. …(중략)…
>
> 인월댁은 마당에 서서 지붕을 향하여 침음沈吟하였다.
>
> (……아짐……인제……가시는가요……부디 부디 모든 일은 다아 잊어 버리시고……평안히 가십시다……뒤돌아보지 말고 가십시다. 한 많은 한세상……바늘 같은 몸에다가 황소 같은 짐을 지고……일

어나다 쓰러지고……일어나다 쓰러지고……이 서러운 세상, 못 잊힐 게 무엇이라고 가던 발걸음을 돌리시겠소. 훨훨 벗어 버리고……입은 옷도, 무거운 육신도 다아 벗어 버리고……부디 좋은 데로 가십시다……아짐, 인제 후제……저승에서 다시 만나거든……눈물 많이 흘리노라고 걸음마다 발이 젖던 이승 이야기도, 옛이야기마냥 나누십시다……이렇게 먼저 가시니……후제, 제가 저승에 가거든……마중이라도 어디만큼 나와 주실라는가요……그러면 저승이라도 그렇게 낯설고 적막하지는 않을란지요.)

그네는 홀로 혼불을 우러르며, 마음속으로 하직의 소매를 들어올린다. 그네의 들어올린 소매자락 너머로는 허공이 아득한데, 인월댁의 젖은 넋도 두웅 따라서 떠오른다.

어디선가, 무녀巫女 당골네가 금방이라도 낭랑하게 길닦음을 하는 소리가 들릴 것만 같다. 그것은 바람 소리인가도 싶었다.

(3권, 107~109쪽)

망자의 넋과 교감하려는 담론의 패턴이 이와 같은 문맥으로 지어져 문화 성원들 사이에서 승인됨으로써 감성 소통의 문화적 국면을 은유 차원에서 추인한다. 생각이나 정서에도 깊이가 있다는 은유적 발상에서 비롯한 '침음'은 생각이 깊고 감정이 깊어 가라앉아 있으니 이를 의식 표층으로 길어 올려 담화로 구성하여 발하기 수월찮다는 데서 패턴의 벼리가 빚어진다. 말줄임표는 그 표지인데, 얽히고설킨 생각을 풀어 말의 마디를 엮고, 죽음을 예감하고서 차오르는 슬픔을 눌러 말로 덮어 감싸야 하는 정황이 배인 담화 국면이 그 표지에 사상된 셈이다. 망자의 슬픔을 제 슬픔인 양 나누어 가지려는 교감의 담론이 은유의 양樣을 빌린 형국은 이체異體가 아니다.

이러한 예를 통해 '교감'의 인지 공정이 기본적으로 은유적 사상에 기반한다는 점을 추산할 수 있다. 물리적으로 밀착될 리 없이 무관한 남의 생각과 느낌을 내것인 양 나눈다는 설정 자체가 은유적 사상에서 비롯한다. 형상 없는 느낌은 생각으로 변환되어 의식에 부상하여 감성의 기제를 통해 활성화되고 마음에 투사되어 '공간화' 되는데, 이러한 마음 공간mental space[2]이 은유적 사상을 통해 공유될 때 교감의 공정이 작동하기 시작한다. '마음을 나누다.' 은유 도식이 '교감' 개념을 유효하게 하며 이 개념이 도입될 때라야 정서적 유대를 추인하는 '서정'의 담론장이 파생될 수 있다. 그 담론장은 곧 이야기를 통해 마음을 나누어 어우러지는 문화적 수행의 공간을 파생시키고, 그 문화적 수행의 장이 곧 서사 공간에 사상되는 서사적 은유 공정이 진전된다. '느낌이 공간이다.'나 '마음이 공간이다.' 은유 도식이 이로써 가능해지며, '마음 공간'에 관한 개념망을 추산할 수 있는 공리와 연산항을 정립할 수 있는 여지가 열린다.

'혼불'이라는 민속관념의 표상에서 비롯된 『혼불』의 표지는 서사적 모티프로 변환된 '혼불'에 관한 서사 디테일의 노드들을 연결하여 하나의 인지 대상 양태로 조형하여 공간화할 수 있도록 돕는 '매핑mapping'의 주요 단서이다. 이 민속관념을 구성하는 언어적 편린들을 수렴시켜 이해 가능한 방향으로 이끄는 과정에서, 인지자가 『혼불』 텍스트를 이루는 서사적 분절의 분기 표지들을 확인하고 자신의 경험과 사유에 작용하는 이미지 도식에 이들을 대입하여 마음에 그리는 인지 공정이 활성화된다. 이렇듯 서사의 모티프로 채용되어 중층의 은유적 변환 공정을 거쳐 확산되는 '혼불'의 이미지 도식은 인물 형상과 구성의 노드들 곳곳에서 환기되면서 『혼불』 서사의 진전에 동력이 되는 주요 인자로서 확증된다. '혼불'로 환치된 '죽음'의 이미지 도식이 의례와 민속관념에 관한 문화적 수행의 의미망을 추상하며, 이를 통해 『혼불』의 서사적 구심을 가늠할 수 있게 돕는 것이다. 이런 맥락에서 '혼불'에 관여된 이미지 도식과 죽음의 의례적 상징에 관여된 이미지 도식이 다른 여러 국면의 문화적 관념이나 수행에 관여된 이미지 도식과 조응하여 이루어질 영역횡단 사상寫像의 가능성을 엿볼 수 있다.

이를테면 '청암부인'의 상례에 관련된 이야기가 밀도 있게 기술된 '평토제' 장은 혼불로 환기된 '청암부인의 죽음'의 의미가 수렴되는 지점이면서, 그 죽음을 기점으로 전개되는 사건의 의미가 파생되는 교점이다. 이 장을 통해 『혼불』 인지 지도의 구도를 가늠할 밑그림을 얻을 수 있는데, 이를 바탕으로 '혼불'에 관한 인지 도식들의 조합과 확산을 통해 빚어지는 『혼불』 이해의 표준 공정을 도출할 만하다. 그 단서는 '혼불'의 이미지를 문면에 떠오르게 한 '청암부인'에 관여된 서사적 정보를 처리하는 데서 관건인 기억 인자를 분석하는 공정이다. 기억을 이야기로 재구성하는 과정을 추산하여 은유적 이미지 도식을 추인할 문화적 적층의 과정을 역추적할 회로를 안출할 가능성을 점칠 수 있는데, 이를테면 서사적 일화를 자전적 기억의 원천에 연결시켜 서사적 은유의 의미적 사상 관계를 짓는 담론 패턴을 추론할 방법을 궁리해 볼 만하다.

가령, '내가 어렸을 때 들은 이야기다마는' 식으로 시작하여 짐짓 기억을 떠올려 사연을 풀어 가듯 이야기를 전개하는 서사 시퀀스나, 전적典籍에서 인용한 바를 모두冒頭 삼아 그 내용을 풀어 가듯 이야기를 진행하는 서사 시퀀스의 담론 패턴이 주목을 끈다. 그 거개는 돌이킨 기억에다 당면한 문제 상황을 빗대어 의미를 짓고자 하는 것이어서 그 자체가 은유적 개념 사상에 상응한다. 이는 서사적 은유의 사상 원리나 차원이 단발 문장의 서정적 은유나 수사적 차원의 구언構言과 변별되는 국면이다. 기억에 연결된 인지 노드가 서사 구성의 마디들을 형성하는 구도에 주목해 마땅하다. 다음을 보자.

> "어렸을 때 들은 이야기라서 아물아물하다만 전에 옛적에 어떤 사냥꾼이 있었다는 게야. 어찌나 명사수였는지 한번 팔매를 던지면 공중에 날아가던 매도 떨어졌다는 사람이지. 그 사람이 하루는 자기 집 밭머리에서 팔매 하나로 까마귀 세 마리를 잡았더라는구나. 그게 귀신이나 할 수 있는 일이지, 어디 사람의 솜씨냐. 그 사람은 어찌나 좋던지 입이 찢어질 지경이었단다. 물론 희색이 만면하여, 그날 밤에 까마귀 고기를 내외간에 앉아 맛나게 먹었지. 그런데 그날 밤에 안사람이 수태를 하게 됐대. 사냥꾼은 이제 남부러울 것이 없어서 기고만장. 하는 일에 힘이 나고 신명이 나지 않았겠느냐."
>
> 그리하여 연년생으로 아들 삼형제가 태어났는데 그들은 누구보다도 잘생기고 영특하며 효성이 남다르게 뛰어나 사냥꾼 부부는 행복하기 더할 나위 없는 나날을 보내게 되었다. …(중략)…
>
> (아아, 한 자식만은 건질 수 있었던 것을, 내 집안에서 내가 만든 덫에 내 자식이 치여 숨지다니. 세상 천하에 이런 기구한 일이 어디 또 있을까. 하늘은 참으로 계신가. 귀신이 계신다면 이 속을 아시는가.)
>
> 세 아들을 단 하루에 잃어버린 사냥꾼 내외의 상심은 이루 말로 다 할 수가 없는 것이었다.
>
> 그들은 먹지도 못하고 잠들지도 못하면서 피골이 상접하여 꼬챙이처럼 말라가게 되었다. …(중략)… 말을 마친 삼형제는 그 자리에서

홀딱 몸을 뒤집어, 그만 까마귀로 변해 버리는 것이었다.

"우리가 전생을 몰라서 생사의 인연을 놓고 설워하는 것이지, 알고 보면 모두 다 제 받을 몫을 받는 것이야."

청암부인은 까마귀 형제들의 이야기 끝에 한숨을 쉬었다.

(나도 죄가 많은 사람이 분명하다. 아마 전생에서는 내가 그 사람을 두고 먼저 죽었는지도 모를 일. 아니면 내가 무슨 못할 짓을 그렇게도 모질게 했었던고.) (2권, 114~119쪽)

까마귀를 죽인 죗값을 치른 사냥꾼의 사연을 담은 설화는 그 발상부터 맹랑한 허구에 불과하여 실상 지시적 연관 관계를 상정할 수 없다. 미물에 불과할 까마귀지만 '업業'에 관여된 관념에 비추어질 때에는 사람의 형상에 사상될 수 있는 '존재'의 자질을 얻는다. 종교적·사상적思想的 관념을 공유하는 문화 성원들 사이에서 이러한 사상寫像 관계는 심상한 인지 도식에 이관되어 이해되겠지만 그 자체가 은유적 사상에 기반하는 것은 변함 없다. 기억에 부쳐진 이야기인 만큼 이를 이해하는 과정에서는 그러한 은유적 인지 도식을 추인하는 회로가 최소한 한 차례 더 구동되어야 한다. 이를테면 그 이야기의 의미가 '청암부인'의 인지 회로를 거쳐 일차 산출되고 그 의미가 덧입혀진 이야기가 이를 듣고 있는 '이기채'의 인지 회로에 회부되는데, '청암부인'이 이야기를 마친 뒤에 자신의 처지를 돌이켜 회고하여 이야기의 교훈에다 회한에 찬 자신의 심회를 투사하는 데 이르기까지, 유연적 관계가 없는 상념들이 상사 관계에 놓여 대응되는 식으로 서사가 진행되는 만큼 서사적 인지 공정의 회로 기판이 여러 층 겹쳐 있는 셈이다.

요절한 손자 '강수'의 운명을 두고 '청암부인'이 아들 '이기채'에게 얘기를 건네는 가운데 끼어든 삽화가 전생의 업을 다룬 우화라는 점 자체는 잘 들어맞는 문맥에 놓이기에 특별한 인지 회로의 작동을 요하지 않는다. 그렇지만 '강수'의 사연에 대해 그의 운명을 대입시켜 이해한다든지 그 운명을 전생에 관한 상념으로 환산한다든지, 그 상념을 우화에 사상하여 이해하는 과정은 인과적 회로에 순조로이 회부될 수 있는 것이 아니다. 더욱이 그 우화는 어릴 적 들은 것이라 기억 한편에 '아물아물'하게 남은 것이라고, 당사자의 발화를 통해 전제된 터다. 그러니 그 우화의 의미는 기억의 복원을 통해 결정될 것이 아니라, 기억에 떠오른 이야기를 전하는 입장에서 재해석된 양상을 전제로 결정되어야 한다. 다만 서술된 우화의 양태가 '청암부인'이 아닌 서술자의 초점화 국면에서 제시된 터라, 그 우화의 전모가 완결된 텍스트 형식을 띠고 있다는 점을 함께 고려해야 하는 변수 탓에 복잡다단한 인지 회로에 회부될 수밖에 없는 터다.

가령 삽화 내 인물들의 감각이나 정서는 물론 화행의 정황이 구현된 발화 환경을 통해, 위엄 있는 양반의 어투로는 온전히 전하기 힘든, 인물들의 발화 형태를 실감 있게 제시하는 식으로 서술상황의 역학을 조율할 때, 이해의 공정이 단방향이나 단선적 회로로 진전될 수는 없다. 게다가 정녕 어릴 적 기억을 되살리되 그 기억에 국한된 우화를 복원하여 기술할 경우, 그 의미의 여지마저 기억의 한도 내에서 봉쇄될 수밖에 없다. 아예 우화의 전말을 거두절미한 채 청암부인의 의식과 감각에 이관된 교훈적 논평만 제시할 경우라도 의미의 여지가 봉쇄되기는 마찬가지다.

그런데 『혼불』은 이러한 난항에 빠지지 않는다. 기억을 개인적 경험 영역에 국한시키지 않고 그 기억의 대상을 문화장에서 발굴하여 기술함으로써, 기의들의 사상 관계가 타당성을 얻도록 할 서사적 구성을 문화적 수준에서 제시한다. 이로써 무한한 가능성에 노출될 우려가 있는 '까마귀 형제 설화'의 의미 여지를, '업'에 관한 종교적·철학적 관념에 대한 은유적 인지 도식에 환산하여 국한할 것을 주문한다. 사적 영역의 상념과 감정에 국한될 때 산출될 수 있는 정한情恨의 한정적 의미 국면보다, 문화장에 부쳐져 산출될 해한解恨의 표상적 의미망으로 저들 인생 역정의 서사를 가로질러 인양하려 한다고 해도 좋을 것이다. 그만큼 의미 공정의 경위가 복잡하고 서술의 노드가 다단해질 것이므로 이를 둘러싼 인지 공정이 은유적 사상의 다면에 걸칠 정황이 선해지는 것이다.

이러한 기억의 서사를 작동시키는 은유 도식은 기억 층위의 요소를 서사 구성의 요소로 변환하는 가운데 서사의 다면적 가치를 연산하는 항이 된다. 역사적 사건과 인물에 얽힌 설화나 기록을 인유引喩하면서도 단순히 서사적 소재로 차용하는 데 그치지 않고, 시공이 사뭇 다른 사건 맥락에 이들을 대입하여 색다른 의미 계열을 구성하는 데 활용함으로써, 종내 은유적 인지 공정에 산입한 효력을 얻는 것이다. 지난 일을 돌이켜 이야기하여 경험과 예지를 공유하고 기록함으로써 문화적 적층의 구심 동력이 되는 서사 수행의 본색을 고려할 때, 기억을 현상에 사상하여 새로운 의미의 여지를 여는 은유 공정이 서사 생산 과정에 긴히 관여되고 있음은 분명하다. 이 맥락에서 문화지ethnography 차원의 정보를 채용하여 서사적 변용을 꾀하면서 서사의 진전을 도모하는 『혼불』 특유의 '제재 공정'을 의미심장하게 조명할 여지가 생긴다.

가령 신부가 차려 입은 의복에 관한 문화지적 디테일이 주목을 끄는 것은, 이를 이야기 구성의 맥락과 이야기 장에서 교류되는 감성에 걸맞은 양상으로 환산하여 기술함으로써, 신생의 문화지로 변환한 결과를 제시하는 특유의 서사 구성과 문체적 전략에 주목할 여지와 연관된다. 신부 '효원'의 옷차림새는 화려함 이면에서 실존을 옭죄는 부조리를 표상한다. 이 성장盛裝의 아이러니가, 당사자 '효원'의 심회에다 시집에 들어선 여인네 일반의 심회를 사상함으로써 그들의 처지와 지위를 들추는 계기가 되고, 서사 전반에서 유효한 인물 형상을 드러내는 은유적 모티프로 작동하면서 서사의 동력원이 된다. 이처럼 서사적 은유는 서사의 컷이나 시퀀스 단위에서 구성되는 의미에 국한되지 않고 서사 전반의 진전에 작용함으로써 의미망의 경위를 이룰 때 인지 공정에 온전히 편입되어 작동하면서 그 자실이 너욱 신연해진디.

은유적 행동역학 도식_ 서사 진전의 동력

『혼불』은 문화장에서 취사한 문화지 차원의 제재를 서사 구성의 중층에 편입시키기 위해 새로 기술된 디테일에 이관하여 새로운 의미의 여지를 산출할 회로를 작동시킨다. 이 과정에서 서사 구성 층위의 은유 국면이 조성되어 서사적 은유와 문화의 함수를 명증하는 한편, 서사의 문화적 개연성을 드높이는 해석학적 순환의 선순환적 효과를 낸다. 기억의 서사에서 나아가 인지적 선행 예시豫示를 통해 서사 문맥의 긴장을 조성하는 행동역학 도식을 창안하여 대하 장편 규모 서사의 진행을 구동할 만한 동력을 발전하는 것이다.

인지 활동은 기억과 정보를 바탕으로 앞으로의 일이나 정보를 예견할 수 있는 예시豫示 공정을 작동시킬 때 최적의 효력을 낳는다. 예시 공정을 위해 독자는 자신의 지적 역량을 동원하고 독서 경험을 바탕으로 축적된 서사 구성과 전개의 메커니즘에 대한 전략적 이해 요소를 조직적으로 활용하게 마련이다. 상대적으로, 서사 전언자narrative sender는 이러한 공정을 활성화함으로써 서사적 긴장을 유발하여 서사 구성을 최적화하려 도모하기 십상이다. 서사의 전언자와 독자 사이의 거래transaction는 일견 수 싸움이 치열한 경연에 부쳐진 양태인 경우가 거개다. 사건의 전조를 암시하는 설정 도구narrative device나 사건을 예견하게 하는 실마리인 복선과 같이, 텍스트 상에 명시된 예시 표지는 인지적 선행 공정에 회부되는 가장 명징한 지표index일 것이다.

이러한 선행 예시는 기본적으로 은유의 회로를 통해 환산될 수 있다. 가령 서사 분절의 모두冒頭에 기술된 배경이 사건의 전조로 설정되어 종내 적중되는 시퀀스와 같은 경우, 상동성이 없는 사념을 대응시켜 서사를 이해할 맥락을 구성한다는 면에서 은유적 동력이 작용하고 있다고 할 수 있는 것이다. 『혼불』에서는 특히 배경을 기술한 대목의 의의가 각별한데,[3] 배경 대목 자체에 적용된 은유적 표현이 드러나는 것은 물론이거니와, 배경을 통해 시사된 전조가 사건에 영향을 미치는 맥락을 조성하는 서사 분절의 전역을 통어하는 은유 원리가 드러나면서 그 위상이 여실해진다.

그다지 쾌청한 날씨는 아니었다.

거기다가 대숲에서는 제법 바람 소리까지 일었다.

하기야 대숲에서 바람 소리가 일고 있는 것이 굳이 날씨 때문이랄 수는 없었다. 청명하고 별발이 고른 날에도 대숲에서는 늘 그렇게 소소蕭蕭한 바람이 술렁이었다.

그것은 사르락 사르락 댓잎을 갈며 들릴 듯 말 듯 사운거리다가도, 솨아 한쪽으로 몰리면서 물 소리를 내기도 하고, 잔잔해졌는가 하면 푸른 잎의 날을 세워 우우우 누구를 부르는 것 같기도 하였다. …(중략)… 대실의 사람들은 태어나면서부터 이 대숲에서 일고 있는 바람에 귀가 젖어 그 소리만으로도 날씨를 분별할 수 있을 정도였다.

뿐만 아니라 그것들이 하고 있는 이야기와 몸짓까지라도 얼마든지 눈치챌 수 있기도 하였다. …(중략)… 그러나 오늘은 아무도 그 대바람 소리에 마음을 쓰는 사람은 없었다. 마을에 큰일이 있기 때문이었다.

(1권, 11～13쪽)

『혼불』 전체의 첫 문장이자 '청사초롱' 장 서사 분절의 첫 문장인 '그다지 쾌청한 날씨는 아니었다.'는 문단 하나를 이루기까지 하여 인지적 주도권을 얻은 문장이다. 그런데 그 의미가 문장 하나의 단위에서 온전히 맺어지지 못한 형국이다. 문맥이 형성되지 않은 가운데 '-는'으로 주제화된 '날씨'에 대한 판정이 모호하며 '그다지'로 한정된 '쾌청하다'의 정도가 모호하다. 온전히 의미가 맺어질 수 없는 이 문장은 뒤 이은 문장과 어울려 문맥을 형성할 때면, '날씨'와 '바람 소리'의 조합으로 빚어진 함수를 해석하는 공정에 이관되면서 의미 관계가 맺어질 법하게 된다. 그런데 곧 이어진 두 문장에서 두 항의 관계가 부정되면서 의미 연관은 난항에 빠진다. 대신 무정물인 '대숲 바람 소리'는 '갈다, 사운거리다, 몰리다, 내다, 세우다, 부르다'

와 같은 동사로 서술되는 주어로 쓰이면서 유정물로 전형되는 형국이 펼쳐지는데 이는 문장 층위의 은유로 표현되어 있다. 별발로 가늠되는 날씨에 대한 인상이 바람 소리의 결에 실린 감각과 상념에 조응되어 빚어지는 모종의 개념과 이미지가 적확하게 드러나야 하는데, 절묘한 문맥에 배열되면서 석연치 않은 정황만 빚어진 셈이어서, 또 다른 문맥에 이끌린 대목에 사상되어야 의미가 성립할 수 있는 여지가 남는다. 문단이나 담화 층위의 서사 분절에서 은유 공정이 작동할 단서가 주어진 것이다.

그리고 이렇듯 모호한 배경에 '마을의 큰일'이 조응되어 은유의 자장이 확산되는 계기가 지어지면서 배경 시퀀스가 일단락됨으로써 서사 전개의 향배에 긴장의 계기가 조성된다. 대숲에 이는 바람 소리로 날씨를 예측하고 바람 소리의 디테일을 제 감각에 견주어 이해하는 식으로 바람 소리를 은유적 사상의 대응항으로 일삼아 왔던 성원들이, 정작 '큰일'에 직면하여서는 그 소리에 괘념치 않는다는 것부터 심상치 않은 긴장감을 부르는 설정이어서, '날씨→바람 소리→큰일'에 이어지는 은유적 사상의 통사적 진행을 순조롭지 못하게 한다. 그래서 이러한 설정이, 주동인물 둘의 혼례라는 '큰일'에 어떠한 의미 연관으로 대입될지 사뭇 궁금하게 한다. 아예 그 배경 조합이 예조豫兆가 아닌 듯한 계기들이라면 모르지만 사건의 의미를 미리 넌지시 알리는 듯한 구도의 은유적 사상에 회부된 탓이다. 종내 혼례청의 모호한 분위기에 이어지는 서사적 정조情操의 혼재된 양상이 주요 인물의 후일에 미치는 영향에 대한 전조로서 기능하게 된다는 점이 드러나면서, 이러한 서사적 단속斷續 가운데 의미 연관이 모호하게 얽힌 서사에 대한 인지적 메타제시metalepsis[4]의 공정 원리가 변수로 대입될 항이 파생된다.

> "거배애상호서상부하아擧盃相互婿上婦下."
> 서로 잔을 들어 신랑이 위로, 신부가 아래로 가게 바꾸시오.
> 허근의 소리가 다시 울린다. 이 순서야말로 조심스러운 것이고, 이제까지의 복잡하고 기나 긴 예식의 마지막 절차이다. 또한, 가장 예언적인 성격을 띠는 일이기도 하였다. 사람들도 이때만은 숨을 죽인다.
> 하님과 대반은 술상 위에 놓여 있는 표주박 잔을 챙긴다.
> 세번째 술잔은 표주박인 것이다. 원래 한 통이었던 것을 둘로 나눈, 작고 앙징스러운 표주박의 손잡이에는 명주실 타래가 묶여 길게 드리워져 있다. 신랑 쪽에는 푸른 실, 신부 쪽에는 붉은 실이다. 그것은 가다가, 서로 그 끝을 정교하게 풀로 이어 붙여서 마치 한 타래 같았다.
> 이제 이렇게 각기 다른 꼬타리의 실끝이 서로 만나 이어져 하나로 되었듯이, 두 사람도 한 몸을 이루었으니, 부디부디 한평생 변치 말고 살라는 뜻이리라. (1권, 23쪽)

혼례는 그 자체로서 은유의 향연이다. 일상의 차림과 다른 옷과 장식으로 치장하고, 일상생활의 장소와 다른 특수 공간에서, 평소의 역할과 달리 신랑 신부가 주역이 되어 펼치는 의례의 장은 은유적 개념 사상의 온상이다. 일상적 상사와 별개인 가상 영역의 극적 연행을 통해 빚어진 장면들에다, 삶에 관여된 일의 응축된 장면을 사상하여 '의례적 표상'을 지어 의미 연관을 산출하는 공정이 원체 은유에 기반한다. 그리고 이를 구성하는 절차의 디테일에서 은유적 구성 텍스트가 실연된다. 그 의례는 성원들의 문화적 약호수행coding을 거쳐 의미망이 형성될 수 있으므로 문화적 인지 공정에 부쳐질 때 유효한 현상이 될 수 있다. '강모·효원의 혼례'는 그러한 공정에 부쳐질 하나의 가상 텍스트이다. 그리고 이 텍스트에 대한 해석의 소산이 서사적 구성 맥락에 회부되어 변주된 것이 '청사초롱' 장에 기술된 바이다. 그러므로 이는 '가상'이 중첩된 서사 텍스트이며 이가 산출되는 과정에서 여러 겹의 은유적 사상이 이루어졌을 것이라 점치기 어렵지 않다.

특히 혼례 절차에서 쓰인 은유적 표상은 신랑 신부의 앞날을 점치는 예조를 얻는 데 할당된 비중이 커서, 효원과 강모가 주축을 이룬 『혼불』의 모두冒頭에서 서사 전개의 향배를 가늠하는 키로 채용될 공산이 크다. 초례청에서 진행되는 의례 절차 가운데 특별히 신랑 신부 서로가 잔을 나누는 대목을 부각하여 서사의 디테일을 구성하면서 '청사초롱' 장을 끝맺은 것은 의미심장한 설정이다. 혼례가 백년해로를 기약하고 기원하는 장이니 청실 홍실이 이어진 잔을 나누는 퍼포먼스가 의례적 백미라는 심산이 모여 이렇듯 문화적 차원에서 진행되는 은유적 수행을 설계한 것이다. 여기에 서사적 긴장을 자아낼 구성에 걸맞은 은유적 상황 설정이 더해지면서 『혼불』 서사의 진전을 가속하는 계기가 형성된다.

> 그러나 어려운 것은, 그 표주박에 가득 술을 부어 술잔을 서로 바꾸어 마셔야 하는 일이었다. 그런데 술잔을 바꾸면서 술을 한 방울이라도 흘려서는 안된다. 또 실이 얽히거나 꼬여서는 더욱 안된다. 술방울을 흘리면 흘린 쪽의 마음이 새어 버리고, 실이 얽히면 앞날에 맺힌 일이 많아, 그만큼 고초가 심하다고 하였다. (1권, 24쪽)

신랑 신부의 앞길을 점치는 의례적 연행인 만큼 조심스러우면서도 은밀한 함의가 담긴다. 경계를 넘어 새로운 장으로 이행하는 의례이니 문지방limen의 혼돈 상황을 넘어서는 과정의 난항을 겪는 표상이 없을 수 없다. 술이 가득 담긴 잔을 넘겨 나눌 때에 한 방울이라도 흘려서는 서로의 마음이 샌다고 하는 것은 은유적 개념 사상에 바탕한 설정이다. 실이 얽히는 것을 일이 꼬여 맺힌다는 데 사상하는 것도 마찬가지다. 두 사람의 창창한 앞날이 이처럼 일순간에 진행되는 의례 절차의 표상을 통해 결정된다는 것은 당찮은 얘기이지만, 문화 성원들 사이에서 통용되는 만큼 그 문화장에서는 제법 효력을 발휘하는 주술적 표상으로 공고히 세워져 있다 해도 좋다. 사람의 마음이란 액체 상태여서 유동하여 흘리거나 새기 쉽고, 인간사란 실과 같아 꼬이거나 얽히기 십상이라는 은유 도식이 문화적 약호로서 저변화되어 있는 터라 그러하다. 혼돈의 징후 속에 아슬아슬한 분위기에 휩싸이기 십상인 '전역轉閾 상황liminality'에서는 사소한 표징이라도 사람의 심리를 움직여 모종의 의미심장한 현상으로 돌려 의식되게 마련이다. 사람 마음의 저층에 스민 본원적 불안감은 상태가 바뀌는 전역의 시공에서 의식의 표층에 부상하여 현상의 해석에 크게 영향을 미치는데, 이는 지시적 대상으로 환원되기보다 은유적 사상의 매개체에 투사되는 양상으로 인지에 회부된다. 무의식의 심연이 의식의 표층에 떠오르는 표상 수행의 일종인 의례는 인간의 신화적 심성이 투사된 무의식이 발현되는 문화적 교점이라 할 만한데, 은유 공정이 특히 이러한 지점에서 활성화되게 마련인 것이다.

이렇듯 은유로 엮인 의례의 장에서 보이는 문화 성원들의 감각과 의식을 놓치지 않고 서사를 진전시키는 거점으로 삼는 인상적인 서사 전략이 돋보이는 대목이 이어진다. 인지적 선행 예시를 통해 주요 자질의 일면이 구성되는 서사적 은유의 도식들이 그 대목들에서 빛을 발한다. 다음을 보자.

> 그래서 하님과 대반은, 손에 힘을 잔뜩 주고 온몸을 조심하며 술잔을 서로 바꾸는 것이다.
>
> 양쪽 상 위에 서리를 틀고 있는 청실 홍실은 구름 끼인 별뉘 아래 요요히 빛나고 있다.
>
> 하님과 대반은 각기 신랑과 신부에게 표주박을 쥐어 준다.
>
> "시이자아가악치임주우侍者各斟酒."
>
> 허근의 목소리는 고비에 이르렀다.
>
> 드디어 하님과 대반이 몸을 일으켰다.
>
> 그러나 긴장을 하고 조심하면, 일은 더욱 더디어지고 걸리기 마련인가. 아니면, 워낙 명주실이라는 것이 부드럽고 가늘어, 이리저리 옮기지 않아도 제 타래에서 제 실낱끼리라도 얽히는 것일까.
>
> 그만 실이 꼬이더니 얽히고 만 것이다.
>
> 츳!
>
> 허담이 혀를 찼다.
>
> 하이고오, 어쩌꼬오…….
>
> 사람들 사이에서 잠시 소요가 일었다. 그 수런거림은 불길한 음향을 남겼다. 물론 그것은 작은 매듭에 불과했지만 그것을 보는 사람들의 마음을 철렁하게 하였다.
>
> 그러나, 여기서 더 어쩔 수는 없는 일이었다.
>
> 그 가느다란 실낱을 헤쳐가며 풀 수도 없으려니와, 그러다가는 표주박의 술마저 엎지르게 될 것이기 때문이었다. 기왕에 얽혀 버린 실

을 풀어 내다가는 다음 일조차도 그르치게 된다. 허근의 얼굴이 어둡게 찌푸려진다. 그리고 낮은 소리로 그냥 두라고 했다.

그래서 아까보다 더욱 조심스럽게 어깨를 움츠리며 잔을 나르는 대반의 코에 땀이 솟아난다.

아하아아.

하객 중의 한 사람이 탄성을 발했다. 술방울을 흘리지 않고 무사히 잔이 건네어진 모양이었다. 사람들도 저마다 비로소 숨을 튼다.

(1권, 24~25쪽)

긴장감을 자아내는 상황에서 실이 꼬여 얽히고 마는 상황이 연출된다. 긴장하고 조심하면 일이 더 틀어진다는 삶의 예지가 그 과정에 고지되는 한편 명주실이라는 것 자체가 워낙 얽히기 십상이라는 삶의 경험에 바탕을 둔 체념 섞인 해설이 기술되어, 어차피 벌어진 상황의 부정적 감각을 희석하려는 의중이 문면에 배이기도 한다. 그렇다고 사람들이 마음을 놓을 수는 없는 노릇이라는 정황 또한 기술되어 문화장에 스미는 미묘한 감성이 세묘되는 효과가 나타난나. 무엇보다 술은 흘리지 않고 나누었다는 상황이 연출되어 그래도 혼례의 주역인 두 사람의 마음만은 하나가 될 수 있다는 예조가 적중되기를 바라며 안도하는 감성으로 이 장면이 마무리되면서 불안감이 해소될 수 있는 여지가 조성된다. 아무런 지시적 연관이 없는 항을 사상하여 의미 표상을 짓고 이를 다시금 삶의 장에 투사하여 인간사를 해석하는 데 소용되게 하는 공정에서, 문화장에서 진행되는 은유적 수행 국면이 주요 거점을 이루고 있는 만큼 저와 같은 서사적 정황이 무색한 것으로 돌려질 까닭은 없다. 그리고 이러한 아슬아슬한 상황에 대한 예조가 '청사초롱' 장의 모두에서 날씨와 바람 소리를 둘러싼 해석상 혼선으로 형성되었던 팽팽한 긴장감에 연루된다는 점을 의식하고 보면, 소설 전체의 모두에 해당하는 '청사초롱' 장의 주요 콘텐츠를 이루는 혼례의 은유는, 앞으로의 서사 전개에 어떠한 효력을 미치는 선행 예시로 작용할지 궁금증을 유발하면서, 『혼불』 인지의 참조항이 된다.

이러한 예시적 선행의 서사 공정에서 적용되는 은유 원리가 문화장의 관찰과 체험을 통해 그 모티프가 획득된 것이라는 점에서, 『혼불』의 서사적 행동역학 도식이 문화적 차원에서 의의를 획득하는 정황을 가늠하기 어렵지 않다. 이러한 양상은 '밤의 노적봉' 형상을 배경으로 '청암부인'의 임종에 관여된 사건이 전개되는 서사 시퀀스에서 단적으로 재연된다.

> 밤이 깊어 고비에 이르렀다.
>
> 달빛 없는 반공으로 치솟은 노적봉露積峰의 검은 날개가, 무너지게 캄캄한 어둠을 쓸어 안으며, 금방 마을의 뒷등으로 고꾸라질 듯 위태하게 보인다. 깎아지른 바위 벼랑과 숨은 골짜기, 검푸르게 우거진 소나무 수풀도 짙은 먹빛으로 무겁다. 마치 거대한 낟가리를 쌓아 놓은 것 같은 형국이어서 노적봉이라고 부르는 산마루의 드높은 능선이, 우줄 우줄 오늘따라 봉두蓬頭처럼 어수선하다. 어둠이 한 치만 더 목에 차면 곧 난발亂髮을 할 기세다. 쌓여 있던 낟가리들이 검은 짚북더미 머리를 풀어 헤치며 우우우 한꺼번에 쏟아져 내릴 것만 같다. 그 허물어진 어둠이 거센 물살로 마을을 휩쓰는 소리가 공중을 가른다. 바람 소리다. 소스라쳐 다시 보면 산마루는 시커멓게 솟구쳐 오른 파도 꼭대기인가도 싶다. 한순간에, 천지를 울리는 굉음을 토하며 마을을 뒤덮어 삼킬 듯한 위용이 아슬아슬하다.

그 서슬에 질린 바람이 낮은 소리로 운다. 삼키는 울음이다.

(3권, 113~114쪽)

물체로서의 연장을 지니지 않은 '밤, 어둠'이 질량과 부피를 갖춘 대상물로 전제되어 시간에 관여된 배경적 이미지가 지어진다. 이를 단서로 무정물인 '노적봉'에다 '날개'를 달아 주어 움직일 수 있게 하는가 하면 '어둠을 쓸어 안'을 수 있을 만큼 정서적 활동까지 하는 존재적 자질을 부여하여 배경의 주역을 설정한다. 노적봉의 날개에 포섭된 어둠이라면 그 봉우리를 이룬 바위 벼랑이나 골짜기나 수풀과 한데 어우러지며 중량감이 한껏 더해지면서 무너져 내릴 수 있다는 이미지로 환치될 수 있다. 그 어둠의 중량을 안은 산봉우리가 단말마의 고통을 내지르는 소리가 마을을 덮칠 기미가 보인다는 심상이 별스럽지 않게 읽히는 맥락이 이렇듯 형성된 터이다.

'검은 짚북더미, 시커멓게 솟구치는 파도 같은 산마루' 등과 같이 은유의 중층적 활용을 통해 표출된 암흑감이, '치솟은, 무너지게, 고꾸라질 듯 위태한, 깎아지른, 난발할 기세, 우우우, 허물어진, 거센, 소스라쳐, 굉음, 아슬아슬' 등에서처럼 위태로움을 형용한 어휘와 동등한 통사 층위에 배열되어 위기감을 상승시키면서, '서슬에 질려우는 울음'을 우는 바람 소리에 사상된다. 바람에 사상된 만큼 암흑의 기운이 마을 구석구석에 스며들며 마을 사람들에게 위기감과 불안감을 안길 여지가 조성된 셈이다. 불안감과 위태로운 형국이 뒤엉켜 극한에 치닫는 듯한 감각을 일깨우는 데서, 밤의 고비에 드러난 노적봉의 형상이 단적인 위기감을 환기하면서 심상치 않은 사건이 이어질 것임을 예고한다고 해도 좋을 것이다.

그 사건이란 바로 '청암부인'의 죽음이다.

> 일이 났는가.
>
> 돌아누워 뒤척이던 사람들은 아예 일어나 앉고, 하릴없이 마음을 조이며 등잔불 아래 앉아 있던 사람은 방문을 비긋이 열고 바깥을 내다본다. 풍지가 더르르 우는데, 바깥은 오직 캄캄할 뿐이다. 일년 중에 밤이 제일 길다는 동지를 바로 앞둔 하늘에는 숨은 달빛조차 비치지 않는다. 어둠과 합세한 두터운 구름이 금방 내려앉을 것처럼 무겁게 웅크리며 하늘 한 자락을 물고 있다. (3권, 114쪽)

마을에 스민 어둠의 기운과 '호곡'하듯 들리는 바람 소리에 사람들이 '일이 났'음을 직감하고 잠을 깬다. 아니 '일'을 예감하고 잠 못 이루며 뒤척거리던 차이다. 실체 없는 어둠이 활물이 되어 짓누르는 기운에다 '암운'의 무게감이 어우러져 사람들의 마음을 졸이게 한다. 어둠의 은유가 이 대목에서는 이제 낯설 것 없는 도식으로 인지되어 의미 연관이 중화neutralization되고 자연스러운 의미 맥락에 편입되었다 해도 좋다. 어둠에 관여된 이미지들이 유정한 존재의 자질을 부여 받은 이상 이들이 서사적 인물 형상을 입어 행위의 주역으로 활동하면서 사람들의 감각을 일깨우는 역할을 담당하는 것이 어색할 것 없기도 하다. 그런데 어둠 속에 뭉쳐 있다던 구름이 정작 구름이 아니라는 문장이 이어져 자연스러운 개념 사상의 회로에 변수가 생기면서 또 다른 은유적 사상의 분지가 지어진다.

그러나 자세히 보면 그것은 뭉친 구름 덩어리가 아니라, 두리 기둥이 받치고 있는 덩실한 골기와 지붕이었다. (3권, 114쪽)

짙은 어둠을 배경으로 하고 보면 골기와로 이은 지붕이 마치 구름이 덩어리져 뭉친 형상으로 비쳐질 법하다. 어둠을 떠받치고 있던 노적봉이 '기둥'에 사상되고 암운 가득한 하늘은 '지붕'에 사상된다. 어두운 하늘의 구름이 검은 골기와 지붕에 사상되었으니 이제 저 짙고 무거운 어둠이 마을을 뒤덮고서 진한 슬픔의 기운을 전염시키는 형국이 연출된 셈이다.

이 매안 마을의 입구 평평한 지형인 아랫몰에서는 물론이거니와, 거기서도 한참이나 올라가는 중뜸에 이르러서도 저만큼 아득하게 보이는 곳, 원뜸. 노적봉의 엄연儼然한 기상이 벋어 내리면서 또아리를 튼 그곳에 높다랗게 솟아오른 검은 지붕은, 매안의 이씨 문중 종가의 것이다. 이 지붕은, 순식간에 밀려와 덮치려는 어둠의 기세와, 기어이 떠받치며 버티려는 기둥의 안간힘이 서로 상충하여 뒤엉킨 형상을 하고 있다. 어둠의 기세가 자못 사납다. 짓눌리어 신음하는 용마루가 하늘을 향하여 머리를 든다.

캄캄하신 하늘이여.

그러나, 하늘은 대답이 없다.

간절한 머리를 들어 하늘을 우러르는 것은 두 눈을 부릅뜬 막새 기왓장, 망와望瓦이다. 잡귀를 물리치고 집안을 지켜 달라고 기와에 도깨비 얼굴을 새겨 지붕마루 높은 곳에, 하늘을 바라보게 얹어 놓은 망와의 귀면鬼面이 애소哀訴로 일그러진다. 어쩌면, 소리도 내지 못하고 우는 것처럼 보인다.

바람이 옆에서 그 소리를 대신하여 운다.

가슴을 가르며 우는 소리다. (3권, 114~115쪽)

매안 이씨 종가의 지붕에 사상된 검은 구름의 기운이 곧 '청암부인'의 임종에 관여된 이미지들을 환기하리라는 예견은 금세 적중된다. 하늘에 신격을 부여하여 이 '일'에 대한 해법의 공수를 얻을 길 없는 절망감이 표출되는 언설은 그 가교架橋에 상응한다. 골기와 지붕의 '망와'에 설운 심회를 사상하여 상관물로 세운 것은 그럴싸한 설정이다. 바람 소리를 대신 내세워 '삼키는 울음'을 재연하는 것도 그러하다. 그 누구 하나 슬프지 않겠는가마는 이처럼 무정물들을 앞세워 감성을 투사할 수 있는 것은 여태 진전되어 온 은유적 사상의 공정이 활발히 가동된 덕일 테다. 이러한 서사적 은유의 공정을 설계하고 공정의 회로를 그려 활성화하기까지 작가가 섬세한 감각과 혜안을 통해 대상을 세심하게 관찰하고 그 대상이 투기投企된 문화장에 참여하여 그에 얽힌 메커니즘을 체험한 흔적이 역력하다면 과언일까. 망자의 집 지붕에 얹힌 '망와의 귀면이 애소로 일그러'지면서 울음을 삼킨다는 은유적 상념이 전광석화 같은 착상으로 얻어질 수는 없는 노릇이다. 서사적 은유는 문장 층위에 국한되지 않고 디스코스(담화)나 텍스트 층위에서 문장들을 가로질러 구성되며, 그 의미 연관을 짓는 개념 사상의 국면이 문화적 차원에서 파생되고 거기 수렴된다는 점이 이로써 방증을 더 얻는다.

'밤의 노적봉' 시퀀스를 통해 전조된 죽음의 암운은 '청암부인'의 죽음과 이에 연루된 '혼불'이라는 서사의 주도-모티프에 관여된 은유적 형상들과 대칭·대조적 이미지 도식 군을 형성하면서 그 의미를 더 선명히 부각한다. '청암부인'의 죽음 또한 하나의 전조가 되어 이후 사건의 분기들을 짓는 축으로 기능한다. 요컨대 '변동천하'로 대별되는, 반상 질서의 와해 국면으로 치달으며 진전되는 서사를 구동하는 동력이 이를 계기로 발전하는 것이다. 인지적 선행 예시의 서사적 국면이 이 대목에서 가장 명징하게 드러난다고 할 수 있다.

통상 소설에서 '배경' 대목은 사건의 진전과 직접 관련 없이 말 그대로 사건이 진행되는 시간적·공간적 정황을 그려 주의를 환기하는 부수적 요소로 여겨진다. 그런데 『혼불』에서는 분량상 빨리 지나치기 힘들 뿐만 아니라, 그 구성과 기술의 밀도 면에서 쉬이 넘겨 읽기 곤란하며, 사건의 전조를 시사하는 효력 면에서 적지 않은 구동력이 감지되는 까닭에 여느 경우와 같이 취급할 수 없다. 시퀀스 단위 이상 층위의 서사 분절들 간에 전환이 이는 분기점에서, 분절들 사이의 연결이 비약되지 않게 하여 이야기의 흐름이 단조롭게 흐르지 않게끔 조절함으로써, 대하 장편 규모인 이 소설의 서사적 진전에 조리條理를 부여하는 전략의 주요 지점이 배경 기술 부분에 있다 하여도 좋을 것이다. 이로써 『혼불』 구성의 '공간 형식spatial form'을 입증할 수 있는 맥락을 얻을 수 있는데, 시간적 배열에 근간을 둔 서사의 진전 양상에 공간 형식이 적용되는 것 또한 서사적 은유의 한 국면으로 편입시킬 만하다. 역사적 연대기의 통합축syntagma을 문화지ethno*graphy*의 계열축paradigma에 사상함으로써 서사의 공간 형식을 빚는 과정에서 은유 원리가 작용하는 것이다. 이러한 공간 형식의 기획에 배경 기술을 통한 선행 예시를 활용하는 전략이 중요한 서사 분절의 계기마다 적용되고 있으니, 이를 『혼불』 인지 공정의 주요 동력으로 인정할 만하다.

한편, '청암부인'의 혼불을 흡월정하듯 받아들이는 것으로 기술되어 망자가 된 그 인물의 자질과 형상에 사상되며 그의 대를 잇는 인물로 설정된 '효원'의 인물 형상이 서사 진전의 또 한 관건으로 부상한다. 특히 천민을 대변하는 인물인 '춘복'의 인물 형상을 투시하는 시선과 사건 기술의 양상에 대비되는데, 두 인물을 축으로 재편되는 인물 군의 포석이 청암부인 사후 벌어지는 사건들의 역학 관계를 정돈하여 이해할 모눈 표지로 적용되어 인지 도식으로 활용될 수 있는 여지가 생긴다. 인물 군의 역학 관계 속에 곁고튼 사건의 다면과 다층을 일별할 수 있는 도식에 환원할 수 있도록 돕는 인지 공정의 또 한 방면이 이런 국면으로 구성될 수 있는 것이다. 이러한 서사적 행동역학 도식에 서사적 은유의 사상 원리가 대입되고 있어서, 인물 관계 역학에서 파생되는 의미망을 추론할 여지가 생기며, 이를 통해 서사 진전의 추동력이 발전된다.

그 중 가장 두드러지는 사건 징표는 '변동천하'에 얽힌 것이다. 이는 춘복의 역심에서 파생된다. 반상班常 간 갈등의 징후는 있되 좀체 표면화되지 않던 것이 청암부인의 죽음을 계기로 겉으로 드러나면서 그 갈등에서 파생된 사건들이 심상치 않은 파장을 예고한다. 반가의 무덤에 천민 무부巫夫의 뼈를 섞어 묻어 망자의 복을 가로채서 신분 상승을 도모할 심산으로 감행된 '홍술의 투장'이 성공적인 효력을 낼 수 있을지 위기감이 감돌던 분위기로 예시되던 사건(투장 사실이 발각됨)이 발생하면서 반가와 천민 집단 사이의 갈등이 급격히 비화되기 시작한 것이다. 뜻밖에 투장에 연루된 혐의로 고초를 겪은 춘복이 역심에 가까운 '변동천하'의 꿈을 실행에 옮기는 행보를 가속하게 된 것이, 이후 서사 전개의 구도를 반상의 대립을 준거로 세우게 하며 이를 표지로 서사적 인지 공정이 짜여지게 한다.

그런데 춘복의 행위를 추동하는 '변동천하'에 관한 인지적 회로가 좀 복잡하다. 이는 처음 춘복이 사명당과 원효대사 간에 오간 변동천하에 관한 일화를 전해 듣는 데서 그의 인지에 포착된 것으로 설정된다.

> "어디만큼 옹게는, 동산이 하나 나오드래. 그래 다리도 아푸고 해서 풀밭에 앉었는디. 마침 거그 꺼멍 소 한 마리허고 뻘헌(붉은) 소 한 마리가 나란히 엎대어 누워 있어. 배를 깔고. 점심밥 먹고 새김질이나 허고 그러고 있었등가 모르제."
>
> 그걸 보고 원효대사가 물었어.
>
> "너 어뜬 소가 몬야(먼저) 일어나겄냐?"
>
> 그렁게 사명당이, 잠깐 지달르시라고 그러고는 괘卦를 요렇게 빼봉게 화괘火卦가 나와. 불 말이여. 불은 빠알간 안헝가?
>
> "옳지."
>
> 하고는
>
> "저 뻘헌 소가 몬야 일어나겄소."
>
> 했단 말이여?
>
> "그러냐? 나는 꺼멍 소가 몬야 일어나겄다."
>
> 스승의 말씀에, 어디 보자, 허고 조께 있응게. 아니 꺼멍 소가 펄떡 일어나네 그려. 아, 이거 웬일이냐, 이상허다, 내가 괘를 잘못 뺐능가.
>
> "화괘가 나왔으면 빨건 불잉게 뻘헌 소가 몬야 일어나야 허는디 어째서 꺼멍 소가 몬야 일어났습니까?"
>
> 사명당이 괴이해서 스승한테 여쭤봤겄다. 그렁게는 원효대사 왈.

"그것이 변동천하變動天下란 거이다, 이놈아."

허고는 지팽이로 딱, 소리가 나게 사명당 머리빡을 때려 부리네.

"이놈아, 불을 얻을라고 부싯돌을 팍 긁어대면 처음에는 꺼믄 연기가 뭉실 올라오잖냐. 꺼믄 것이. 그러고 나서야 빨건 불이 붙지. 그래서 아무리 화괘가 나왔지만 꺼멍 소가 몬야 일어나고 뻘헌 소는 나중 일어나는 거이다. 알겄냐?" (4권, 211~212쪽)

'괘'를 읽어 사태를 예견하는 것은 원체 은유적 사상에 기반한 인지 공정이다. '화괘—붉은 소'항에서 불과 붉은 색 연관을 기반으로 개념적 사상이 이루어지므로 은유적 사상이 이중으로 적용된 것이라 할 수 있다. 그런데 이로써 곧 적중되는 것이 아니라는 데서 '화괘'를 읽어 의미 연관을 짓는 공정은 또 한 차례 은유 회로를 요한다. 표면적으로 화괘가 나왔다고 불의 색에 사상하는 것만으로 안 되며, 불이 일기 전에 피어 일어나는 검은 연기를 떠올려야 하므로 검은 소가 먼저 일어난다는 해석이 적중한다는 심산이 더해지기 때문이다. '변동천하'란 그렇듯 사태의 정황 이면을 통찰할 때 일으킬 수 있다는 성찰의 전언이 산출된다. 그렇지만 춘복의 의식에 전광석화와 같이 꽂혀 인지 표지로 각인된 것은 '변동천하'라는 한마디뿐이다. 춘복의 개입으로 '변동천하' 시나리오의 향배는 그렇듯 단선적 회로에 편입되는 듯하다.

"변동천하요?"

춘복이의 눈이 번뜩 불빛을 받는다. (4권, 212쪽)

심드렁하게 듣고 있던 춘복이 딴 사람들같이 그 이야기의 재미에 귀기울이는 게 아니다. 그 얘기에 관심을 갖기 시작한 것은 어디까지나 '변동천하'라는 한마디에서이다. 그 이야기의 교훈을 되짚어 의식화하기보다는, '변동천하'라는 말에 피를 끓일 뿐인 것이다. 이야기 속에서 '변동천하'란 표면적 의미 밑에 숨은 의미를 해석하고 그 저변을 이해해야 세상사를 올바로 볼 수 있다는 뜻일진대, 그 이야기의 맥락에 관심 없는 춘복이에게는 '천하를 변동시킨다'는 뜻으로밖에는 받아들여지지 않는다. 그리고 스스로 그 '변동천하'를 이뤄볼 속셈을 하는 것이다.

제아무리 유명한 대승도 괘를 못 읽으면 못 읽는 것이고, 아무리 천한 '상것'이라도 읽으면 읽는 것이라는 심산에서 춘복의 역심은 신념으로 전이되어 굳어진다. 춘복은 원효대사와 사명당 사이에 오갔다는 이야기의 본디 맥락과 별개로 그 전언의 뜻을 새로 지어 인지한 것이다. '춘복의 변동천하'는 반상의 차별이 붕괴되어 이루어지는 평등한 세상에 대한 이상을 대변한 한마디이다. '강태'의 전언에 따라 그러한 '몽상'에 가까운 이상은 '혁명'으로 전언되기도 한다. 물론 그러한 이상을 실현할 지표로 반가의 '작은 아씨, 강실이'에게서 제 자식을 얻으려는 일견 헛된 야망이 설정된다.

처음 '변동천하'에 관한 이야기는 현상의 이면을 통찰하여 이를 관류하는 운행의 원리를 터득하는 것이야말로 천하를 변동하는 길이라는 예지를 설파하는 것이어서, 은유적 사상에 바탕을 둔 생각의 확산을 꾀하는 길에 관한 담론이라 할 만하였다. 그런데 이가 춘복의 인지에 회부될 때에는, 그 중층적 철리는 던져진 채 말의 표지만 사념에 대입되면서, 단계가 다른 은유적 사상 관계가 맺어진 셈이다. 일견 '변동천하'의 축자적 의미에 대입된 터라 직시적 기호 관계가 맺어진 것으로 비쳐지지만, 이 서사의 공정에서는 처음 은유로 산출된 '변동천하'의 의미 연관이 또 다른 회로에 투사된 형국이므로 '변동천하→혁명' 대응항이 은유의 중층 공정을 거친 결과 얻어진 것이라는 아이러니가 발생한다.

여기에 「서동요」 인유 시퀀스가 대응되면서 춘복의 심산에 설득력이 더해지는 꼴이 된다. 그의 야심이란 현실적으로 당찮은 공상 수준의 것에 불과하지만, 참요에 가까운 「서동요」의 가사와 배경 설화에 대놓고 보면, 황당무계한 망상 수준까지 전락하는 것은 아닌 것으로 판정된다. '춘복'과 '서동'의 사상寫像으로 파생되는 은유적 인지 공정을 거침으로써, 천민이라도 양반가 처자를 얻으려는 그의 야심이 실현될 개연성이 생겨 그러한 행위가 온당한 것으로 돌변한 터다. 이 시퀀스는 춘복의 몽상이 실현될지도 모른다는 전조를 활성화하는 선행 예시로 기능하는데, 이러한 설정도 구성적 은유 양태에 해당된다. 이러한 전조는 결국 적중되어 춘복이 강실을 범하는 사건이 뒤에 전개되는데 이 또한 서사 진전의 중요한 분기점이 된다.

이처럼 서사 전개의 중요한 동력으로 서사 외적 담론을 인유하는 양상은, 민요나 무가巫歌부터 한시漢詩에 이르기까지 다양한 장르의 문예물은 물론 기록 문서나 전적典籍들에 이르기까지 국면이 넓다. 물론 이들 모두가 텍스트의 이해에 결정적 단서를 제공하는 인지 요소로 기능하는 것은 아니지만, 그런 기능을 하지 않을 때라도 여러 방면의 사회 문화적 '정보'를 제시하는 기능을 하여 인지 공정의 활성화에 기여한다. 이런 식으로 문화지 수준의 디테일을 서사 텍스트의 문면에 변환하여 기술한 결과, 『혼불』은 인과적 연관이 선연하게 응축된 플롯plot(극적 구성)이 아닌, 나선이나 파상 형태로 구성된 공간 형식[5] 서사로서의 위상을 정립한다. 이러한 공간 형식 서사의 행동역학 도식이, 문화장에 대한 체험과 이해를 바탕으로 한, 문화정보의 수용을 전제로 한다는 데 주목할 여지가 크다. 서로 다른 영역에 산포한 문화 콘텐츠들을 한데 포괄하여 새로운 의미 연관 속에 융해함으로써 영역횡단 사상의 일단을 지은 것이어서 더욱 그러하다. 일견 『혼불』이라는 서사 텍스트 자체가 서사 공간이 되는 위상 전이의 국면들과 이에 작용하는 은유적 사상의 함수들이 사뭇 관심사로 떠오른다.

은유적 위상 도식_ 서사공간 횡단의 구심

『혼불』 인지 공정에서 또 하나의 단서가 될 표지는 '대하소설'이라는 장르종에 관한 항에서 파생된다. 이를테면 역사소설 가운데 스토리 시간의 대역이 장대하고 사건의 진폭이 큰 이야기 편린들의 궤적을 한 편의 서사체에 담아 기술한 결실을 두고 그 서사적 자질을 이해해야 하는 공정이 진척되어야 하는 것이다. 그런데 『혼불』 서사의 여러 분기들을, 성긴 시간 서사 축에 배열하여 이해하는, 일반적인 역사적 서사의 도식에 대입하기에는 석연찮은 구석이 있다. 그 장대한 이야기를 꿸 만한 주 서사main narrative를 찾기 어려운 것은 아니지만, 주 서사의 갈등 구도나 서사 진전의 긴장감 정도가 흥미진진한 재미나 인상적이고 극적인 감동을 자아내면서 대단원에 치닫는 양태는 아니라는 데 문제 지점이 있다.

요컨대 『혼불』의 서사는 역사적 시간대를 배경으로 삼아 역사적 격동기를 지내는 이들의 이야기를 서술하되, 역사적 연대기를 기본 이야기 선story line으로 하여 전개되는 시간적 배열의 서사에 관한 인지 도식을 요하지 않는다. 격동의 시대에 휩쓸리지 않고 자기 삶의 자리를 지키려고 모색하는 이들의 지난한 역정이 계열화되면서 공간 좌표에 투사되어 빚어지는 '공간 형식'에 근사한 서사 구성이 그 인지 도식과 조응한다. 삶의 현장에서 실로 펼쳐지며 문화장에 수렴되는 인간 수행의 다층과 다면을 조형하여 격동의 시대라도 삶의 저변에 적층되었을 인간의 경험·감성·사유의 총화를 조망할 수 있는 '여지'를 공여함으로써, 시대의 격을 넘어서는 인간 정신의 지층 단면을 통찰할 수 있는 장을 공유할 수 있게 한다. 이를 두고 '서사 인지적(혹은 인지 서사적) 공간 도식'이라 해도 좋을 것이다.

이러한 『혼불』의 공간화 서사 전략은 죽음에 관여된 시간적 개념을 '혼불'이라는 공간 표상에 대입하여 공간적 개념으로 환치[6]하는 '공간 은유'의 전략을 구심으로 유효한 결실을 낸다. 죽음은 시간 개념상 끝에 불과하지만 이를 '혼불'이라는 시각 표지로 전형하여 시공을 초월한 존재 표상에 관여된 개념으로 바꿈으로써 종말에 결부된 죽음의 시간을 새로운 시작의 공간에 투사하는 것이다. 이로써 죽음의 공포와 불안과 슬픔을 극복하고자 하는 인간의 문화적 예지가 투영된 가상 공간을 창출하는 데 이어지는 은유적 개념 사상이 이루어진다. 이렇듯 시간 관념을 공간 도식으로 전형하여 문화장에 던짐으로써 실존적 지평을 드넓히려는 해석학적 기획이, 서사적 은유를 통해 개념의 범주와 가치를 전환하여 새로운 의미망을 지으려는, 서사 공간 창출의 공정과 조우한다.

특히 '청암부인의 혼불' 시퀀스를 구심으로 펼쳐지는 죽음에 관한 민속관념과 의례적 연행을 거치는 과정에서 성원들의 말문이 트이고 소통이 활성화되면서 상민·천민 집단의 공동체적 감각이 어우러지는 정황이 선연해진다. 이를테면 의례의 상징적 의미 결정체로 꼽히는 '코뮤니타스Communitas(소통 공동체)'[7]의 공간적 의미망이 『혼불』의 주제 국면에 육박하는 층위로 부상하여 서사적 위상 전이의 국면이 명징하게 드러난다고 할 수 있다. 이에 보조를 맞추어 기술된 공간 은유의 세부 국면들이 『혼불』을 공간 서사의 반열에 오르게 돕는다.

반상의 갈등 양상이 '매안 대 거멍굴'이라는 대립적 공간 구도를 통해 은유 도식으로 변환되어 서사의 진전 국면에 대입된다. 매안 이씨 양반들이 점유한 '매안'과 상민·천민들이 점유한 '거멍굴'은 단순한 주서 장소로서 이야기의 무대로 그려지는 데 그치지 않고, 계급적 격의와 정치·경제적 격차를 표상하는 이념적 공간으로 상정된 것이다. 물리적이고 구체적인 장소에다 이념적 대립 구도에 대응된 관념적 의미항을 대입하는 사상寫像을 통해 자아내는 서사적 긴장감이, 새로운 국면에서 대립각을 세우는 인물들 간의 갈등 국면들과 대응되어 서사의 진전을 가속하는 회로에 대입되는 것이다. 이로써 역사적 격변기에 한 시골 마을에서 벌어지는 사건의 면면이 과도기 문화장의 재편에 관한 서사로 변용되는데, 이로써 대하소설 『혼불』의 위상이 '문화지 소설' 양상의 도식으로 전이되는 국면에 이른다고 평가해도 좋을 여지가 열린다.

장소에서 공간으로의 위상 변환을 통해 산출되는 『혼불』의 서사 공간은 '공간 은유'를 통해 그 자장이 확산된다. 서사 공간 자체가 은유 표상으로 이루어진 인지 도식의 네트워크에 상응하는 만큼 서사 공간의 의미망과 서사적 은유의 전략적 제휴의 접점은 선연하다. 특히 공간에 관한 은유 도식을 통해 적층되는 문화적 예지의 서사적 형상들을 고려한다면 『혼불』을 통해 수립된 문화 서사의 위상을 확인할 수 있을 것이다.

이러한 서사 공간과 은유의 접점은 영역횡단 사상과 인지 공정의 창발적 구조emergent structure[8]에 관여되는 중요한 단서이자 방법적 거점항이다. 이를테면 '혼불'에 관여된 표상들을 통해 죽음을 둘러싼 관념과 감각 사이에 맺어진 의미 함수의 전형轉形이 공간 위상의 전이를 통해 이루어진다. 처음에 모티프 수준에서 채용되었던 '혼불' 은유 도식이 서사 공정 전반에 걸쳐 작용하는 인지 요소로서 확장되는 과정에, '변동천하'라는 변항의 시퀀스가 대입되어 서사의 향배가 새로 설정되는 형국이 연출되는데, 그 변수에 관여될 요소들은 범주 영역 사이를 넘나들며 사상되는 양태인 것이다. 이는 '혼불' 표상의 영역횡단 사상을 통해 이루어지는 서사적 은유의 기획에 수렴된다. 이로써 『혼불』의 서사는, 민속관념이나 풍속의 소재를 시간 순차적 구조에 환원하여 조합할 수 없는 양상을 띠면서, 다기적 인지 공정의 횡단을 통해 인간의 마음에 인지 지도cognitive map를 도시하여야 이해 가능한 마음-공간 현상mental-space phenomena[9]으로 전형된다고 할 수 있다.

『혼불』에서는 입력 공간input space[10] 단계에서부터 은유적 사상을 통한 영역횡단이 이루어진 표상이 채용되고 있으며, 그 표상은 서사의 진전을 가속하는 동력으로 작동한다. 또한 주요 서사 공정의 여러 분기 영역에서 쓰이는 은유적 언설들 서로가 사상 함수에 대입되면서 디스코스나 텍스트 단계의 은유적 계열(패러다임)이 구축된다. 이로써 『혼불』 서사의 창발적 구조가 생성되며 여느 서사와 다른 수준의 문체적 격조가 유발되는 것이다. 서사적 제재를 서사적 주제 층위로 변환하는 과정에서 작동할, 영역횡단 사상 기제의 역학이 서사 전체를 통어하여 조합된 의미망을 직조하게 하는, 체계 제어자system controller(시스템 콘트롤러)가 마지막 한 축을 형성할 것도 수순이다. '혼불'을 구심으로 펼쳐지는 죽음의 의례와 이를 거점으로 비화되는 갈등의 표면화 파형이 서사 주제의 두 양상phase 단면을 이루면서 『혼불』의 위상이 전위될 여지를 조성한다.

의례의 제재를 차용하는 차원을 넘어 의례의 원리와 효과, 그리고 그 구성 자실 등을 서사직 표상으로 변환하여 투사하는 『혼불』의 전략은 '코뮤니타스'의 서사적 구현에서 정점에 이른다. 이러한 코뮤니타스의 구현은 인물 간의 관계 역학에서도 벌어지지만, 이 서사와 독자 사이의 교감을 활성화하는 문체적 효과와 담론적 효력을 통해서도 이루어진다. '서사'를 두고 이를 매개로 벌어지는 텍스트와 수용자 간의 서사적 거래narrative trasaction를 유도하는 기제가 작동함으로써 상이한 영역 간의 사상이 활성화된다. 이러한 서사적 거래로써 진흥된 영역횡단 사상을 통해서 새로운 개념을 창의하는 개념 모형은 서사 텍스트 내적 도식 이상의 더 넓은 맥락을 요하면서 문화적 국면에 접어든 인지 공정을 방증한다.[11]

이러한 양상은 거창한 철리哲理를 담론하는 대목들에서도 도출된다. 고조선이나 백제의 역사에 관여된 담론을 거론하여 역사적 사건의 층위를 철학적으로 비약시키는 서사 전략과 이야기 방식에서 영역횡단적 개념 재편의 결정結晶 일부가 드러난다. 철학적 사유의 편린을 제재로 이끌어 서사 공정에 회부할 때에도 사변의 액면 그대로를 대입시키지 않고 현상과 사유의 다른 면을 들추어 세계의 다면적·다층적 가치의 여지를 궁구窮究할 수 있는 여지를 열도록 배려한다. 문화적 차원에서 모인 인간의 예지를 서사의 문면에 구현하는 방식에는 은유적 사상이 빈번하게 적용되는데, 이 과정에서도 은유적 사상의 문화적 공정에 준하는 전략이 적용되며, 이로써 인지적 창발 구조의 구성과 확산의 여지가 열린다. '자시의 하늘'에서 어둠과 밝음의 모순등가ambivalence를 통찰하거나, 방위의 인식에서 '동서남북'이라는 대립적 사유를 반영한 담론에 대해 '동남서북'이라는 원환圓環적 사유에서 비롯된 담론의 의의를 설파하는 데서, 『혼불』의 서사적 은유를 통해 인증될 창발적 마음-공간의 단면이 부각된다. 과연 『혼불』을 통해 드러나는 은유의 형상들은 문화장을 전제로 구성되고 의미가 확정되는 은유의 범주를 세울 수 있게 한다. 은유적 사상으로 안출되었지만 언중에 회자되는 가운데 사은유로 전환된 사념을 대체하여 새로 구성된 은유적 담론의 장과 문화적 수행의 함수에 대입함으로써 다시금 새로운 개념적 사상을 빚는 예가, 앞 장에서 살펴본 대로, 적잖다.

문화 담론의 장을 확장하고 재편하는 서사적 은유의 영역횡단 사상과 서사를 통해 동력이 더해진 문화장의 역학은 의외로 선연하다.

다만 은유가 일상적 삶의 장에 편재하여 삶의 방편이 되는 까닭에 인지 공정의 표지로 부상하지 않는 경우 의식의 표층에 불거지지 않을 수는 있다. 그런다손치더라도 은유적 사상은 인간의 인지 역량이 타 영장류에 비해 현격한 격차를 보여 질적인 종차를 유발하는 고차원적 자질 가운데 으뜸이다. 서로 다른 영역의 것이라도 서로 대응시켜 견주어 궁리함으로써 새로 지은 의미를 삶의 장에 투사하여 새로운 경험의 영역을 확장하려는 수행이, 인간의 창의적 인지와 이로써 진전될 문화적 소여의 창출에 기여하는 바는 굳이 힘들여 생각할 여지를 남기지 않는다. 인간의 마음에 관여된 현상과 인간의 정신적 활동도 은유 수행을 통해 질적 차원의 진전을 이루어, 인간종이 도약할 수 있는 조건을 짓는다. 실존적 한계에 봉착한 현존재가, 세계를 해석하고 개념의 영역을 가로지르는 사상을 통해 새로운 의미를 구성하여 새로운 지평을 열고자 모색하는 활동이 이와 연관된다. 이렇듯 은유로써 마음 공간의 확장을 꾀하여 문화장을 드넓히고 그 문화장을 경험의 새 지평으로 환류하려는 실존적 모의가 서사적 은유 공정을 통해 적중되는 최적의 예를 『혼불』을 통해 확인할 수 있다.

『혼불』은 이야기의 장을 열어 소통 국면에 회부함으로써 서사가 구성된다는 서사의 문화적 공정에 대한 벼리를 재삼 환기한다. 사람들이 서사를 통해 삶의 경험을 공유하고 마음을 나누어 이해의 폭과 깊이를 더하고자 한다는 서사의 문화적 자질을 확인할 수 있게 하는 것이다. 특히 교감이 활성화되는 감성에 관여된 은유 공정들이 주목을 끄는데, 응집된 감성과 감각의 면면을 다른 대상이나 개념에 투사하여 의미체로 변환하려는 마음의 심리적 기제가, 소통을 도모하는 심성과 조응하여 드러나면서, 서사적 소통의 경로를 형태화한다. 인간의 마음 상태를 엿보고 마음을 나누어 기본적인 소통 기제를 활성화하려는 서사적 전략에 주목할 여지가 이로써 생기는데, 『혼불』은 그러한 마음 상태의 활성화된 소통 국면을 섬세한 기술을 통해 제시하여 감성에 접근할 경로 역할을 훌륭히 수행한 결실이다. 서사적 은유의 공정을 통해 감성 기제의 소통적 국면을 최적화한 것이다.

따라서 『혼불』을 읽는 일, 곧 이를 인지하는 일은, 삶의 경험을 새로운 차원으로 구성하여 나눔으로써 세계에 대한 이해를 공유하여 공감대를 형성하려는 마음에 비추어질 때 그 효력이 최적화된다. 감성을 통해 확산되는 서사적 수행의 인지적 국면에 대한 이해의 거점을 삶에 편재한 문화적 은유에 대한 탐색에서 얻을 수 있으리라는 기대가 실현되는 것은 이 맥락에서다. 『혼불』에 대한 인지 공정의 표지를 탐색하기 위해서 문화적 수행에 관여된 단서를 찾는 편을 택하는 방편을 마련함직하다는 전망이 적중되는 것도 마찬가지다. 이야기를 통해 삶의 경험을 공유하고 정서를 교감하며 생각을 나누는 문화적 과정이 서사적 소통에 관한 이해의 주요 구심을 이루기 때문이다. 의사소통에 관여된 약호 부여와 해석에 관한 수행이 문화에 직결된다는 점을 염두에 두고 보면, 이야기를 통한 소통의 장에서 문화적으로 구성되는 약호수행coding의 국면을 탐색하는 편이 매우 유효한 방향이기도 하다. 특히 은유에 관한 인지 공정이 약호수행을 거점으로 작동된다는 면에서, 서사적 소통에 작용하는 은유적 인지 양상을 문화적 과정에서 풍성히 탐색할 수 있는 길을 예측할 수 있는 것이다.

삶의 방편으로서 문화장에 편재한 은유와, 문체 효과와 미적 자질에 관여된 문학 특유의 은유 사이의 경계를 넘나들며, 창발적 사유를 돕는 서사적 은유를 안출한 『혼불』은 그 자체로서 문화적 수행의 여러 영역을 횡단하는 서사의 가치를 명증한다. 이러한 서사적 은유의 공정에 내재한 해석학적 순환의 긍정적 위상을 밝히 보이기에 합당한 이유를 저 소설에서 찾을 수 있는 것이다. 이는 곧 서사가 문화적 동력원이면서 문화적 소여의 여러 양상에 놓인 역학 구도를 이해하는 지평을 확장하는 거점이라는 명제를 제기할 수 있는 근거가 되는 것이어서, 그로써 산출되는 문화 가치가 상당하다고 할 수 있다.

1 Gilles Fauconnier & Mark Turner, *The Way We Think*, Basic Books, 2002, p. 29. 'cross-domain'은 때로 'cross-space'로 환언되기도 하는데, 이 글에서는 공히 '영역횡단'으로 번역하여 쓰기로 한다.

2 위의 책, 40쪽.

3 장일구, 『혼불읽기 문화읽기』, 한길사, 1999, 17쪽 참조.

4 장일구, 「가상실재적 서사공간의 기획과 메타제시」, 『시학과 언어학』 22호, 시학과언어학회, 2012, 296~301쪽 참조.

5 근대 문학의 중요한 변별 자질을 '공간 형식'에 대입한 프랭크는 그에 관련된 글을 묶어 펴내면서 제목을 '확산하는 소용돌이'라고 한다(Joseph Frank, 'Spatial Form in Modern Literature', *Widening Gyre,* Rutgers UP, 1963).

6 인지적 혼성 공정에서 시간은 공간으로 응축되어 인지된다(포코니에와 터너, 앞의 책, 315쪽 참조).

7 Victor Turner, *Dramas, Fields, and Metaphors*, Cornell UP., 1974, p. 248 참조.

8 Mark Turner, 'The Art of Compression', Mark Turner (ed.), *The Artful Mind*, Oxford UP., 2006, p. 99 참조.

9 포코니에와 터너, 앞의 책, 29쪽.

10 위의 책, 20쪽.

11 Lawrence M. Zbikowski, 'The Cognitive Tango', Mark Turner (ed.), *op. cit.*, p. 128 참조.

서사의 미감과 문화적 감성

미적 감성? 아름다움에 얽힌 문제와 단서

우리는 '아름답다고 느낀다.'라고도 하지만 '아름답다고 생각한다.'라고도 말한다. '미감이 뛰어나다.'라고 하는가 하면 '미의식을 갖췄다.'라고도 얘기한다. '아름다움을 느낄 줄 아는 감성을 지녔다.'는 말을 바꾸어 '아름다움을 이해하는 심미안이 있다.'고 말해도 맥이 통한다.

무등산의 설경을 멀리서 바라보고 아름답다고 '감탄'하는 이도 있지만, 한라산의 설경에 '견주어' 보잘 것 없다고 부러 폄훼하는 이도 있을 법하다. 멀리서 보고 아름다워 그 절경을 가까이서 볼 양으로 산에 들어섰다가 질퍽이는 진창을 디딜라치면 이내 '지저분해, 뭐 이러지' 하는 심산에 '생각'이 바뀔지도 모른다. 장불재에 올라 서석대를 향할 양이면 다른 데에 '견줄 바 없는' 절경을 새삼 발견하게 될지 모르는데, 이때에 무등산 설경의 아름다움은 '달리 평가'될 것이다.

'아름다움'은 존재하지 않는다. 더욱이 아름다움이 감성의 영역 내에 국한되어 있을 리 만무하다. 아름답다는 느낌, 아름다움을 느낄 줄 아는 미적 감각이나 풍부한 감성 등이 실로 있는 '것'이 아니며 그로서만 다가 아니다. 아름다움의 실체가 있으며 그도 감성의 영역에 있다면, 사람들은 같은 대상을 두고서 똑같이 아름다움을 느껴야 하며 상황에 구애됨 없이 미감이 여일하게 유지되어야 '옳다'. 하지만 아름다움은 보는 기준에 따라, 시선의 방향에 따라, 심지어 기분이나 이해관계에 따라 달리 느껴지거나 평가되는 현상적 가치이다. 추하기 짝이 없는 대상물이라도 배치와 구성을 조정하기에 따라서는 아름다운 현상으로 변모할 수 있다. 보고 느끼고 생각하고 판단하는 이가 시각과 시야를 바꾸거나 생각을 고쳐 먹기에 따라서는 아름다움에 대한 느낌이나 생각이 단적으로 뒤바뀔 공산도 없지 않으며 그런 일이 곧잘 벌어지곤 한다.

그런데도 아름다움에 대해 얘기를 펼칠라치면, 이를테면 '주관·객관, 감성·이성, 미·추' 등을 구분하여 경계 짓고 분석하고 심지어 분류하는 데 치중하기 십상이다. 물론 그리 경계를 짓는 저의에는 가치의 위계를 상정하는 의중이 배어 있다. 기실 미를 주관적이고 감성적인 영역의 '것'으로 환원한 채 그 가치를 폄훼하던 생각은 '플라톤의 각주'[1]라는 서양 철학사를 관류하고 있다. 오죽했으면 문학 예술의 기능은 물론 본질까지 선의 가치를 고양하는 데 수렴시키려는 생각들이 만개했겠는가.[2] 아름다움을 분석할 논리를 세우고 아예 아름다움을 객관의 영역으로 돌릴 방도를 궁리하고 아름다움을 객관적으로 '형상화'하려는 기법을 고안하려고 애를 썼겠는가.[3]

우리는 어느덧 이성적 방편에 익숙하고 이를 동원할 때 편안해하며 지식의 안정적인 저변을 확보한 것처럼 느낀다. 이해의 구획에 안주하려는 장소적 인식 기제가 작동하기 일쑤다. 하지만 '감성'에 관심하는 일은, 현상을 실체적 대상으로 환원하여 경계짓고 분석하는 한편 의미를 규정하여 지식의 영역을 구획하려는, 이성의 간계를 들춰내어 전복하려는 전략적 기제strategic mechanism를 작동시키는 수행에 수렴된다. 감성을 거론하는 일이 감성을 또 다른 실체, 그것도 이성을 능가하는 절대 권위의 실체로 비약시켜 '감성의 제국'을 지으려는 음모로 비화되어서는 곤란하다. 중심을 해체하고 경계를 허묾으로써, 주변에 내몰렸던 가치를 여러 구심들로 수렴시켜 이해하려는 혜안을 얻으려는 모색이 온당하다.

아름다움은 감성에 관심하는 길에서 마주치는 돋보이는 논항이 분명하지만, 그렇다고 이를 감성의 영역으로만 환원해서 생각하는 태도는 타당하지 않으며 심지어 부당하기까지 하다. 그런 식의 입론 방식은 되려 완고한 이성중심주의의 담론적 실천discursive practice을 호도할 뿐, 감성에 관한 담론의 장을 구성하는 데 장애가 될 뿐이다. 아름다움을 어떠한 인식의 방식이나 가치 영역으로 환원하려고 도모하는 실체론에 기댈 것이 아니라, 대상의 아름다움을 느끼거나 지각하는 과정과, 현상의 아름다움이 구성되는 미적 기제 등을 해석하고 미감이나 미의식에서 비롯된 의미망을 추론하는 데 논의의 수렴항을 두어야 타당하다.

짐짓 아름다움은 감성에 국한되지 않는다. 아름다움이, 이성에 관여된다고 간주되는 진이나 선의 가치 영역과 구별되고 심지어 그들에 비해 저급한 가치로 취급될 이유는 없다. 보편 타당한 진리나 인간 본연의 진실된 마음이 아름다울 수도 있으며, 도덕적 숭고함이나 착한 마음씨가 아름다울 수 있는 법이다. 그런가 하면 진선의 가치가 인간을 속박하고 짓누를 때면 아름다움이 발산될 수 없으며, 원초적 열망을 규율하는 그러한 가치 자체가 혐오감을 자아낼 여지조차 있어 위태롭다. 물론 아름다움이 이런 식의 단적인 이율로 대별되는 것만은 아니다.

정황과 조건의 구성 양태에 따라서 진·선과 미가 얽히고설켜 빚어질 가치의 경우는 분광된 빛이 빚어내는 스펙트럼의 형색에 근사할 것이다. 게다가 사상事象을 지각하여 아름다움의 양태를 느끼거나 인식하는 과정에서, 혹은 사람들 사이에서 미감과 미의식이 소통되는 과정에서 구성될 다면적이고 다층적인 역학을 고려하자면, 아름다움을 모종의 형型과 틀에 맞추어 자르거나 늘릴 수 없다는 점이 분명해진다. 따라서 아름다움에 주목하는 것은 이성중심주의를 해체하는 전략적 거점이라는 점에서 분방한 '감성 담론'의 구심을 이룬다. 이는 경계를 획정하여 내외를 나누고 중심과 주변을 구분하여 위계를 세워 부조리를 양산하는 식, 생체를 객관적 대상으로 두고 해부하여 낱낱으로 분석하여 생명을 소거하는 식, 조건화와 통제를 통해 실험함으로써 사상事象을 단자화시킨 채 상호 소통의 여지를 배제하는 식의 과학적 방법과 궤를 달리한다.

아름다움을 느끼든지 그 가치를 발견하고 알든지 그 의미를 이해하든지, 아름다움은 단선적인 방향으로 모종의 종착에 다다르고서야 전모가 드러날 실체로서 주어지는 것이 아니라, 지각자와 대상

간의 호혜feedback와 거래transaction를 통해 이루어지는 구성체이다. 느낌도, 지각도, 인식도, 모두 대상에 투사되고 반사되어 얻어진 소산이다. 대상은 단순히 객관적인 존재자seiende가 아니며, 지각하고 인식하는 자라도 여실한 주관적 존재는 아니다. 사람 사이의 상호작용 상황이라면 더욱, '대상|주체::객관|주관' 식의 구분 논리는 난항에 봉착한다. 내게 대상인 상대방에게 나는 대상으로 전락할 뿐이라는 딜레마의 무한 루프에 빠지는 탓이다.

짐짓 상호주관성Intersubjektivität을 전제로 현상에 접근해야 한다는 생각이 저러한 난항에서 열린다. 아름다움은 대상에 실체적으로 내재하여 주어진 것이 아니며, 지각하고 인식하는 이의 의식 작용을 통해 구성되어 얻어진다. 지각과 인식의 양상이 여일하지 않고 조건의 변수가 빚어질 수 있으니, 같은 대상이나 현상에서 파생될 아름다움의 양태가 하나로 규정될 리 만무하다. 사람들의 감성이나 감각, 품성이나 시성이 세각각일 것이며, 세계관이나 도덕심이 같지 않으며, 이해력과 판단력이 차등을 이룰 터이니, 같은 대상이나 현상에 대해 아름다움을 느끼고 미적 가치를 평가하는 정도나 양상이 천차이며 만별이리라고 예측하기 어렵지 않다.

어디에도 미적 감성이란 '없다'. 미적 감각도 없다. 미의식도 미적 가치도 아름다움의 의미도 본질도 없다. 아름다움은 실체나 객관적 대상으로 환원될 존재론적 개념이 아니며, 상호주관적인 수행이나 작용, 또는 기제의 작동에 의해 빚어지는 구성적 개념이다. 따라서 미적 감각, 미의식, 미적 가치, 미의 의미 등은 행위와 작용을 통해 현상으로서 드러나 해석에 부쳐진다. 어떠한 경우에도 대상의 미적 본질이나 아름다움의 자명한 자질은 없으며 현상에 드러남으로써만 해석의 여지가 열릴 뿐이다.

가령 아름다움에 관한 수행을 돕는 예술을 통해 그러한 여지가 여실해지면서 아름다움에 관한 담론의 장이 형성되고, 그 장에서 우리는 아름다움에 대해 좀 더 적극적으로(긍정적으로) 얘기할 계기를 얻게 된다. 그 장이 문화 수행의 장에서 한 구심을 이루는데, 아름다움에 대해 얘기할 요량이라면 문화의 원동력인 '소통communication'의 국면들을 논항 삼아야 할 것이다. 문화적 과정으로서 미적 소통이 성원들 간에 공유된 코드code나 인지 도식cognitive schema에 관여된다는 데 주목할 필요가 있다. 물론 코드나 도식은 규준으로서 전제되고 주어진 것이 아니라 문화적 수행의 장대한 도정에서 이루어지고 축적되며 변모하여 전승되는 방편적 기제로서 작용한다.

소통을 통한 문화적 수행의 제일 방편인 언어를 매체로 삼는 '문학'의 경우라면 더욱, 소통의 국면에 부쳐진 미감과 미의식을 해석할 여지가 다분해진다. 문학적 거래의 장에서, 삶의 유력한 매체인 언어의 운용 양태에 관여된 항들이 논급될 여지가 큰 것이다. 이런 까닭에 상호주관적 현상인 아름다움의 문학적 거래의 기제를 거론할라치면 이를 추동하는 소통의 코드와 인지 도식의 구조와 체계를 추론해 두지 않을 수 없다.

물론 그러한 구조나 체계에 대한 작업은, 현상의 다면을 환원하고 해석의 여지를 틀에 맞추어 획정하고 의미의 다층을 단면으로 호도하려는 구조주의적 도그마나 행동주의적 강령에 반해, 전제나 수렴항이 전혀 다르다. 코드와 도식은 현상의 문화적 국면과 양태를 해석하기 위한 방편으로서 마련되는 것이지 그 자체로서 입론의 귀결이나 완고한 전범으로 높이 상정되는 것이 아니다. 그 추론의 도정이 문화적 수행의 현장을 이해하는 것을 전제로 진행된다면, 과정의 역동적 국면이나 의미의 다면적·다층적 여지에 직면하여 단선이나 단면으로 환원될 소지는 잦아들게 마련이다. 설사 유형적 개념이나 술어를 도출한다고 해도 이를 분류의 틀로 쓰지 않고, 천태이고 만상인 현상의 갈피를 잡아 논의의 수렴항을 설정하는 방편으로 쓸 터이므로 환원론reductionism과는 방향이 다르다. 무엇보다 개념항들 사이의 경계를 세우지 않으려는 모색을 통해, 나아가 경계를 해체하는 개념항을 세우려는 모색을 통해 유연한 해석의 틀거리를 구성함 직하다. 문학과 비문학의 경계, 미와 추의 경계, 이성과 감성의 경계 등을 상정하는 지적 이념을 해체한 자리에서, 소통의 문화적 장에서 펼쳐지는 문학적 미감의 코드와 인지 도식의 양과 태를 우선 추론함이 마땅하다. '아름다움, 예술, 문학……, 느낌, 감정, 감각, 감성……'. 이들은 삶의 방편으로서 마련되고 의식되는 기제들 가운데 일부일 뿐이라는 생각을 놓을 수 없다.[4]

교감 장과 어우러짐 마당의 미적 자질

한국인의 문화장에서 대표적 정서 표지로 운위되는 '한'에 관한 이야기로 실마리를 풀어 보자. 한은 그 자체의 실체적 자질보다, 맺힌 한을 푸는 과정을 통해 삶의 장에 위해가 될 만한 요소를 해소하여 차원 다른 장으로의 이행을 도모하는 성원들의 수행에 그 자질의 초점을 맞추는 편이 타당하다.

한풀이의 장은 일상적 담화의 장을 통해 우연히 형성되는 경우가 대체다. 아무러한 이야기를 나누다가도 일순에 삶의 고비에 얽힌 사연을 넋두리하여 맺힌 마음을 푸는 상황이 연출되곤 한다. 아주 심각한 처지가 아니고서는 그런 넋두리의 장을 통해 마음에 맺힌 바가 풀리기도 다반사다. 다만 그리 담론하지 못하고 마음에 담아 두어 종내는 켜켜이 쌓여 응어리진 마음을 풀기에 일상적 담화의 장은 한계가 뚜렷하다. 한 맺힌 당사자가 운명을 달리한 터라면 말할 나위 없을 것이다. 이때 일상생활의 장소와 별개의 차원으로 구성된 의례의 장을 마련함으로써 한풀이를 수월하게 하려고 모색하는 문화적 수행이 추동될 수 있는 것이다. 특히 삶의 이승에서 저승 세계로 망자를 '천도薦度'하는 통과의례인 사령굿에서, 갈등과 위기로 점철된 현실 세계의 장소적 경계를 넘어 영혼만큼은 자유로이 비상하여 차원 다른 세계로 이행할 수 있다는 관념을 투사한 '과도過渡 공간'의 표상이 원형질을 이루고 있다는 점에 주목하게 된다.

한풀이를 모티프로 하는 사령굿은 한국인의 전통적 통과의례에서 가장 중요한 위상에 있다. 보편적으로 죽음의 의례는 통과의례에서도 가장 발달한 범주인데 한국의 무속 의례인 굿도 예외는 아닌 것이다. 실제로 사령굿은 집굿 유형에 해당하는 재수굿이나 병굿, 우환굿의 요소를 포괄하고 있다.

이러한 개인적 사령굿은 자질 면에서 마을굿으로 맥이 이어지며 확장된 의미망이 산출되는데, 별신굿이나 대동굿과 같은 마을굿에서 한풀이의 표상과 수행은 사회적 해한의 국면으로 확산된다. 마을굿은 정기적으로 마을의 안정된 운영을 축원하고 마을 사람들의 안

녕을 기원하며 성원들 서로 친목을 도모하는 행사처럼 구조화된 양태로 전승되고 있는 면이 있지만, 해한의 모티프를 구현하는 장의 형성이라는 맥락에서 의례적 과도 공간의 문화적 국면을 이해하는 데 중요한 단서를 제공한다. 이를테면 마을에 역질이 퍼지거나 심각한 재해를 입는 등 공동의 환란이 발생하여 이에 대처하고 위기를 극복하고자 할 때, 혹은 어촌에서 고기잡이 나간 배가 풍랑을 만나 마을 사람들 여럿이 한꺼번에 죽을 경우 이들 원혼을 달래어 고이 천도하여 공동의 슬픔과 불안에서 벗어나고자 할 때 행해졌던 의례임을 염두에 두고 보자면, 여기에서도 통과의례의 과도 공간 표상을 여실히 확인할 수 있다. 공동체의 위기 상황에 대응하여 환란을 미연에 막으려는 공동의 예지가 확인된 만큼, 해한의 사회적 의미망이 산입된 의례 공간의 문화적 자질을 해석할 수 있는 것이다.

기실 사령굿이 망자의 천도를 위한 굿이지만 결국 산 사람들의 안녕과 재수를 비는 굿이 되고, 나아가 굿 참여자들이 함께 어우러지는 장의 구성이 그 관건이 된다. "어디 굿 났느냐", "굿이나 보고 떡이나 먹지" 등의 말도 있듯이, 굿판은 개인굿이든 마을굿이든 간에, 성원들 모두에게 잔치판이요 구경판처럼 의식되는 것이다. 가령 '무감'이라 하여 굿주와 직접적인 관계가 없는 구경꾼이라도 함께 춤추며 놀고 '풀기' 일쑤이며, 굿이 끝나고 음식을 마을 사람들과 함께 나누는 일이 예사이다.

결국 개인적 사령굿이든 마을굿이든 그 규모나 양상에서 다를지라도 사회적 차원에서 소통의 여지를 드넓히는 계기로 작용한다는 점에서 문화적 접점이 있다. 종내 소통의 장에 상응하는 공간 창출의 표상으로서 의미심장한 결실이 맺어지고 있다는 점에 특히 주목할 만하다. 사령굿의 개인성과 마을굿의 사회성이 서로 개방적 관계로 연접해 있는 셈인데, 실존과 사회의 관여성을 설득력 있게 표상하는 사례로서 기억해도 좋을 것이다.

망자의 한을 풀어 저승에 천도한다는 의중에서 기획된 한풀이굿이 개인 차원에서든 사회적 차원에서든 과도 공간의 구성에 관여되어 그 의미망의 경위가 결정된다. 삶의 장에 위해가 될 소지가 다분한 죽음의 그림자를 거두고, 죽음이 부른 혼돈을 추슬러서 삶의 장을 재생하려는 의례적 실천은 신화적 재생의 장인 과도 공간의 표상을 고스란히 채용하여 변주한 양태로 수렴된다. 성원들 사이의 소통을 활성화하여 서로 어우러질 수 있는 장을 마련함으로써, 감정의 굴곡으로 빚어진 반목과 갈등을 해소하고, 얽히고설킨 관계 속에서 응어리진 마음을 풀어 삶의 안정된 장소를 재생하려는 성원들의 의지와 실천이 곧 신화적 공간의 창생에 비견되는 것이다. 죽음이 끝이 아니며 삶에서 이행한 또 하나의 세계라는 인식이 바탕을 이루는 죽음의 의례를 통해 구성되는 과도 공간의 표상은, '감성의 죽음'에 비견될 만한, 맺히고 응어리져 굳어 버린 한맺힌 상태를 풀어 감성을 재생하여 삶을 생동하게 하는 동인을 얻는다는 해한의 표상과 개념적 사상 관계에 있다고 해도 좋을 것이다. 얽히고설켜 응어리진 '죽은 관계'를 돌이켜 서로 마음을 풀고 관계를 재생하려는 사회적 해한의 표상도 마찬가지 맥락에서 사상 관계를 설정할 수 있을 터, 풀이와 어우러짐의 표상적 의미망이 실연되는 공간을 창출하는 주요 기제는 바로 분방한 담론을 통해 형성되는 의례적 코뮤니타스다.

짐짓 사령굿에서 한풀이는 망자로 빙의한 만신이 참례자들과 말을 주고받는 공수의 주요 국면인 넋두리이다. '넋두리'는 맺힌 한이 풀리는 과정을 실로 보여 주는 극적 장치이면서 동시에 말로써 맺고 푸는 인간 관계의 기제가 최적으로 작동하여 빚어진 의례적 은유 도식이다. 가슴 깊이 숨겼거나 워낙 잠재되어서 있는지조차 모르던 맺힌 한을 직시하여 들추어 내고 말문을 틈으로써 삶의 낱낱의 응어리를 설화하여 풀고서야 비로소 망자가 저승에 편히 갈 수 있다는 믿음이 이를 통해 추인된다.

이러한 넋두리는 담화 당사자들의 정서적 교감을 통해 그들을 서로 어우러지게 함으로써 효력이 최대치에 이르게 되는 담론 패턴으로 구성된다. 넋두리는 그저 당사자만의 혼잣말이나 담화 상대와 속삭이는 밀담이 아니다. 의례에 참여하는 이들 누구라도 그 담론의 장에 함께할 수 있는 여지를 열 때 최적의 효과를 낼 수 있다. 성원들의 공감sympathy이 넋두리의 성패를 좌우하는 것이다. 넋두리가 단지 푸념에 지나지 않도록 이를 듣는 사람들 모두가 정서적 조율을 시도하게 이끌어 공감대를 형성할 수 있어야 굿판의 부정적 기운이 해소될 수 있는 법이다. 과도 공간의 자질이 짙은 문화적 구성체로서 굿판에서 최적화된 텍스트로 드러난 넋두리는 성원들에게 짐짓 서정적 감흥을 부르는 '아름다운 언어'로 화할 지평에 부쳐져 요컨대 문예적 소통을 위해 열린 미적 장치로 승화될 수 있다.

이러한 의례적 과도 공간에 투영된 미적 자질로서 '어우러짐'의 양상은 마을굿에서 한층 뚜렷해진다. 마을굿에는 개인 사령굿에서와 같은 슬픈 분위기의 넋두리로 엮이는 어우러짐이 덜한 대신에,

유쾌하고 즐거운 축제의 장에 어우러지는 분위기에서 파생되는 미적 자질이 드러난다. 물론 엄격한 의식 절차가 없지 않지만 마을굿에 참여하는 이들 대다수의 흥이 그에 구애 받지는 않는 모양새다. 성원들 서로 크게 어울리도록 하는 축제[大同祭]의 마당에서 서로 어울려 신명난 기운을 한껏 누릴 수 있으면 그만인 것을, 마을굿의 '마당'은 종교적 의례가 속화된 양태로 전환되어 가는 과도적 문화 양태에서 추상할 수 있는 공간 표상이라 할 것이다.

마을굿의 종교성이 퇴색하여 생긴 변형이라 할 수 있을 탈춤의 판을 흔히 '마당'이라 하거니와, 판소리의 가름도 '마당'이라 하는 데 주목하여 굿의 판을 '마당'으로 추상하는 것은 제법 그럴싸하다. 판소리와 탈춤의 미학적 자질 거개가 연행자와 관객 사이의 혹은 참여자 서로의 어우러짐과 공감대의 형성에서 비롯된다는 점에서 '마당'을 연행의 미적 자질의 표지 술어로 상정하기에 제법 타당한 문화적 단서가 있는 셈이다.

그러므로 개인적 해한과 사회적 해한에 관여된 의례적 자질을 미적 범주에 투영하여 '넋두리'와 '마당'이라는 미학적 개념 도식에 수렴시킬 수 있을 법하다. 요컨대 정서적 교감을 통해 성취될 '서정'의 국면들이 개인 차원의 넋두리 미학에 대응되고, 성원들 사이의 소통을 활성화하는 장을 통해 최적의 가치가 창발될 사회 문화적 '공감대'의 국면들이 공동체 차원의 마당 미학에 대응된다. 이러한 설정을 통해, 이성과 감성의 범주적 변별을 근거로 하거나 서정성과 사회성의 대립적이고 이분법적 국면으로써만 아름다움을 '개념화'하는 미학의 논지를 비판적으로 성찰할 개념 도식을 얻을 수 있을 것이다. 혹은 비극성과 희극성으로 양립시키는 미학적 분류의 전제에 대해서도 마땅히 재고할 이유를 제기할 수 있을 것이다. 단지 단편적인 형식적 변별 자질이나 단말 감각적 효과만을 준거로 문예 장르를 분류하여, 다시금 이러한 분류 체계를 기준으로 각각에 합당한 텍스트를 산출하는 식의 미학적 태도나 예술론에 쉬이 동의하기 곤란하다는 얘기다. 아름다움이란 예술적 현상을 형태Gestalt로서 지각하거나 직관하고 대상과의 상호작용을 통해 산출되는 의미를 미적인 양상 도식으로 수용하는 데서 파생된다는 점을 이 맥락에서 떠올려도 좋을 것이다. 미감이란 비단 아름다움 자체가 단자적으로 드러나거나 일정한 구도로 편성된 미적 구조에 대입되어 가부T/F가 판정되기보다는, 추함을 이면으로 하는 미적 지각의 역학적 인지 회로에 산입되어 산출된 현상적 소여로서 수용되어 가치value가 판정된다. 지각적 인지 공정에 부쳐질 경우 아름다움과 추함은 옷의 겉과 안이 같이 있어야 하는 것처럼 동시에 지각되는 것이다.[5] 우리는 미적 현상을 체험하고 교감하여 이해하면 그 뿐이다.[6]

굿판에서는 이러한 아름다움의 요소가 생동하듯 구현되고 한다. 넋두리는 웬만한 서정시만한 정서적 교감을 통해 참여자가 그 판에 감입感入Einfühlen하는 미적 담론의 기제로서 기능한다. 넋두리를 매개로 조성된 대화적 공간에서 의례 성원들 서로 교감하고 어우러지는 미적 효과가 산출된다. 넋두리는 표현에 초점이 맞춰진 '서정'일반과 달리 참여자들의 상호주관적 수행의 효력을 살림으로써 사회적 관계의 차원이 대입된 미적 감성과 미의식을 해석하는 데 유용한 개념으로 삼을 만한 것이다.[7]

나아가 '마당' 개념을 통해 굿판에서 역동하는, 예술의 사회적 차원의 의미 자질인 어우러짐의 미학과 조우하게 된다. 굿의 마당에서 성원들은 삶의 위기를 극복하도록 돕는 공수(말)와 무감(춤)을 통해 서로 어우러지는 계기를 얻으면서 문제 상황을 공동의 예지로써 헤쳐 나갈 희망을 얻는가 하면, 판소리의 마당에서는 때로 몸의 전율로 감지하는 정서적 교감의 아름다움과 울고 웃는 감성적 영역 횡단의 경험 속에 어우러지는 아름다움을 체험하게도 된다. 탈춤의 마당에서는 공식 문화의 완고한 구조에 대항하는 역동적 민중 문화의 전복적 심상을 가상적 극화를 통해서 체감할 수 있다. 위계적 질서로 점철된 현실 세계의 이념적 구도를 해체하고 고상한 권위에 관여된 형상체들을 땅에 내동댕이치고 아예 땅속에 묻어 버리는 모의 수행을 통해 새로운 세계에 대한 희망의 이미지 도식을 세우는 문화적 혜안이 마당의 미적 자질을 낳는다.

이처럼 넋두리와 마당의 미학은 경계를 해체하고 중심의 권위를 해체하는 동인으로 작동하는데, 그 구심에 과도 공간의 표상이 조응되는 것이다. 제차祭次의 구성만 하더라도 구조적으로 잘 짜인 시나리오에 따라 진행되지 않는다. 당해 굿의 목적이나 의뢰인의 염원과 그 규모에 따라 범박한 구상 틀이 상정되기는 하지만, 굿거리가 연행되는 과정에서는 상황 맥락에 따른 변수가 예측을 불허하는 양상으로 대입되어 진행이 해체 재구성되기가 상사다.

가령 펼쳐질 굿이 망자의 넋을 천도하는 굿이라는 확인을 받고서도 제차를 다시 물을 경우, "음 부정치고……산신 놀고……그리고 보아야지" 하는 식의 대답이 오는 식이다. 굿거리의 제차가 일정한 수순에 의하지 않고 연행 상황의 역동적 변수에 따라 달리 구성되는 맥락이 굿판 구성의 관건인 것이다. '그리고 보아야지' 하는 담론 패턴은 상황과 계기마다 들어오는 '신들을 맞아들여 보아야지' 하는 담론 패턴과 다를 바 없다. 정형의 종교 의례에서와 달리, 굿에서는 만신이 주로 모시는 신은 물론, 굿을 청한 굿주의 결핍된 상황과 이를 보상할 염원에 따라서 요구되는 신, 심지어 신격으로 승화되지 못한 망자의 넋이나 원귀들조차도 만신의 몸과 말을 빌려 판에 모습을 드러내어 존재감을 과시하곤 한다. 그 현현이 예견되지 않은 양태와 구도를 띠는 경우가 다반사라서 굿판에서 구현되는 과도 공간의 표상은 외연이 넓고 함의 또한 심장하다. 굿판은 일상과 신성 세계의 경계에 구성된 공간으로서 혼돈 상황에 임한 이들의 교감과 어우러짐을 활성화하는 미적 기제가 작동하여 구성된다.

교감과 어우러짐의 장을 형성하는 것은 이야기를 통한 문화적 수행이 사람들의 정신 활동과 사회적 관계를 순조롭게 하는 삶의 구심으로서 크게 작용한다는 단서다. 이야기를 나누어 인생의 대소사에 얽힌 크고 작은 갈등의 지점을 직면하여 이를 푸는 예지를 발휘하는 행위야말로 문화의 저층에서 부지불식간에 작동하는 문예 미학의 기제에 관여된다. 개인적이든 사회적이든 삶의 장을 불순하게 하는 한의 그림자를 거두어 내고, 얽히고설킨 갈등으로 빚어진 삶의 위기에서 벗어나 본연의 생활 공간을 회복하려는 의지를 투사한 미학적 차원의 기획이 문화장에서 요구된 것이다.

연행의 역동적 과정에 부쳐 미학적으로 의미를 획득한 공간 도식에 주목하는 것은 이 맥락과 연관된다. 그 공간 기획을 통해 교감의 넋두리와 어우러짐의 마당이라는 미학적 지표에 관여된 논항들과 논지를 구성할 수 있다. 이들은 분류의 기준이나 분석의 방편적 개념어, 또는 모종의 실체적 환원의 구조와 체계를 건설하는 데 쓰일 것이 아니다. 대신, 중심과 경계를 개념적으로 조작하여 이념화하는 이성중심주의적 사유의 저변을 해체하려는 담론적 전략이자 방편으로서 궁리하고 도모한 결실로서, 매우 느슨하고 무른 지표요 기제에 표지를 부여한 것이다. 관건은 그 이름에 걸맞은 사례들을 찾아 논거를 뒷받침하여 술어로서 공고한 기반을 얻도록 하는 데 있지 않고, 그 말에 관여된 자질과 방법적 단서를 통해 아름다움의 여러 국면을 해석할 수 있는 여지와 자장을 드넓히는 데 있다. 이런 맥락에 『혼불』 해석이 맞닿아 있다.

교감의 담론 어우러짐의 미학

『혼불』을 이루는 '몸'이라고 할 그 언어가 여느 소설에서처럼 범상치는 않다. 배경에 상응하는 장면을 묘사할 때나 인물의 행위와 심회 등을 묘사할 때에 특히 돋보이는 조탁한 언어 운용의 양상이 여느 소설에서와 다른 면모를 보인다는 점은 이 소설의 특질을 운위할 때 뺄 수 없다. 시의 수준을 능가한다고 해도 지나치지 않을 수준의 조탁한 언어를 서사체에 이질감 없이 운용하는 데서 『혼불』의 수월성이 드러난다는 점은 앞서 여러 경로로 살핀 바대로다. 이 소설에는 치밀한 이미지 사상을 통해 안출한 은유가 숱한 서사 분기에서 작용하고 있고, 사물의 외양과 속성, 인물의 감성과 행위의 겉과 속에 배인 깊은 마음, 사태의 추이와 양상의 본말에 깃든 의미 등을 서술 상대 각각의 정황과 처지에 밀착해 있는 듯 생생하게 이야기하는가 하면, 때로 미세한 디테일을 놓치지 않고 세공한 언어적 형상을 제시하고 있다. 이 소설의 독자는 그만큼 소설 읽는 체험의 폭을 넓히는 계기를 얻게 된다. 이를테면 여느 이야기가 주는 감흥 너머에다 잘 다듬어 형상한 서사 언어의 양상이 『혼불』 특유의 위상을 이루고 있다고 할 수 있다.

가령 『혼불』에서는 이야기를 불쑥 내밀지 않는다. 주요 서사 분기마다 관여된 일화들을 곧장 제시하지 않고, 사건의 배경을 충분히 형상화하고 이를 통해 사건을 암시한 연후라야 조심스레 본 이야기의 마디를 진전시킨다. 배경에 관여된 디테일을 통해 본 이야기의 정조에 조율할 수 있는 여지를 두어 정서를 환기하고 본격적인 사건 전개에 관심을 유도하여 독자의 참여를 돕는 식이다. 여느 소설에서 배경을 기술한 대목의 기능이 그러하겠지만 『혼불』에서 그 위상은 특이점이 오는 임계적 전이 상태에 있다고 할 만하다. 주요 사건이 진전될 분기일수록 그 전조가 되는 배경의 도식이 큰 힘을 미치고 있으니 더욱 그러하다. 예컨대 다음에 인용한 부분은 사건 전개의 한 전환점인 '홍술의 투장' 이야기가 시작되는 대목이다.

> 버석, 버스럭.
>
> 창호지 구겨지는 소리가 음습한 주홍의 등잔 불빛이 번진 방안에 오싹할 만큼 커다랗게 울린다. 그것은 불빛이 구겨지는 소리 같기도 하였다. 무명씨 기름으로 밝힌 등잔의 불빛은 그 주홍에 그을음을 머금고 있어, 됫박만한 방안의 어둠을 환하게 밀어 낸다기보다는 오히려 벽속에 스민 어둠까지도 깊이 빨아들이고 있는 것만 같았다.

그래서 주홍을 내쉬고 어둠을 삼키는 등잔불 혓바닥이 제 숨결을 따라 팔락, 파르락, 흔들린다. (5권, 275쪽)

한 장章이 새로 시작되는 부분에서, 줄 하나를 차지하면서까지 돌출한 의성어의 쓰임이 우선 주목을 끈다. 종이를 구기는 소리를 형용하여 표상한 말이 돌발하듯 강렬한 인상을 남기는 감각인 만큼 독자의 주목을 끌고도 남음이 있을 것이다. 이 '창호지 구겨지는 소리'가 소리의 이미지를 전하는 데 그치지 않고 '음습한'이나 '오싹한' 등으로 형용되어 감각의 전이가 빚어져 이미지가 또 다른 이미지에 사상되어 지어진 은유 도식이 적용되기에 이해의 문맥이 중층을 이루어 흥미롭다. 청각이 촉각으로 전이된 만큼 몸의 감각에 더 밀착된 이미지에 사상되어 은유적 인지 회로가 더 복잡해진 셈이다. 게다가 '커다랗게' 울린다 하고 '불빛이 구겨지는 소리'에 사상되어 시각적 이미지 도식까지 대입되는 만큼, 그 소리의 느낌이 감각 총체에 관여된 국면으로 진전된 형국이다. 처음 단일한 소리의 심상이 결국 등잔 불빛의 동적인 이미지에 연결되기까지, 그 이미지를 통해 전해지는 느낌은 읽는 이의 몸에 사무치기라도 하듯 육박한다. 독자 입장에서는 그 느낌을 글을 통해 전하는 이미지의 위상 전이 양상에 무릎을 칠 만한데, 그렇게 심상치 않은 사건의 분위기가 고지되고 있다는 점에 주목하지 않을 수 없다. 과연 무엇인지 심상치 않은 분위기 속에서 긴장감 짙게 드리워진 사건이 모의되는 장면을 곧 목도하게 된다.

그 불빛을 받으며 등잔 아래 숨을 죽이고 앉아, 무엇인가를 창호지로 싸고 있는 당골네 백단白丹이의 손이 자기도 모르게 흐드르르 떨린다. 어두운 불 그림자가 흰 창호지에 검은 손가락 무늬를 드리운다.

버스럭, 버스럭.

뭉치가 흩어지지 않도록 단단히 싼 것을 다시 한 번 더 겹으로 싸는 그네의 주홍 비친 얼굴에 긴장된 날이 파랗게 돋는다.

(5권, 275~276쪽)

백단이는, 분위기를 형성하였던 그 불빛에 휩싸여, 또 다른 분위기를 형성하는 데 소용되었던 '창호지'에 무엇인가를 싸는 행위의 주체로서 긴장감을 유발하는 주역이다. 이만한 상황에서 창호지에 싸이는 그 '무엇인가'는 범상치 않은 무엇이 분명한데, 짐짓 '음습한' 불빛과 흰 창호지에 드리운 '검은 그림자'처럼이나 오싹한 감각을 야기할 대상일 것만 같다. 그 오싹하다는 창호지 구겨지는 소리가 한 차례 더 들려와서 더욱 그러하다. 그리고 그 무엇인가가 심상치 않은 긴장감을 인물 백단이에게 주는 동시에 독자에게 전하고 있다. '파르스레한 전율' 같은 감각을 새삼 유발하여 전달하고 있다는 얘기다. 그리하여 바로 이 대목이 모종의 심상치 않은 사건의 발단에 해당한다는 사실을 독자로 하여금 깨닫게 한다.

얄포름한 입술을 무겁게 다물고 양미간을 깊게 모아 찌푸린 그네의 이마에 골주름이 한 줄 먹금같이 패인 모습이 여느 때와는 아주 달라 보였다.

그것은 엄숙하고도 두려움에 가득찬 얼굴이었다. (5권, 276쪽)

과연 엄숙하면서도 공포스런 일이 벌어지고 있는 듯한 분위기가 더해진다. '여느 때와는 아주 달라' 보이는 백단이의 얼굴이 그 징후를 내비친다. 무슨 일을 벌이고 있는지, 동네 달맞이 무리에서 몸을 숨기듯 빠져나와, 농악대에서 '슬그머니' 빠져 나온 남편 만동이와 함께 일을 벌이는 정황이 적이 수상쩍다. 이어지는 이야기에 지속적으로 관심하지 않을 수 없는 것은 이 때문이다.

그들은 몇 해 전 죽은 아버지 홍술의 투장을 결행하고 있었던 것이다. 무부巫夫였던 홍술은 어떻게든 자손들만큼은 그 천한 신세를 면하게 해 보려고, 명당일 게 분명한 양반네 무덤을 하나 봐 두었다가 자기가 죽으면 거기에 투장해 달라고 유언했다는 사실이 드러난다. 그 유언대로 투장을 감행하고 있는 것인데, 그 상대는 바로 매안의 세도가인 청암부인의 무덤이다. 그 무덤에 지금 천민 중의 천민인 무부의 투장이 은밀히 자행되고 있으니 긴장감 넘칠 수밖에 없는 것이다. 그 일이 은밀하고 음습한 일인 만큼 이 장의 첫 대목에서부터 진전된 배경 이미지 도식의 수위가 이렇게 형성된 것이 되려 별스럽지는 않다. 그리고 이 사건이 일단락되는 다음 대목에 이르기까지 처음의 감각을 이어가게 된다.

> 당골네 백단이는 무서움을 이기려고 조상굿 구슬픈 가락을 웅얼웅얼 읊조리고, 무부 만동이는 속으로 시나위 반주를 한다. 이 굿가락은, 묵묵히 장승처럼 서 있는 비석과 호석들을 음산하게 휘감으며 그 뼛속으로 파고 스며든다.
>
> 능욕凌辱.
>
> "섞어 부러. 인자는 죽었는디 어쩔 거이여. 산 사램이 더 무섭제, 죽은 혼백 안 무섭다. 이렇게 섞어 부러야여. 진작에 이런 시상이 우리

아부님 살어 생전에 왔어얀디. 요렇게 한 살로 섞는 시상이."

백단이는 끼치는 두려움을 덜어 내려는 듯 숨소리로 말했다.

"압씨는 오늘 밤이 첫날밤이네."

그러나 만동이는 무겁게 입을 다물고 오히려 그러는 백단이를 못마땅하게 흘겨보았다.

그는 아무리 애써도 와들와들 떨리는 손을 가누기 어려웠다.

드디어 구멍이 뚫리며 옆구리가 헐리는 청암부인의 무덤에 홍술이 뼈보다 검은 바람이 먼저 스며, 휘익, 들어간다. (5권, 335쪽)

처음 잔뜩 음산했던 분위기가 예 그대로 이어져 투장을 감행하는 당사자들조차 그 두려움에 몸서리를 치는 모양새이다. 누구의 목소리를 빌려 돌출되었는지 모르겠지만, 한 줄을 차지하며 돌출된 '능욕'이라는 한 마디가 더할 나위 없는 공포감을 유발한다. 서슬 퍼런 양반가 무덤에 천하의 천민인 무부의 뼈를 섞는 일이 그런 공포감 없이 진행될 수는 없는 노릇인지라, 제아무리 자위를 해보지만 '와들와들 떨리는 손을' 어찌해 볼 수는 없는 정도로 극한의 공포감이 여러 이미지 양태에 사상되어 문면에 배인다. 음산하고 공포스런 분위기가 모두冒頭에 조성되었던 것이 이러한 지경까지 이르는 식이 억지 설정은 아닌 것으로 판정된다.

이 상황에서 '드디어 구멍이 뚫리며 옆구리가 헐리는 청암부인의 무덤에 홍술이 뼈보다 검은 바람이 먼저 스며, 휘익, 들어간다.'고 했다. 이는 이 시퀀스에서 느낌의 반향이 가장 크게 일 만한 대목일텐데, '파르락' 등잔 불빛이라도 있었으면 그 빛에 빨려라도 들었을 검은 바람이 투장하는 그 무덤에 들어간다. 그렇게 보면 줄곧 형상의 감도를 키워 오던 음산하고 오싹한 분위기가 예 함께 묻힌다고 해도 좋을 것이다. 다시금 버스럭거리는 창호지 소리가 났다면 모를까 다행히도 고조되던 긴장감이 사그라드는 형국이다. 그 소리가 예서 다시 울린다면 투장의 분위기는 여전히 미결인 채로 남을 것이어서, 독자의 고조되었던 감각이 쉬이 누그러들 수 없기 때문이다. 어느 하나 소소한 대목이라도 거기 배인 감각과 의미의 여지를 범상한 것으로 놓아 버릴 수 없음을, 『혼불』을 읽으면서 깨달은 다음이다.

『혼불』의 군데군데서 차원 달리 조탁한 언어에 맞닥뜨리게 된다. 세묘된 디테일에서 글의 미감을 교감하듯 체험하게 된다. 이를테면 다음과 같은 식이다.

> 그네는 이제 아주 안 보이게 된 액막이 연이 어째서인지 자신의 몸만 같아서, 마치 저수지에 몸을 던진 인월 아짐처럼, 밤하늘의 복판 아찔한 수심 속으로 깊이 빠져 잠겨들고 있는 것이 역력히 느껴졌다.
>
> 명주실.
>
> 이미 그네를 지상으로 잡아당길 명주실은 연 자새에서 다 풀리어 무엇에도 제 가닥을 걸어 볼 길 없이, 머리카락 한 올처럼 시르르 허공에 떠오르며 이윽고 흔적을 감추어 버렸다.
>
> 무슨 액을 막으려 어머니와 아버지는 이 달 뜬 밤, 연을 띄우셨을까.
>
> 강실이는 한숨을 삼킨다.
>
> 한숨도 서걱서걱 얼어 있다.
>
> 시리다. (6권, 84~85쪽. 인용자 밑줄)

강실이는 액막이 연을 대하고서 무엇인지 모르게 아련한 슬픔에 젖어 든다. 아득히 사라져서 이제는 보이지 않는 연이 왠지 모르게 제 분신分身인 것 같아 그 슬픈 심회가 북돋워진 것이다. 그래서 어쩌면 그 '수심'의 깊이를 헤아릴 길조차 없는지도 모른다. 그 속이 꼭 저 칠흑의 '밤하늘의 복판'인 다음에야 이를 어찌 측량할 수 있겠는가 하는 심산이다. '수심'은 앞선 문맥에서 '물 깊이[水深]'라고 명시되어 있지만, 이 맥락에서는 '근심[愁心]'이라는 말을 중의적重意的으로 함의하고 있다. 강실이가 그 깊은 '수심 속으로' 잠겨 들고 있다는데, 독자가 제 느낌을 이에 투사하기에 좋은 문맥이다. 마침 '명주실'이라는 단어가 돌출적으로 제시되어 시선에 든다. 그 명주실은 액막이 연을 '지상으로 잡아' 끄는 연줄인데 '머리카락 한 올'에 사상됨으로써, 강실이와 액막이 연이 서로 더욱 밀착되는 효과를 낳는 매개 표지로서 유효하다. 그래서 이 인용 대목에서 두 번째 나오는 '그네'는 중의적이다. 이를테면 강실이를 가리키는 말일 수도 액막이 연을 가리키는 말일 수도 있는 것이다.

강실이는 액막이 연과 제 신세를 동일시하는데, 그 처지가 강실에게는 힌스럽다. 그녀는 천민 춘복이의 아이를 수태한 처지라서 양반가 질서에서 결코 용납될 수 없는 일을 저지른데다가, 그에 못지 않은 금기인 상피相避를 범할 정도로 사랑하던 강모가 만주로 떠나고 곁에 없는 상황에 처해 있다. 비련의 사랑을 곱으로 짊어지고 살아가는 처지니 제 신세가 한스럽지 않을 수 없다. 그래서 그녀가 삼키는 한숨에 한기寒氣가 서린다고 해서 과언은 아니다. 나로선 당찮은 생각이라 여기지만 여인네가 한을 품으면 오뉴월에도 서리가 내린다고 했던가, 한恨의 기운은 짐짓 한기寒氣인지도 모를 일이다. 그 시린 회한을 이렇듯 형상한 글을 읽을 때에는 완고하게 분석적 이성의 힘에만 기댈 수는 없을 터, 이성의 기력을 잠시 놓고서 이 교감의 장에 함께 할 요량을 해도 좋다는 사실을, 『혼불』을 읽고 있노라면 수차 깨닫게 된다. 강실이의 처지에 얽힌 이야기가 이어지는 대목들만 살펴보아도 그렇다.

> 단도같이 잘린 달빛들이, 무수히 부서지는 댓이파리에 날을 갈며 강실이의 온몸에 꽂혀, 푸르게 난자한다.
> 꽃잎들은 칼날이었다.
> 칼날은 참혹하게 난도질한다.
> 꽃잎을 찢는다.
> 강실이는 비명도 지르지 않는다. (6권, 132쪽. 인용자 밑줄)

> 그러나 강실이는 숨소리도 내지 않았다.
> 찌르는 달빛의 사금파리에 몸을 베이고만 있을 뿐.
> 달빛은 깊은 자국을 남기며 푸르게 얼룩졌다.
> (6권, 136쪽. 인용자 밑줄)

『혼불』의 독자는 그런 교감의 마당에 자주 드나들고 나서야 이 소설을 다 읽을 수 있다. '살아 숨쉬는', '생명의 기운을 담뿍 안은', '몸짓을 닮은', 이런 수식어들이 『혼불』의 언어에 어울릴 법하다. 위 대목도 교감을 부르는 언어적 형상들이 생동하는 대목들이다. 무엇이 그리 한스러우면, 달빛마저도 제몸에 상처를 안기며 '사금파리'처럼 내린다고 할까. 댓이파리 모양을 하고서 날이 선 단도와 같다고 할까. 한은 '맺힌다' 하거니와 '사무친다' 하는 것을 떠올려 보면 그도 그럴 것 같다.

이렇듯 『혼불』의 언어는 '한'이라는 추상적 관념을 감각적 이미지가 사상된 구체적 형상을 통해 드러내는데, 시각 이미지라도 동적인 이미지로 전이된 형상을 강조하는가 하면 종내는 이를 촉각 이미지로 위상을 전이함으로써 몸에 사무칠 만한 감각을 전하는 식으로 교감의 여지를 부여한다. 가령 한이 서려 있다는 달빛의 이미지가 '푸른 빛'의 중개를 통해 시리다는 감각을 한데 안음으로써 그 기운이 몸에 닿는 듯한 상황을 모의하는 식이다. 흥미롭게도 그 푸른 빛은 청상이나 마찬가지 신세가 되고 마는 '효원'이 시집온 첫날밤 이야기에서부터 출현하여 예사롭지 않은 것으로 여겨지게끔 설정되는데 여러 이야기 대목에서 이에 관여된 형상들이 편재해 있어 주목을 끈다. 그도 그럴 것은 푸른 빛 이미지의 원형이 바로 '혼불'이기 때문이다.

> 그날 밤, 인월댁은 종가의 지붕 위로 훌렁 떠오르는 푸른 불덩어리를 보았다. 안채 쪽에서 솟아오른 그 불덩어리는 보름달만큼 크고 투명하였다. 그러나 달보다 더 투명하고 시리어 섬뜩하도록 푸른 빛이 가슴을 철렁하게 했다.
>
> 청암부인의 혼魂불이었다. (3권, 107쪽. 인용자 밑줄)

혼불은 가슴이 시리도록 처연한 그 푸른 빛이다. 그 불은 붉게 타올라 열기를 전하는 것이 아니고, 푸르게 타올라 보는 이의 가슴을 시리게 하거나 섬뜩하게 한다. 그 불빛의 한기에 서릿발이 맺히도록 한이 날을 세우는 것이다. 그런 혼불의 이미지가 『혼불』 전체에 물들어 있으며, 그 이미지를 구현하는 언어의 느낌 자체도, 시리도록 푸른 날이 글을 읽는 이의 살갗에라도 닿을 듯한 이미지가 독자의 지각에 사상되듯 전해진다. 이 이미지가 여타의 감각어들과 어우러져 '글을 읽는 재미'를 부추긴다. 그 재미는 사건 양상이 흥미진진한 이야기를 읽는 재미가 아니라, 잘 형상한 언어를 통해 미적 감각의 영역을 횡단하며 읽는 재미이다. 말하자면 생동하듯 느낌에 밀착해 오는 언어의 몸짓과 어우러지고 그를 통해 공유된 공동의 감성과 감각을 교감하는 재미라고 하겠다.

한편 『혼불』은 민속의 보고寶庫로서 그 가치가 두루 인정되고 있다. 여기 기술되어 있는 민속에 대한 정보는 웬만한 민속지民俗誌에 기록된 것보다 더 정확하며, 그 양상 또한 다채롭다. 그 가운데 전통의 무속 의례인 굿판의 분위기와 그 분위기를 관류하는 민속관념이 두드러지게 구현되어 있다. 특히 '청암부인'의 죽음을 대하여 펼쳐지는 통과의례의 과정을 형상화한 대목들이 그러한데, 이들 대목을 대하고서 우리는 전통 의례에 배인 미적 자질의 상당한 수준에 새삼 놀라게 된다.

바로 앞에 들었던 인용문은 청암부인의 혼불을 묘사한 대목인데, 거기 그려진 이미지들은 죽음의 징조를 구성하고 있다. 사람이 죽기 전에는 반드시 그 몸에서 불덩이가 나간다고 했는데, 그것도 푸른 불덩이가 나간다고 했다. 그런 속신에 작가는 문학적 변용을 가해 죽음의 분위기에서 드러나는 감각과 감성 국면을 투영하여 기술하고 있다. 죽음의 속신은 가슴 시린 처연한 믿음인데, 그 죽음이 곧잘 한 맺힌 것인 데서 고조된 느낌을 짓는 계기가 된다. 온몸의 진액이 응어리로 엉겨 육신을 차마 이탈하지 못하는데, 그 응어리가 바로 한맺힘의 표상이다. 맺힌 한이 피워 올리는 투명한 불꽃 앞에서, 살아남은 자들은 고개 조아려 숙연해진다. 그래서 죽음의 주변에 선 생자生者들은 한 맺힌 영혼을 다독여 위로하고, 종내는 그 한을 풀어 저승에 편안히 천도하려고 도모한다. 죽음은 죽은 당사자만 감당할 몫이 아니라는 점이 사령굿을 추동하는 동인인 것은 앞서 논급한 바대로다.

죽음의 인지 도식을 구성하는 데 적용되는 전제는 '죽음이란 이 세상을 떠나가는 것이고 뒤로 남겨야 할 세상이란 꼭 한 많은 세상'이라는 것이다. 서럽도록 한이 맺힌 존재는 그만큼 세상에 미련도 많은지라 이승의 연을 쉽사리 끊고 떠나가기 어려운 것으로 전제된다. 이에 대한 생자의 애도는 대개 "이 서러운 세상, 못 잊힐 게 무엇이라고 가던 발걸음을 돌리시겠소. 훨훨 벗어버리고……입은 옷도……무거운 육신도 다아 벗어 버리고……부디 좋은 데로 가십시다."(3권, 108쪽) 하는 식이다. 한 맺힌 존재를 위로하고 다독거려 편한 저승길로 천도하고자 하는 공동의 정서를 담은 문화적 도식이 저처럼 쓰이는 것이다. 그래서 굿판은 죽은 영혼의 한을 풀려는 원리가 지배한다는 사실은 앞서 살핀 그대로다.

한에 대한 이미지 도식이 적용된 죽음의 의례적 처방에 관한 이야기가 『혼불』에서 꽤 상세한 서사 디테일에 담겨 기술되어 있다. 죽음의 이미지와 이에 대응하는 문화적 처방에 관련된 인지 도식이 군데군데 서사 진전 과정에 배이기도 한다. 가령 청암부인은 모든 게 얼어붙은 동짓달에 죽음을 맞이하였다. 얼어붙었으니 맺힌 것과 통하여 그 죽음이 한에 맺힌 죽음일 수밖에 없음이 암시된다. 그리고 암흑의 시간에 운명하여 그 죽음이 절망임은 이루 말할 수 없을 정도다. 남편의 요절로 맺히기 시작했을 한이 죽음의 그림자와 함께 다가섰을 것이다. 그 한의 응어리를 눈물로라도 쏟아 내지 못하고 죽음의 길로 떠났으니 회한은 거의 절대적인 수준에서 빚어졌을 법하다.

그런데도 한 어린 죽음의 검은 그림자를 살아 있는 이들에게 뒤집어 씌우지 않으려는, 안쓰러운 영혼의 몸부림이 함께 드러나 있다. 이를테면 청암부인은 살아 생전에 스스로 죽음의 의례를 다 예비해 놓는다. 죽음이 삶의 시공을 해쳐서야 안 된다는 절대 믿음을 유언하였던 것이다. 제 장례는 살아있는 사람들이 '재미나고 풍족하게' 즐기는 잔치의 마당이 되게끔 하라고 유언한 것 말이다. 그는 죽어서도 살아있는 이들과 소통하고자 하였다. "생전에도 사람을 좋아했으니"(3권, 130쪽) 죽어서도 그 사람들과 함께 '어울리고' 싶은 것이다. 죽음의 의례는 죽은 자와 산 자들이 서로 소통하는 시공이며, 살아 있는 이들대로 서로 어우러지는 '마당'일 때 그 의의가 최적에 이를 수 있다. 산 자는 죽은 자의 영혼을 위로하고 그 명복을 빌어 주며, 죽은 영혼은 그들에게 복을 준다는 공동의 믿음이 이를 떠받치고 있다. 그 경건함 속에서, 살아 있는 사람들은 서로의 관계를 성찰하고 서로 어울려 유대감을 북돋우곤 한다. 의례의 이런 원리와 세계관이 『혼불』에 잘 형상화되어 있다.

그렇게 의례를 형상화한 대목들이 전체 구성상 주요 부분인 것이 사실이고, 『혼불』을 통해 문화장의 면면을 이해하는 데 거점항인 것도 사실이다. 그런데 그렇게 주요한 부분만 강조하여 보는 것은 『혼불』을 온전히 보지 못한 결과를 낳을 수 있다. 이 소설의 묘미는 문화장의 디테일을 세공하여 제시한 데서 중요한 단서를 찾을 수 있는데, 때로 그 미세한 부분들이 빛나는 부분일 수 있으니 말이다. 문화장은 일상에서 볼 수 있는 사소한 삶의 단면이 중요한 거점항들이니 더 그러하다. 그 소소한 일상에서 체감할 수 있는 미적인 국면에 주목하는 것은 『혼불』의 미덕이다.

이를테면 장독대 항아리에 대해 이야기한 대목은, 언뜻 읽으면 전체 이야기에서 빠지더라도 상관없다고 여겨질 부분이다. 요컨대 서사 전개에 잉여적인 요소인 것이다. 이 부분을 빼더라도 전체 이야기의 구성상 치명적인 손상이 오는 것은 아니지만, 정작 이를 빼버리면 『혼불』의 묘미도 함께 빼버리는 꼴이 된다. 연을 만드는 과정이나 설빔을 짓는 과정을 기술한 부분, 혼례를 갓 치른 신랑 신부가 처음 맞는 밥상에 대해 설명하듯 얘기하는 부분, 음식을 만드는 손놀림 하나까지 그리면서 음식 몇 가지를 만드는 과정을 보여주는 부분 등, 숱한 민속 정보를 읽는 재미 또한 이 소설의 언어를 읽는 재미와 동등하게 문화장에서 길어 올린 미적인 국면들이다. 이때면 작가의 세심한 관찰력과 섬세한 언어 조탁 역량이 여지없이 발휘되어, 원석을 세공하여 아름다운 보석을 내듯이, 문화장의 성긴 객체들을 세공하여 서사 디테일에 상감象嵌함으로써 서사적 미감을 구현한 결정結晶을 내어 놓는다. 『혼불』의 여러 부분에서 문화장에서 길어 올린 아름다운 문화 형상들을 감상할 수 있는 것은 분명 행운이다.

문화 서사의 미학에 관여된 활동을 통해 문화장을 공유하고 관리하는 일은 문화 성원들의 책무와도 같다. 『혼불』은 성원들이 미처 의식하지 못하던 소통의 코드를 확인하고 유대감과 문화 성원으로서의 사회적 의식을 더욱 굳게 다지는 계기를 마련해 준다고 할 수 있다. 이는 문면을 통해 교감의 넋두리를 직접 체험하게 하여 미감을 자아내고 미적 소통을 도모하게 하던 미학적 기제와는 또 다른 차원에서 문화적 미학의 기세를 서사적으로 확인시키는 결실이라고 할 것이다. 특히 서사 텍스트를 통해 구성되고 소통되는 아름다움이란 단편적인 장면의 빼어난 미감을 통해서만 빚어지는 것이 아니라, 서사의 과정과 이를 통해 구성되는 총체를 통해서도 구성된다는 점을 이 맥락에서 의식할 필요가 있다. 사회적 차원에서 구성될 서사미학의 한 면을 이와 같은 문화지적 기술의 결실을 통해 확인할 수 있는 것 자체로서 의미심장한 미적 체험이다.

한편 이 소설에는 문화에 대한 의식의 연장선상에 역사에 대한 의식이 나란히 드러나 있다. 이를테면 좀체 표면화되지 않고 있던 반상班常의 갈등이 청암부인의 죽음을 계기로 서서히 겉으로 드러나기 시작하는데, 특히 청암부인 장례를 거치면서 급격히 표면화되기 시작한다. 의례 상황이 보통 난장亂場을 이루는지라 그 난장의 마당에서 공식 질서가 전복되고 새로운 질서가 생성된다고 하면서 의례의 원리를 논파한 이론들을 염두에 두고 보면, 『혼불』에서 벌어지는 이런 서사 전개야말로 의례의 자질을 적확하게 통찰한 결과를 형상화한 것이라고 생각할 수 있다. 또한 이 소설은 구체적인 담론의 현장을 기술하려 하였기 때문에, 민촌인 거멍굴 사람들의 입담을 그대로 옮기듯이 재현하여, 사투리와 입심 좋은 패설, 그리고 반상의 차별에서 오는 불만과 저항의 목소리를 구성지게 서술하여 전한다. 그러다 보니 자연스레 문화의 담론은 역사의 담론을 향해 흐르며 이 과정에서 기성의 질서를 전복하여 난장을 형성하던 마당의 미학적 자질이 구현되는 결실이 파생된다. 특히 『혼불』에 기술된 역사 담론은, 엘리트적 시각으로 본 이벤트 중심의 연대기가 아니라, 삶의 자리자리를 메웠던 이들이 지난하게 부딪쳐 체험한 삶의 흔적이다. 그 삶의 주인공들 한 사람 한 사람에게는 그늘진 삶의 구석구석을 채우는 것이 관심사이지, 역사라는 또 하나의 이념이 중요한 관심사는 아니었을 것이다. 요컨대 『혼불』은 '역사의식'이라는 거대한 이념보다는, 그 도도한 흐름 속에서도 제 삶의 자리를 온전히 책임지려 했던 이들의 의지가 깃들인 혼을 보여주려 하였던 것이다. 말그대로 역사의 '담론'을 구현하였으며 민중 문화의 현장에서 생동하는 전복적 이미지 표상들을 실로 이야기한 대목들을 통해 그 미적 국면을 재생하였다고 할 수 있다.

'변동천하' 담론이 대표적이다. 춘복이가 기획하는 변동천하는 양반댁 작은 아씨 강실이를 차지하려는 음모로 구체화된다. 변동천하란 말에 어울리지도 않게 소박한 듯하지만 실상을 잘 따져보면 그렇지만도 않다. '나는 작은 아씨한테 양반 자식 하나 얻고, 작은 아씨는 나한테 상놈 자식 하나 얻으시요'로 압축되는 그 야심은 반상의 질서를 붕괴하려는 상징적 전략이다. 양반이 여종을 첩으로 하여 태어난 서자는 용인될 수 있었지만, 상민의 자식을 낳는 양반댁 규수는 유교적 신분 질서에서 엄청난 파문이다. 그 파문을 춘복이가 변동천하의 거점으로 인지하고서 실행에 옮긴 것이다. 혁명을 논하는 강태의 말마따나 춘복이는 '무슨 일을 내도 단단히 낼 놈'이며, 세상은 '그놈이 일을 내게끔' 변하고 있었다. 그리고 실제로 강실이와 정을 통하여 아이를 얻기까지 춘복이는 그런 상징적인 전략을 구체화해 나갔던 것이다. 입심 좋은 옹구네와 공배네의 입을 빌려 전해지는 '홍보가' 패로디며, 서자로서 받은 수모를 신원伸冤하는 유자광 이야기가 그런 전략을 음우陰佑하는 문맥을 제시함으로써 사회적 미학의 차원인 마당 미학의 자질을 '변동천하 담론'을 통해 결구력 있게 구현하였다고 할 만하다.

소설이 미완인 터라 그 이야기가 대단원에 치닫는 과정에서 밀도 있게 그려질 이 국면의 서사 미학이 온전히 체계화되지는 않은지라 아쉬움이 남지만, 춘복이의 변동천하 야심과 찬찬한 실천 양상은 물론 만주로 공간을 옮긴 이들 사이에서 펼쳐지는 이야기의 양상이 이 소설을 통해 구현될 마당 미학의 자질을 충분히 가늠할 수 있게 한다. 사회적 갈등과 대립, 억압적 계급 질서, 일제 강점기의 시대적 모순에 대한 대응과 극복 의지 등이 문화적 차원에서 어떠한 양상으로 투영되고 미학적 층위에서 구성될 수 있는지 지표를 세울 수는 있는 것이다. 그렇지만 그와 같은 지표가 여실한 서사적 구체를 통해 드러나지 않은 것은 사실인지라, 이와 관련하여 그 의의를 고평할 수 있는 여지는 여전히 미지의 영역에 있다.

여하튼 "우리의 몸에 맞는"(9권, 71쪽) 세계관이라고나 할까, 몸의 느낌으로써 세계를 지각하고 이해하려는 시각, 우선 『혼불』은 그런 시각으로 사상事象을 파악할 것을 완곡하게 권유한다. 가령 『혼불』

첫 대목에서 대실 마을의 대숲에서 부는 바람소리를 기술한 언어들에 맞닥뜨리게 되는데, 분석적인 혜안만으로 그 언어에서 바람소리를 온전히 '느낄 수'는 없을 것이다. 그 언어가 우리 몸에 모종의 교감을 불러 일으킬 때 이를 느낄 요량이라면 언어의 미세한 흐름조차도 우리 몸의 움직임의 일부에 사상하여 이미지를 세우는 공정을 구동할 필요가 있다. 그리고 교감을 지속함으로써만 생동하는 『혼불』의 미감을 끝까지 체감할 수 있을 것이다. 그리하다 보면 이야기 요소와 사건 전개에 대한 강박관념이 몸의 움직임을 속박해 올 공산이 크다. 이를테면 그 교감 공정에서는 구조적 서사 구성의 원리에 걸맞지 않은 요소들이 빈번하게 대입되는데, 이들은 분석적 관점에서 이른바 '잉여적 요소'인 까닭에 소설 전체의 구성미를 해치는 것으로 치부되기 십상이다. 그러니 분석적 입장에서는 『혼불』의 상당 부분이 무의미한 군더더기에 불과한 것으로 보일 수 있다. 그런데 이 소설은 사건 중심의 소설이 아니며 기승전결이라는 인과적 논리를 앞세워 구성을 지은 소설도 아니다. 그렇다는 것은 이 소설을 분절 단위로 세분하여 읽고 그 부분들을 인과적 구성의 척도로써 종합하여 확정적 구도에 편입시켜 읽는 것이 온당치 않다는 얘기이기도 하다. 대신 『혼불』이라는 몸덩이를 온전한 유기체로 보고서 단편적인 부분마저도 따로 떼어 놓지 않고 이야기의 흐름을 따라 혹은 글에서 전하는 느낌을 교감하고 텍스트 요소들과 어우러지듯이 읽는 방식이 최적의 이해 공정에 근사하다고 할 수 있다.

말하자면 『혼불』은 몸과도 같다. 그 몸에서는 하찮은 것처럼 보이는 손톱 끝이나 터럭 하나라도 해치면 생명의 기운에 장해가 되는 경우가 있을 수 있다. 따라서 일단 그 몸에 속한 것을 고스란히 살려 두고서 그에 흐르는 기운을 느끼려고 모색해야 한다. 사소한 한 부분이라도 몸 전체에서 담당하는 역할은 없는지 살피는 자세를 갖추는 것이, 『혼불』을 온전히 읽으려고 할 때 우선 할 일이다. 이런 작업이 비단 『혼불』을 읽는 데만 소용되는 것은 아니다. 그 어떤 소설이라도 서사체로서 자격을 유지할 수 있는 기운이 흐르는 몸으로 전제해야 거기에서 그 의미 따위를 온전하고 타당하게 읽어 낼 수 있을 것이다. 『혼불』에서는 그렇듯 몸으로 대할 때 그 의미를 알아 낼 수 있는 대목들이 많기에 인식의 전환이 특별히 더 요구될 뿐이다.

모종의 틀을 덧씌우거나 그런 틀거리에 맞추어 디테일의 의미를 잘라 내는 순간 『혼불』에 생동하는 서사적 자격의 기운은 사라지고 만다. 작위적인 분석법으로써 이를 대해야 할 때도 있겠지만, 그 서사가 운행運行하는 길[道]이 닿는 데 이해의 초점을 둘 때 이 소설의 진면을 볼 수 있을 것이다. 이때면 서사적 실재가 있으리라는 기대를 버리는 편이 온당하다. 이를테면 사건 중심으로 소설을 읽는 태도나, 주동 인물의 의식이 변화하는 추이에 초점을 맞추어 읽거나 주요 서사 구성 요소들만을 추려 읽는 식의 독법을 깨뜨려야 하는 것이다. 때로는 사건의 전개보다, 인물의 행위나 의식 같은 전경前景보다, 그 밑그림이 되는 배경이 더 주요한 이해 문면으로 드러나기도 하기 때문이다. 혹은 굵직한 이야기 줄거리보다 세공된 언어의 세부들이 더 큰 감흥을 불러일으킬 수 있기 때문이다.

『혼불』을 통해, 몸의 느낌에 맞게 조율된 문장의 리듬감이나, 문화장에서 두루 쓰이는 이야기 방식에 걸맞게 구현된 서사나, 삶의 미세한 부분마저 놓치지 않은 담론 등이 한데 어우러진 마당에 참여할 여지가 열린다. 때로 극채색의 이미지를 구사하여 생생한 감각을 전하면서 느낌에 사무치기라도 할 듯한 언어의 주술에 은연중 휘말려들 것만 같다. 이는 굿판에서 구구절절 터져 나오는 넋두리의 정조에 휩싸여 어우러지거나, 판소리나 탈춤의 마당에 함께하며 소리에 사로잡히는 것과도 흡사한 체험일 것이다. 『혼불』의 미학은 문화장과의 교류를 통해 그 가치가 더해진다.

한국의 문화장을 해석할 때 동원되거나 그 장에서 읽을 수 있는 약호나 도식 가운데 하나에 주목하여 이를 『혼불』의 미적 자질에 관여된 논항에 대입해 시론하자면 이와 같다. 이러한 논의가 감성과 관련된 입론의 장에서 자장이 너른 논의 주제의 구심일 법한 아름다움에 관한 생각의 단서가 될지는 모르겠다. 생각의 영역을 구획하여 안정된 사유의 지변을 확보하여도 좋겠지만, 생각의 구심점을 궁리하여 정하고 이에서 확산된 사유와 입론의 드넓은 여지를 여는 편을 택한 셈이다. 경계를 해체하고 변모와 이행의 역동적 국면에 관심하는 공간적 사유가 특히 '아름다움'에 관해서는 요구된다고 판단한 편이기도 하다. 아름다움에 대해 담론하고 미의 가치를 고양하려는 문화적 수행이 편재하며 문화 성원들 일반이 대체로 서사 활동을 통해 그러한 수행을 수월하게 할 수 있다는 면에서 '서사+문화' 항과 관련하여 범박하지만 일반적인 방향에서 아름다움에 대해 논해도 좋으리라…….

1 Alfred North Whitehead, *Process and Reality*, Harper & Brothers, 1960, p. 63.

2 아리스토텔레스가 『문학론』(시학*Poetika*)에서 비극을 당시 문예 장르의 최고봉으로 꼽고선, 가령 존귀한 혈통의 주인공이 신탁을 거슬러 빚어지는 가혹한 운명의 파국(비극!)을 극화함으로써 관객들의 선한 의지를 고양시키고 의식을 순화(catharsis)하여 당위적 가치를 드높인다는 식으로 논급한 것은 그 전범이다. 사실의 기술에 머무르는 역사에 비해 사실 너머의 당위적 가치를 기술하는 문학의 의의가 예서 드러나는 것이다.

3 모더니즘 문학론의 얼개가 이러한데, 이는 이성중심주의의 문학론적 변주에 해당한다.

4 이하 의례와 연행문화의 미적 자질과 『혼불』의 미적 자질 간 공분모에 관한 논의는, 『혼불읽기 문화읽기』(한길사, 1999)의 '언어로 구현된 문화의 장: 미학적 본질' 장과 『경계와 이행의 서사 공간』(서강대 출판부, 2011)의 '연행 문화의 과도 공간 자질' 절, 「전승의 담론 교감의 미학」(조선일보 신춘문예 평론, 1996)의 일부 대목을 인용하거나 논지를 수정하고 더하여 재구성한 것임을 밝힌다. '넋두리/마당'의 미학적 지표를 좀 더 확장된 문화적 맥락에 대입하여 우리 문화장에 편재한 미적 인지 도식을 탐색하는 거점항을 얻고자 기획하고 있으나 현재로서는 기존의 수준을 넘어설 만한 사유의 여지를 얻지 못한 까닭에 진전된 논의를 제시할 수 없는 한계에 직면해 있음을 고백하지 않을 수 없다. 아직 온전히 마치지 못하여 이 책에 포함시키지 못한 '『혼불』의 공간 위상'에 관한 논의와 함께 다음 저술의 과제로 남긴다.

5 메를로-퐁티(Maurice Merlau-Ponty)의 지각 현상학의 구심적 사유를 염두에 둔 얘기이다.

6 김용옥은 이에 대해 '몸각(Mom-feeling)'이란 말을 쓰고 있다. 그의 논의는 기본적으로 서구의 존재론적 이원론에 입각한 기존의 미학 체계를 해체하고 노장(老壯)적 미학론을 주창하고자 한다. 기본적으로 판소리의 미학을 논구하는 과정에서 드러나는 혜안이다(김용옥, 『아름다움과 추함』, 통나무, 1987 참조).

7 감정 이입(Einfühlen)은 후기 훗설의 현상학의 주요한 기반이 되는 상호주관성 논의의 근거가 된다. 하이데거가 말하는 슈팀뭉(조율Stimmung) 역시 훗설의 이러한 논지를 계승한 것이라 할 것이다.

■

서사의 저자성과 소통의 문화적 지형

이야기는 소통되었을 때라야 이야기가 된다. 제 아무리 재담 넘치는 이야기꾼이 하는 이야기라도, 듣는 이가 없거나 혹 청자가 있더라도 별스런 반응을 하지 않으면 좋은 이야기가 될 수 없다. 이야기는 나누어야 제맛이며 소통될 때 본연의 의의가 살아나는 것이다. 소통되지 않은 이야기는 이야기가 아니다.

따라서 이야기는 일방적인 전언message의 표현에 국한되지 않는다. 미하일 바흐친은 이러한 이야기의 본질에 주목하여 서사의 다성성을 갈파했을 것이다. 과연 서사는 표현과 소통의 조응을 통한 대화적 장에서 빚어진다. 이러한 대화성은 직시적인 소통의 국면에 국한되지 않고, 텍스트의 생성과 구성에 작용하는 상호텍스트성의 국면으로 확장된다. 이야기의 제재에서 구성에 이르기까지 문화적 자장이 작용하는 서사의 문화적 역학이 드러나는 것이다. 독백적인 시로써 달성할 수 없는 문학적 소통의 본색이 서사 장르에서 구현되는 것은 수순이다.

이처럼 서사는 이야기 소통의 장을 통해 면모가 드러나는 구성체이다. 표현만으로는 이야기가 이루어질 수 없으며 반드시 소통의 역학이 작용함으로써만 서사가 온전히 구성될 수 있다. 고정된 실체로서 주어지는 이야기는 아무런 서사적 효과를 발휘하지 못할 뿐만 아니라, 실상 그러한 이야기는 있을 수 없다. 대개 이야기가 소통되는 공동의 장을 전제로 서사의 국면이 완성되는데, 이는 서사가 문화장에서 그 기반을 얻는다는 사실로 비약한다.

결국 어떠한 서사도 작가 고유의 소산이 아니다. 이야깃거리의 생성 면에서 그러하고, 소통을 야기하는 대화적 이야기 방식과 구성 면에서도 그러하다. 삶의 다면에 걸쳐 지어지는 이야기의 모티프가 문화적 층위에 있으며, 그 모티프를 취하여 쓰고 변주함으로써 이야기를 생성하고 소통하는 과정 또한 문화적 층위에서 이루어진다. 독자의 반응을 전제로 한 소통의 문화적 역학이 그 관건인 것은 말할 나위 없다.

서사가 본질적으로 문화 담론이어야 하며 그럴 수밖에 없다는 관점에 비추어 보면, 작가의 재능이나 개성, 혹은 권위 등에서 비롯되는 저자성*authority*은 희석되며, 표현의 구심인 작가 요소는 이야기의 구성과 소통의 역학에 부쳐진다. 바흐친의 생각에 덧붙여 말하자면, 그러한 저자성이 무색해질수록 대화적 장르인 서사의 본색은 더 짙어지며, 의미 창출과 소통에 관건인 해석의 지평이 드넓어짐으로써 서사의 문화적 저변이 더욱 다져진다. 저자성은 소통의 회로가 원활하게 구동되는 과정에 작용하는 기제에 국한된 채 겉으로 드러나지 않아야 서사가 순조롭게 진행된다.

의미가 고정된 실체라면 모를까 소통을 전제로 하는 서사가 관건인 한, 저자성은 해석 가능성이 열린 텍스트에서 표현을 매개하는 작가의 한 속성에 불과하다. 표현의 가능성 또한 다양한 매체를 통해 재구성될 여지에 열린 터라면, 저자성은 문화적 차원에 있어야 할 서사의 가치를 희석할 요인으로 작용할 우려가 크다. 다양한 이야깃거리를 취택하여 재구성하는 표현 과정 자체만 하더라도 원조original를 따지기 힘든 만큼, 서사에서 저자성이 도드라져서는 곤란하다. 이야기는 문화적 축적의 산물로서 구성체이기 때문에 그러하다. 엘리어트T. S. Eliot의 진단처럼, 문학은 개인의 재능보다는 전통에서 비롯된 산물이어야 유력하다.[1]

이처럼 서사를 문화적 담론의 한 양태로 전제하는 관점은 서사텍스트를 이해할 때 매우 유연한 방법론적 단서를 제공한다. 문화지ethnography적 규모를 자랑하는 『혼불』을 논급할 때라면 더욱 그러하다.

『혼불』은 단순히 흥미로운 사건에서 취한 이야깃거리로만 구성되지 않았다. 각양의 삶에서 취하여 각색한 이야기와, 전승을 통해 익숙해진 문화에서 취하여 변주한 이야기를 제재 삼아 장대한 서사를 이루어 낸 결과가 『혼불』이다. 규모의 외연 못지 않게, 거기 응축된 문화적 담론은 형상이 다채롭고, 행간에 깊이 있는 사유와 창의의 정수가 배어 있다. 이야기뿐만 아니라 서사 외적 담론의 채용 양상에서 여느 소설과 다른 면모가 엿보이는 이 서사적 결정結晶을 통해 '문화(적) 서사'의 위의와 풍모를 짐작할 만하다.

우선 잘 알려진 대로, 『혼불』에는 민속이나 풍속의 면모가 풍성하면서도 세밀하게 기술되어 있다. 한 시대 삶의 다면과 전승 문화의 다층이 그려짐으로써, 문화 현장을 간접적으로 체험할 수 있는 여지가 조성된다. 특히 서사의 핵심 모티프인 '혼불'과 관련된 상례나, 이야기의 모두冒頭를 장식한 혼례 등, 통과의례를 기술한 대목은 그 구심이다. 문화 정보의 단편을 서술하는 데 그치지 않고 의례에 연관된 방계 문화의 면면을 같이 기술함으로써, 문화의 다층을 잘 살려 그린다.

가령, 청암부인의 죽음을 전후하여 펼쳐지는 이야기 대목에서, 죽음을 목전에 둔 이의 회한이 응어리진 진액으로 표상될 때, 그의 죽음을 예조하는 '혼불'이 떠올라 날아가는 형상이 목도된다. 그 실상이야 어떻든지 죽음을 맞이한 이들의 곡진한 심회가 그러한 민속관념을 빚었을 것이 분명하다. '혼불'은 단편적인 실체로서가 아니라 죽음에 관한 문화적 표상으로서 의의 있는데, 이 표상을 두고 명복을 비는 이들의 간절한 심령이야말로 죽음에 관한 가장 명징한 '사실'일 것이다. 삶의 회한을 뒤로한 채 떠나야 하는 영혼이나, 망자를 보내는 슬픔을 짊어져야 할 이들 어느 쪽이라고 죽음을 달가워하겠는가마는, 부정한 죽음의 그림자를 걷어 내고 다시금 삶의 시공을 안정되이 이끌어 가야 하는 터라면, 죽음을 회피할 수만은 없는 노릇이다. 죽음이야말로 육신의 속박에서 벗어난 영혼이 자유로울 수 있는 계기라는 믿음이 절실히 요구될 것이다. 밝고 맑은 영혼을 빗대는 듯 '보름달'과 같이 떠오른다는 '혼불'이야말로 영혼의 자유로운 비상에 대한 표상이 될 만하다.

죽음에 관한 그 표상은 망자의 넋을 위무하는 한편, 살아 있는 이들이 겪을 슬픔을 덜고자 하는 마음이 문화적 정서로 승화된 결정체일 것이다. 그러한 정서적 교감이 『혼불』의 문맥을 통해 순조로운 소통의 요인으로 작용한다. 장면과 상황, 정서를 세묘한 표현이 특히 돋보이곤 하는데, 비단 잘 지어 쓰는 표현력에만 기대어서는 이 소설에서와 같이 구체적 정황을 기술하기 힘들다. 애틋한 정서를 나누는 이들의 처지를 이해할 수 있을 때라야 수월하게 소통되는 서사를 지을 수 있을 텐데, 개인적 삶의 경험을 좀더 보편적인 문화적 통찰 수준으로 이을 때라야 『혼불』에서와 같은 구상적 담론을 내놓을 수 있는 것이다.

> 후읍.
>
> 그 순간 청암부인은 깊은 숨을 들이쉰다. 방안에 둘러앉은 사람들도 따라서 숨을 들이쉰다. 그러나, 그네의 메마른 몸 속으로 한번 빨리어 들어간 숨은 다시 새어 나오지 않았다.
>
> 율촌댁이 황급히 몸을 기울여 청암부인의 숨소리를 들어본다. 아무런 기척이 없다. 옆에 앉은 효원이 백지에 싼 햇솜 한 조각을 청암부인의 인중 위에 송구스러운 기색으로 얹어 놓는다.
>
> 이 무슨 참람한 일이냐. 내가 할머님 절명을 확인하다니. 잠시 숨을 멈추신 것일 뿐, 아직 살아 계시어 정신이 있으시면, 내 이 못할 짓을 어찌 용서받으리.
>
> 효원은, 새어 나오는 흐느낌을 누르지 못한다. 방안의 사람들은 숨을 죽이고 솜을 바라보았다. 그러나, 깃털보다 가벼워 스러질 것 같은 햇솜은 움직이지 않았다. 이미 부인은 숨을 거둔 것이다.
>
> 아직도, 내쉬지 않은 숨이 몸 속에 살아 있을 것이언만, 그네는 아무런 말 한 마디 따로이 남기지 않고 눈을 감았다.

아이고오, 아이고오오.

이기채가 곡성을 터뜨렸다. 율촌댁은 머리에서 비녀를 뽑았다. 머리를 풀고 곡을 하는 율촌댁 옆에서 효원이 호곡한다.

창자가 끊어지는 울음이다. (3권, 121~122쪽)

임종의 순간 감도는 긴장감에 뒤섞인 곡진한 슬픔을 감내하기 힘든 것이 인지상정일 테지만, 바로 곡을 하지 않고 절명을 확인하기까지 진행되는 의례적 절차를 담담히 기술함으로써 감정을 직서하지 않게끔 이야기의 흐름을 조율한 것이 인상적이다. 터져 오르는 슬픔을 누른 채 곡을 삼키는 이들의 심회에 근사하게 담화의 양상을 조율하고 있는 셈인데, 급격한 감정에 휩쓸리지 않고 임종의 현장감을 잘 살려 표현함으로써 문화에서 취한 이 서사의 의의를 재확인시킨다.

가셨고나.

거멍굴 사람들도, 어둠을 밀어 내며 일어나 앉는다. 쑥대강이 같은 머리를 더듬어 다듬고는 황망히 지겟문을 열고 나와 벌써 봉당으로 내려서는 사람도 있다.

매안과 거멍굴이 서로 반상班常을 가리지 않고 불빛들로 비보悲報를 나눌 때, 원뜸의 안마당 한가운데 화롯불이 피워졌다. (3권, 122쪽)

매안의 곡성은 담을 타고 넘어 거멍굴에 퍼져 들었다. 이미 청암부인의 죽음을 감지하며 뒤척이던 사람들은 그 곡성에 마침내 잠을 깬다. 눈물을 머금고 장례에 참여할 채비를 한다. 죽음의 슬픔이 담을 타고 넘어 온 마을에 퍼지고, 마을 사람들이 신분의 고하를 가리지 않고 그 슬픔을 함께 감당하고자 한다는 얘기 또한 상례에 임하는 성원들의 결속감을 문화적 차원에서 잘 고찰한 다음이라야 기술할 수 있는 대목이다. 이런 과정에 형성된 분위기 속에 독자들까지 휩싸일지도 모를 만큼, 그 현장감이 가상이나마 드러난다. 의례는 누구나 다 참여해 마땅한 문화장이라는 의례의 본질적 원리가 이 대목에 배어 있다.

'화롯불'은 그 구심이 되는 표상이다. 이는 시신을 모신 방의 아궁이 불을 끈 대신 피워 놓은 불에 불과하지만, 상가에 모인 이들이 서로 어우러지는 마당에 피워진 만큼, 그 주위에서 이야기판이 펼쳐질 게 뻔하다. 처음에 망자의 넋을 위로하고 그의 일생의 덕을 기리는 이야기를 펼치다가 이내 자신들의 삶을 넋두리하는가 하면 종내 화기애애한 분위기 속에서 표나지 않게 즐거운 이야기를 나누게 된다. 위 대목을 기점으로 문상객들의 이야기가 이어지는 것은 이러한 표상에 서사적 구체성을 더한다. 의례의 장은 의사소통의 공동체를 형성하는 계기인 것이다.

청암부인의 장례 과정이 죽음의 의례라기보다는 혼례라고 하는 게 더 나을 분위기로 그려지는 것도 의미심장하다. 의례의 절정인, 망자를 저승으로 천도하는 제차祭次는 망자를 신부처럼 치장하고서 시작된다.

> 시신을 모신 방에서 동종同宗 부인들과 둘러앉아 습襲을 하던 인월댁은, 흡실댁이 조심스럽게 펼치는 녹원삼綠圓衫의 휘황한 자락을 바라본다.
>
> 어찌 아직 이대도록 고운가.

세월이 오래 흘러 근 오십여 년이 다 되었어도 여전히 그 빛이 선연하여 조금도 바래지 않은 비단 원삼은, 초록의 몸 바탕에 너울같이 넓은 색동 소매를 달고 있었다. 진홍, 궁청, 노랑, 연지에 연두, 다홍을 물리고, 부리에는 눈같이 흰 한삼이 드리워진 색동 소매는, 초례청에 선 신부가 입던 그대로여서, 죽은 이의 푸른 몸에 수의로 입히기에는 섬뜩하고 처연하기 그지없었다.

그것은, 청암부인이 혼인하던 날 입었던 원삼이었다. (3권, 180쪽)

굿거리(대개는 사자거리)에서 죽음의 날을 가리켜 '저 세상으로 시집가는 날'이라는 공수가 펼쳐지기는 다반사다. 참으로 슬픈 심정에 목메어 우는 이들을 달래기라도 하려는 것일까, 망자의 넋을 입은 만신이 들려주는 공수에서는 예의 그런 조로 위로하는 소리가 주를 이룬다. 어쨌든 죽음의 입사식은 또 한번의 혼례처럼 치러진다. 그래서 처음 분위기가 더할 나위 없는 슬픔에 휩쓸렸던 터이지만, 종내 그 슬픔이 초극될 수 있는 계기가 조성된 것이다. 망자를 비로소 저승에 떠나 보내는 가장 슬픈 순간이니, 어떻게든 그 슬픔을 최소화하고자 하는 의례 연행자들의 지혜가 발휘되어 그리 되는지도 모른다. 외면적인 이유라면, 청암부인이 요절하였던 남편과의 합장을 유언하였기에 그리한 것이지만, 굳이 이렇게 상황을 설정함으로써 죽음의 그림자가 삶의 장을 해쳐서는 안 된다는 문화적 예지를 이야기하고자 했을 것이다. 작가의 일방적인 전언으로써 이야기되지 않고 청암부인의 또 다른 유언을 통해 그러한 생각이 시사되고 있어, 이 서사의 문화적 질감이 한층 더해진다.

“나는 이제, 너무 더운 날 삼복三伏이나, 너무 추워 얼어붙는 동지 섣달에는 안 죽을란다. 일허는 사람들이 고생한다.”

생전에 늘 그렇게 말하던 청암부인은, 그러나, 봄 가을을 다 두고 천지가 얼어붙는 동짓달에, 그것도 일년 중에 밤이 제일 길다는 동짓날을 바로 앞둔, 길고 캄캄한 밤의 복판에서 운명하였다.

“나 죽은 다음에는 동네 사람들을 후히 먹이라.”

고도 말했었다.

“제사 때를 당허면, 아무 음식도 아끼지 말고, 술도 빚고, 떡도 허고, 돼지도 잡아서, 온 동네 사람이 재미나고 풍족하게 먹도록 해 주어라. 나는 생전에도 사람을 좋아했으니.” (3권, 129～130쪽)

청암부인은 자신의 죽음이, 살아 있는 사람들에게 해를 끼쳐서는 안 된다고 생각하고 있었다. 그리고 그 죽음의 의례는 동네의 잔치판이 되게끔 해야 한다고 생각하고 있었다. 온갖 음식을 아끼지 않고 내어 놓아 그들이 먹고 즐거이 놀 수 있는 ‘마당’이 되게 하고자 했던 것이다. 청암부인의 이러한 유언은 그대로가 죽음의 의례의 의도와 효과를 극명하게 드러내는 말이다. 그 의례는 공히 살아남은 이들이 슬픔을 초극하는 장으로 마련되었던 게 보통이니 말이다.

‘기쁨은 나누면 배가 되고, 슬픔은 나누면 반이 된다’고 했던가. 슬픔을 쪼개고 또 쪼개어, 한 사람이 짊어져야 하는 슬픔의 양을 최소화하지 않으면 안 된다. 슬픔을 초극하기 위해서 그 죽음의 의례는 성원들 서로가 어우러지는 마당이 되어야 한다. 성원들의 넋두리가 어우러짐으로써 그러한 의례의 효과가 달성된다. 『혼불』에서 청암부인의 상례를 계기로 여러 사람들의 이야기가 어우러지는 것은 이러한 원리와 연관될 것이다. 결국 『혼불』 서사의 원리나 전략은 문화 서사의 차원이 비단 제재에 국한되지 않고 서사 담론의 양상을 결정하는 차원으로 비약할 수 있는 가능성을 개시한다.

이러한 양상은 풍속이나 민속을 기술한 다른 대목에서도 확인되니 『혼불』 전체에 걸쳐 작용하는 서사 전략이라고 해도 과언은 아니다. 다양한 전적典籍과 민요나 소리 대목의 인유 양상 또한 단순한 인용 수준에 그치지 않는다. 다양하고 각색인 서사 외적 담론은 그저 단순한 기록 수준에 국한되지 않으며, 서사 담론과 어우러져 구성의 역동성을 낳는다. 전승된 설화가 이야기 속 이야기로 인유되는 양상 또한 그러하다. 인유된 이야기의 편린들은 맥락에 걸맞은 의미를 낳거나 역동적 구성의 묘를 더하여 서사의 진면을 다양하게 체험하는 계기를 제공한다. 그러한 예가 『혼불』에 편재하는데, 앞서도 살펴보았던 다음과 같은 대목들에서 그 단면을 엿볼 수 있다.

> "어렸을 때 들은 이야기라서 아물아물하다만 전에 옛적에 어떤 사냥꾼이 있었다는 게야. 어찌나 명사수였는지 한번 팔매를 던지면 공중에 날아가던 매도 떨어졌다는 사람이지. 그 사람이 하루는 자기 집 밭머리에서 팔매 하나로 까마귀 세 마리를 잡았더라는구나. 그게 귀신이나 할 수 있는 일이지, 어디 사람의 솜씨냐. 그 사람은 어찌나 좋던지 입이 찢어질 지경이었단다. 물론 희색이 만면하여, 그날 밤에 까마귀 고기를 내외간에 앉아 맛나게 먹었지. 그런데 그날 밤에 안사람이 수태를 하게 됐대. 사냥꾼은 이제 남부러울 것이 없어서 기고만장. 하는 일에 힘이 나고 신명이 나지 않았겠느냐."
>
> 그리하여 연년생으로 아들 삼형제가 태어났는데 그들은 누구보다도 잘생기고 영특하며 효성이 남다르게 뛰어나 사냥꾼 부부는 행복하기 더할 나위 없는 나날을 보내게 되었다. …(중략)…

"아이고, 아가."

그 덫은 사냥꾼이 있는 솜씨를 다해서 만든 튼튼한 것으로, 멧돼지를 잡을 때 쓰는 것이었다.

아비가 미친 것처럼 울부짖으며 가까스로 아들의 발목을 잡아 빼내 주었을 때는, 이미 아들이 숨을 거두고 난 다음이었다.

아비는 아들을 찾으러 어리석게도 바깥을 헤매고 돌아다녔던 것을 탄식하며 가슴을 쥐어뜯었다. 그리고 덩클 덩클, 피를 토했다.

(아아, 한 자식만은 건질 수 있었던 것을, 내 집안에서 내가 만든 덫에 내 자식이 치여 숨지다니. 세상 천하에 이런 기구한 일이 어디 또 있을까. 하늘은 참으로 계신가. 귀신이 계신다면 이 속을 아시는가.)

세 아들을 단 하루에 잃어버린 사냥꾼 내외의 상심은 이루 말로 다 할 수가 없는 것이었다.

그들은 먹지도 못하고 잠들지도 못하면서 피골이 상접하여 꼬챙이처럼 말라가게 되었다. …(중략)…

말을 마친 삼형제는 그 자리에서 훌딱 몸을 뒤집어, 그만 까마귀로 변해 버리는 것이었다.

"우리가 전생을 몰라서 생사의 인연을 놓고 설워하는 것이지, 알고 보면 모두 다 제 받을 몫을 받는 것이야."

청암부인은 까마귀 형제들의 이야기 끝에 한숨을 쉬었다.

(나도 죄가 많은 사람이 분명하다. 아마 전생에서는 내가 그 사람을 두고 먼저 죽었는지도 모를 일. 아니면 내가 무슨 못할 짓을 그렇게도 모질게 했었던고.) (2권, 114~119쪽)

누구나 한번쯤은 들었음 직한 '까마귀 형제들의 이야기'이다. 기구한 강수의 운명에 대해 청암부인과 이기채 사이에 대화가 오가는 가운데 전생에 대한 얘기가 나오고, 그 끝에 이 전생에 관한 우화가 낀 것이다. 이 우화가 청암부인의 입을 통해 전해지는 것으로 되어 있는 만큼 본 이야기의 흐름을 단절하는 요소는 아니다. 그 이야기는 청암부인도 '어렸을 때 들은 이야기라서 아물아물'한 것이라 했는데, 이야기해 주는 사람 스스로가 그 이야기를 정확하게 재연하여 말할 수 없는 것으로 전제되었기 때문에, 그 이야기의 전모에 대해 신빙성을 기대할 수 없게끔 되어 있어 문제다.[2]

어느덧 이야기의 흐름은 청암부인과 이기채 사이에 주고받는 담화에서 벗어나 그 담화의 화제가 되는 설화 한 대목으로 넘어간 상황이다. 급기야 이야기의 전달자 역할이 서술자에게 위임되었으니, 삽화처럼 처리되고 이야기의 흐름이 끊어진 듯한 문제가 생기는 것이다. 청암부인이 운을 뗀 이야기를 이어서, 서술자가 그 전모를 전해 주고 있는 식이다. 그런데 이런 서술 양상은 오히려 독자로 하여금 구성진 말솜씨로 전해진 이야기를 듣는 재미에 몰입하게끔 할 여지를 조성한다. 이를테면, 삽입된 이야기에서 인물들이 주고받는 말은 그들이 말을 꺼내는 상황이 최대한 고려되어 표출되고 있는데, 위에 일부 인용한 데 — 중략한 사이 대목("아이고 아가." ~ 말라가게 되었다.) — 에서 보듯이, 그 발화에 묻어난 애틋한 느낌에 독자들이 감정이입하기 좋게 되어 있는 것이다.

혹 이 대목을 순연히 청암부인의 이야기 투 그대로 전하는 것으로 처리했을 경우를, 그러니까 서술자가 개입하지 않는 경우를 상정해 보자. 위엄 있는 양반네가 이야기 속 인물들의 말투를 일일이 흉내내 가면서까지 실감 있게 이야기해 줄 수는 없는 노릇이라서, 그 이야기의 감흥과 의의를 온전히 드러낼 수 없을 것이다. 그래서 이야기꾼 역할을 서술자가 대신한 것이고, 지위와 위엄에 구애받지 않아 자유로운 서술자는 본래 이야기 상황을 그대로 구현하여 제시할 수 있게 된 것이다.

그렇게 기술된 터라, 이 이야기 대목이 언뜻 보기에 전체 이야기의 흐름을 해치며 끼어든 삽화처럼 여겨진 것이다. 또한 작가나 서술자의 개입 양상이 두드러진 부분이라고 하거나 편집자적 논평이나 서사 외적 정보의 삽입이라고 여겨져, 흔히 소설의 미감을 떨어뜨리는 요소로 인식될 가능성이 없지 않다. 과연 작가나 서술자가 개입하여, 사건의 진행 양상이나 관련 정보를 세밀하게 기술하지 않고 전체 서사의 본류에 관련되는 대목들만 간추려 설명하듯 전하려고 할 때면, 이야기 특유의 현장감은 물론이고 개연성이 퇴색될 수밖에 없다. 하지만 위의 경우 삽입된 이야기 대목은 발화 양상을 조율할 수 있게끔 인물의 목소리가 절묘하게 혼재되어 있기 때문에, 정보의 삽입이나 편집자적 논평이라고 단언할 수만은 없다. 결과만 두고 보자면, 이야기 삽입 대목을 글자 그대로 서술자의 개입처럼 보는 관점이 전혀 잘못된 것은 아니지만, 서술상황의 역학을 고려하고 보면, 서술자의 개입이 여느 소설에서처럼 단순한 기제에 의한 것은 아니라는 사실에 주목하게 된다. 언뜻 보기에 단순한 삽화처럼 보이는 대목들을 세심히 읽어 보면, 서술상황의 조율을 통해 이야기의 역동성을 드높이는 계기로 작용하고 있다는 사실을 알 수 있는 것이다.

이때 판소리의 연행演行 상황을 떠올려 보는 것은 타당하다. 판소리의 창우唱優는 창에 아니리를 섞고 발림을 곁들여 가며 구성진 소리를 엮어 가는 동안, 등장인물들의 배역을 홀로 맡아 연기를 펼치는가 하면, 그 극적 상황의 해설자 역할이나 이야기 전개를 이끄는 이야기꾼 역할까지 담당한다. 이 과정에서 전체 이야기 전개 양상은 한줄기로 이어져 전해지기는커녕, 온갖 재담이 함께 어우러지는 국면이 이루어지기 일쑤다. 딱히 대본이라 할 만한 것조차 없는 상황에서 구송하기 때문에 벌어지는 상황인데, 변화의 묘미가 소리판에서 잘 드러난다. 그런 상황의 역동성을 『혼불』이 기술記述 언어로써 잘 구현한 것이다.[3]

물론 판소리에서 단순히 제재만을 취하거나 했다고 해서 이런 식으로 평할 것은 아니다. 실제로 판소리 사설이 인용되었거나 그 이야기가 재록載錄된 경우는 몇 차례 되지 않는다. 그런데도 『혼불』에 대해 논급할 때 판소리와 관련된 점을 상기할 필요가 있는 것은 이야기 방식에 판소리의 연행 특성이 배어 있기 때문이다. 플롯으로 구축된 구조의 미학보다는, 이야기를 전하는 과정의 역동성이 반영된 구성과 함께, 관객에게 전달되는 소리의 역학적 효과 원리가 채용된 담론 양식 면에서 그렇듯 얘기할 수 있는 것이다.

이러한 이야기 구성은 우리의 이야기 전통에서는 친숙한 방식이다. 그 친숙하던 것이 근대화 도정에 잊혀졌고, 이를 오늘날 되살리려는 노력의 결정체가 바로 『혼불』이라 할 수 있다. 특히 소리판에서 구현되었던 교감의 미학을 되새겨 보면 이 소설의 의의가 배가되는 것이다. 그만큼 『혼불』은 작가의 개성이나 기발한 착상에서 비롯된 이야기에 국한되지 않고, 제재와 구성, 서술 등 서사의 다층에 걸쳐 이야기 전통을 저변 삼아 쌓은 결과라고 할 수 있다.

이렇듯 삶의 총체에 관한 문화적 차원의 서사는 철리哲理나 역사에 관한 담론을 기술함으로써 더욱 명징한 자격을 얻는다. 저자성이 한 걸음 더 물러서는 것은 수순이다. 저와 같은 서사 외적 담론은 작가 혼자만의 개성에서 비롯하지 않기 때문이다. 저자성이 물러선 자리만큼 소통의 여지가 드넓어지며, 서사의 양상은 문화적 차원에 한층 더 육박한다. 『혼불』 특유의 정제된 표현에서 보이는 묘미가 주목을 끌지만, 이 서사가 작가의 개성이나 주관적 사변에서 나온 산물이 아니라는 사실에 주목하는 눈길까지 돌릴 수는 없다. 가령 제9권의 상당 분량을 할애하여 기술한 '사천왕'에 관한 이야기는 작가의 세심한 시선과 섬세한 묘사력이 빛을 발하는 부분인데, 무엇보다도 이를 통해 세상의 철리를 논파하는 통찰이 더욱 돋보인다. 이는 아무나 쉬이 흉내낼 수 없는 작가의 역량을 확인시키는 면이 없지 않으나, 세계에 대한 통찰이 어찌 한 개인의 창안에서 비롯되었다고 할 수 있겠는가.

> "아, 그런데, 스님. 각 존위의 방위 서신 위치가 동·서·남·북이 아니고, 동·남·서·북으로 되어 있습니까?" (9권, 70쪽)

사천왕 존위의 방위를 묻는 물음으로 시작하는 얘기 대목이 심상치는 않아 보인다. 상식적으로 방위는 으레 동서남북이지, 동남서북 방위는 생각조차 해본 적이 없을 테니 그렇다. 사천왕 존위의 방위에 숨은 사연이나 뜻이 담겨있을 것만 같다.

> "예. 이 세상의 방위를 둥그렇게 본 것입니다. 동·서·남·북이 방위

를 서로 반대 개념, 즉 대칭으로 짚은 것이라면 동·남·서·북은 원으로 짚은 것이지요. 그러니까 동·서·남·북으로 방위를 보면 해가 뜬다, 해가 진다, 춥다, 덥다, 밝다, 어둡다, 이런 식으로 분류하고 나누게 되지 않겠습니까? 그러나 동·남·서·북 방위는 해뜨는 동쪽에서 출발하여 해가 점점 길고 밝아지는 남쪽으로 이동하고, 다음은 해가 지는 서쪽으로 갑니다. 그러고 나면 밤이 오지요. 북방입니다. 그리고 북방은 동방과 나란히 있지요. 어둠이 고요히 우주와 만물을 품어주면 이윽고 해뜨는 아침이 옵니다. 그래서 동·남·서·북으로 이동하는 것은 우주의 자연이 주는 생체 방위의 평화와 순리가 있지요. 우리의 몸에 맞는 방위 감각이라는 것입니다. 이 방위에는 모든 것이 옆에 있고 동등하며 끝없이 순환하는 평화가 있습니다."

(9권, 70~71쪽. 인용자 밑줄)

그 방위 인식의 차이는 단순한 배열의 차이에 그치는 것이 아니고, 우리가 몸담고 있는 세계 혹은 우주의 질서를 이해하는 원리의 차이를 대유하는 데까지 미쳐 있다. 요컨대 동서남북 식으로 방위를 따지는 것이 사태를 대립된 것으로 분석하여 인식하는 태도인 데 비해, 동남서북 식으로 방위를 이해하는 것은 세계를 그 운행의 순리에 따라 파악하는 태도이다. 하나가 이원 대립의 구조를 상정하고서 세계의 질서를 이 구조에 맞게끔 재단하여 설명하는 시각이라면, 다른 하나는 세계를 하나의 거대한 유기체로 전제하고서 그 '몸'의 움직임을 그대로 기술하여 이해하려는 시각이다. 이때 이원론적 세계관이 서구 사상의 근간이라면 몸의 느낌에 따른 세계관은 동양 사상의 원천이라는 견해가 식자들 사이에서는 널리 통용되고 있다.

동과 서, 남과 북이라는 대립적 방위. 밝음과 어둠, 온기와 한기라는 대립적 음양관. 이런 분석적 세계관이 은연중 우리의 상식으로 자리잡고 있는 현실 속에서는, 『혼불』의 세계를 이해하기 꽤 어렵다. 무엇인가 실체를 상정하고서 그 실체를 향해, 그 끝을 향해 치달으려고만 하여, 목적에 부합하는 요소들만 가치 있다고 판단하려 드는 세계관으로써는 이 소설을 이해할 수 없다. 여기에서 실체와 그것들 사이의 대립 관계는 따지고 보면 개념상 조작한 허구일 혐의가 짙은데, 작위作爲에 우리 의식을 내맡길 수만은 없을 것이다. 따라서 우리가 취할 수 있는 또 하나의 세계관은, 천체가 운행하는 길을 따라 바라보고서 그 우주의 질서를 제대로 파악할 수 있도록 하는 식이어야 한다. 우리는 때로 조작 없이[無爲] 그 흐름이 가는 대로 직관할 수 있어야 하는 것이다. 그 흐름 속에 생명의 기가 흐르고[氣運], 그 기의 흐름이 또 생명을 지탱하는 힘이 되고 새 생명을 낳는 원천이 된다. 이런 유기체적 세계는 구성 세포 하나하나가 살아 움직이고 서로를 보완하는 관계를 유지함으로써만 생동할 수 있다. 가령 어둠과 밝음은 서로 적대적 대립 속에서 서로를 해치는 것이 아니라, 서로의 빈자리를 메워 우주의 운행을 원활하게 하는 작용을 한다. 그리고 그 어느 편도 절대 가치를 얻지 못하여, 모든 것이 '옆에 있고 동등하며 끝없이 순환하는' 가운데 똑같은 가치 정도를 서로의 자리에서 확보하는 것이다. 이러한 철학적 담론이 사천왕에 관한 이야기를 통해 전해지고 있으니, 『혼불』을 비단 소설책으로만 읽을 수는 없을 것이다.

이처럼 거창한 철리를 담론하는 이야기의 규모는 개인의 창의력이나 상상력만으로는 도달할 수 없는 어떠한 경지를 명변한다. 『혼불』의 표현과 소통에 작용하는 저자성이 무색해지기는 이때에도 마찬가지다. 작가는 작품의 중심에 서는 것이 아니라, 다양한 담론 양태를 수렴하는 표현의 구심으로서 소통을 원활하게 하는 구실을 한다. 빼어난 표현이라도 작가의 개성이나 솜씨를 드러내는 데 작용하지 않고, 삶의 총체에 관한 담론으로서 문화 서사의 양상을 돋보이게 하는 데 일조할 뿐이다. 이를테면 『혼불』은 그 자체로서 문화지의 차원에 육박하는 텍스트성을 띠는데, 종내 다른 문화적 텍스트로 변주될 가능성이 예견되며 실상으로도 드러나고 있다. 문화 서사로서의 면모가 더욱 부각됨에 따라 이 소설은 자족적인 텍스트의 자리에서 더욱 멀리 나아가 문화적 소통의 역학에 놓이게 되는 것이다. 저자의 권위에 기대이거나 권위 그 자체인 저자성은 이 서사를 이해하는 데 더 이상 관건이 아니다.

『혼불』은 소설로서만 읽히지 않는다. 이는 문화지적 정보 매체로서 역할을 담당하곤 한다. 가령 의례나 복식服飾, 음식 문화 등에 관련된, 제법 소상한 정보를 『혼불』에서 얻을 수 있다. 물론 단순한 정보에만 그치지 않고 문학적 담론 특유의 미감을 느낄 수 있는 것은 사실이다. 특히 문화 현장의 세세한 구석을 살펴 기술한 대목들이 눈길을 끈다. '민속'은 일상에서 볼 수 있는 사소한 삶의 단면이 중요하다는 점을 의식할 만한데, 가령 다음과 같은 대목은 의미심장하다.

> 쌀 세 가마가 들어간다는 우람한 독아지는 대를 물린 장독이요, 그 옆에 해를 묵여 걸쭉해진 진간장과, 진하지 않은 간장 청장淸醬 항아

리가 놓이고, 김칫독들이 어깨를 반듯하게 맞댄 맨 뒷줄은, 한낱 흙을 구워 만든 독이라기보다 위엄 있는 가문의 엄위嚴威를 자랑하며 버티고 앉은 마나님을 보는 듯하였다. 그리고 그 앞에 중간 크기인 중들이 독들은 된장을 다복다복 담은 것이 나란히 몇 개씩, 또 두태豆太를 종류별로 담은 항아리에, 다시 한 줄 앞으로 물러앉은 좀더 작은 단지들은 고추장이며 담북상·밀가루 담은 것이다. 맨 앞줄 올망졸망 앙징스럽고 조그만 단지 단지에는 가지가지 장아찌에 조청과 자반·깨·젓갈들이 들어 있었다. (6권, 236쪽)

이를테면 서사 외적 담론에 상응하는 이 대목은 사건의 전개가 주는 흥미진진한 재미와 무관하다. 그렇지만 이런 대목을 읽는 재미가 없지 않다. 때로는 이야기의 큰 줄기를 형성하는 대목들을 읽을 때보다 읽는 재미가 더할 수도 있다. 물론 그런 정보를 무미하게 그냥 내밀지 않고 예의 언어의 미감을 살려서 전하는 표현력에 힘입어 그러함 직하다. 이때면 작가의 섬세한 관찰력이 여지없이 발휘되며, 우리의 문화장에 대한 애정 또한 여실히 감지된다. 가령 앞서 언급한 대로, 작가가 한 권의 삼분의 이 가량이나 되는 많은 분량을 할애하여 사천왕에 관한 정보와 아름다움을 전한 대목은 단적인 예일 것이다. 다만 그 재미가 수사적 표현 자체에서 비롯되기보다는, 새로운 사실을 아는 데서 비롯되거나 아는 사실이라도 좀 더 소상한 국면을 재인식하는 데서 비롯되는 재미일 공산이 더 크다. 문화적 정보의 소통에 저러한 담론이 기여하고 있으니, 문화 서사로서 『혼불』의 위상은 더욱 확연해진다고 할 수 있다. 그것은 문화적 소통에 기여하는 이야기로서의 가치와 어우러진다.

실제로 작가 최명희는 스스로 문화를 직접 체험함으로써 이야깃거리를 얻노라고 고백한다. 기발한 발상이나 상상에 기대거나 주관적인 직관에 의존하지 않는 문화 서사의 특질이 돋보이는 것은 그러한 맥락에서 비롯되는 일면이 있다. 가령 '액막이 연'에 관한 대목을 쓸 때의 정황을 얘기한 다음 대목에 주목할 만하다.

> 나는 이런 부분에 대하여 원고를 쓸 때면 대개 직접 만들어 보기 때문에, 그날도 조선 백지 창호지를 내 앞에 펼쳐 놓았다. 그런데 놀랍게도 책상 위에 놓인 그 흰 종이는 종일 태어난 저의 존재를 송두리째 드러낸 '사람'처럼 느껴졌다.
>
> 감정 이입移入이라고 할까. 종이의 온몸이 하얗게 내 마음속으로 비쳐들면서, 구김 하나 없이 손상되지 않은 그 순백에 나는 숙연해졌다.[4]

연을 직접 만들어 봄으로써만 액막이 연을 통해 표상되는 문화적 관념을 이해할 수 있으며, 체감에서 비롯된 그러한 이해를 바탕으로 했을 때라야 '감정 이입'은 주관적 감상의 차원을 벗어난 서사적 결구로 승화될 수 있을 것이다. 실로 저러한 액막이 연은 강실이의 처연한 심회를 이입한 상관물로 등장한다.

> 귀신의 낯빛으로 허옇게 질린 연의 이마에 꼭두서니 홍꼭지 대신에 검은 글씨로 '厄'이라 써 놓은 것이 달빛을 받아 더욱 귀기를 띠는데, 꽁지에 매단 지푸라기 허수아비 제웅은, 손가락 길이보다 조금 더 컸지만, 백지로 얼굴을 씌워 감은데다 눈이며 코며 입술이며 검은 붓으로 그려 넣은 것이, 강실이를 철렁 놀라게 하였다.

> 저것이 나인가. (5권, 237쪽)
>
> 액막이 연은 내장까지 푸르게 비쳐들어 그 영령泠泠한 물 소리로 채우는 달빛을 받으며, 달집이 타오르는 불길과 연기가 저만치서 일룽이는데, 허어옇게 소리도 없이 공중으로 떠올랐다. 그것은 넋의 흰 그림자 같았다. (5권, 238쪽)

위는 다음과 같은 문화적 체험에서 단서를 얻은 표현으로 보이는데, 문화적 저변에서 취한 서사적 표상이 돋보이는 것은 분명 작가의 역량 덕만은 아님이 분명하다.

> 그 물들인 동그라미 종이를 겨드랑이나 옷갈피 혹은 발바닥 같이 잘 안 보이는 곳이 아니라, 몸의 가장 높은 자리, 온 천하가 다 알아보는 이마 위에 붙이라 한다. …(중략)…
>
> 뿐만 아니라 그 동그랗게 뚫려 버린 몸통의 한가운데 동그란 구멍으로는 부딪혀 오는 센 바람이 유연하게 물결쳐 빠져 나가게 되니 어떤 바람 속에서도 자유자재로 몸을 움직일 수가 있다. 그리고 그 빈 가슴에는 푸른 하늘이 비친다.
>
> 얼마나 서럽고도 아름다운 일이랴. …(중략)…
>
> 하늘에 연이 뜨듯, 어둠에 뜨는 광명으로 '달'만한 것이 있을까.[5]

빼어난 표현이 작가의 개인적 수사력修辭力에서만 비롯한 산물이 아니며, 그런 수사력이 있다면 그 자체가 이미 문화적 통찰력에 저변을 두고 있다고 할 것이다. 『혼불』에서는 문화에 관한 이야기가 피상적 관념 수준에서 드러나지 않고, 체험을 전제로 한 구체적 담론을 통해 드러난다. 가령 앞서 살폈듯이, 죽음의 의례를 통해, 죽음에 직면하여 밀어닥치는 슬픔을 초극하고 망자의 명복을 비는 애틋한 마음이 공감을 불러일으켰다면, 그도 문화적 교감의 장을 형성하는 서사적 징후라고 할 수 있다. 요컨대 수사적 전략이 문화적 차원에서 구사되는 셈이다. 그러고 보면, 문화 적층의 가장 유력한 매재인 언어를 취택하고 다듬어 운용하는 양상 또한 문화 서사로서 이 소설의 밀도를 여실히 보여 준다. 위와 같이, 문화장에서 다채로운 은유적 표현을 구하고 있는 것은 거듭 주목을 끈다.

은유에 대한 논의의 장에서 여러 번 확인했듯이, 『혼불』에서 돋보이는 표현의 미적 국면은 기발한 상상력이나 수사력에서만 비롯되지 않는다. 삶의 구석에서 은유적 사상에 활용할 사물이나 현상, 혹은 관념 등을 발견할 수 있다. 삶의 예지에서 비롯된 은유는 피상적인 관념을 구체적인 형상으로 표현하는 은유 공정에 더 충실하게 마련이어서, 그만큼 설득력이 더하다. 형상에 형상을 더하고 이미지를 여러 국면에 걸쳐 진이히여 지어낸 비유와는 또 다른 차원에서 묘미를 느끼게 한다. 이렇듯 문화적 체험을 변주하여 특유의 표현 미학을 창의하는 언어 운용의 전략이 『혼불』 서사의 문화적 가치를 돋보이게 한다. 작가가 꿈꾸는 것이 아무나 흉내낼 수 없는 개성 넘치는 문체가 아니라 '모국어의 바다'라는 사실은 시사하는 바 크다. 이렇듯 문화적 차원에서 기획·창안된 은유적 이미지 도식의 양상을 이해할 때 『혼불』의 의미망을 오롯이 해석하고 그 문화 서사적 가치를 온전히 판정할 수 있는 지평에 이를 수 있다. 『혼불』의 저자성이 뒤로 물러선 여지만큼 문화적 가치가 확산될 수 있는 여지는 드넓어진다.

이러한 국면은 종내 문화의 역동적 맥락에서 창출되는 이야기로서 서사의 자질을 돌이켜 생각하게 한다. 삶의 자리 곳곳에서 터져 나오는 말, 제 인생을 넋두리하고 남의 영혼을 어루만져 주는 위로의 말, 서로의 생각을 나누어 갖는 말 하나하나까지도 다 이야깃거리가 될 수 있다. 무엇보다 삶의 현장에서 성원들끼리 '나누는 이야기'야말로 이야기의 문화적 적층성을 이해하는 단서이다. 이야기는 본질적으로 문화적 수행의 소산이며 역으로 문화적 수행을 추동하는 매체이다. 작가가 고백하는 다음 얘기는 의미심장하다.

> 내 핏줄의 사다리를 타고 흐르는 정서의 혈관에는 마치 터지지 않은 재채기와도 같이 뻗치는 방사선의 그리움이 촉수로 맺혔다. 그 방사선은 나의 조상과 너의 조상, 그리고 당신의 조상들로 겹겹 거미줄처럼 이어지면서 그 선조로부터 오늘의 나에 (혹은 당신에) 이르기까지 유구한 우리나라의 기후와 풍토, 산천초목, 전통적인 우리의 생활습관, 사회제도, 촌락구조, 역사, 세시풍속, 관혼상제, 통과의례, 그리고 주거의 형태와 복장과 음식이며 가구, 그릇, 치레, 소리, 노래, 언어, 빛깔, 몸짓 들을 향하여 극채색으로 뻗어나갔다.
>
> 또한 이 방사선의 거미줄 이 칸과 저 칸에 살고 있는 사람들이 다양하게 얽히고 설킨 관계의 그물이며 사랑과 증오, 갈등, 가족과 가문의 영고성쇠榮枯盛衰, 그리고 여기서 생겨난 민간신앙과 속신俗信, 종교, 관념을 통하여 그들이 가지고 있던 가치관이나 인생관, 그리고 세계관으로 파고들게 했다.
>
> 그것들을 찾아서 떠나는 발걸음은 항상 절실하고도 재미있었다.
>
> 방대하고 정밀한 이 작업에 필요한 자료는 일차적으로는 내가 어려서부터 보아온 것들에 대한 나의 기억에 있었지만 이것을 확인하고 구성하기 위해서는 무수히 많은 문헌과 현장과 전문가와 옛어른들을

찾아다녀야 했던 것이다. 우선 가깝게는 선영先塋을 모신 세거지世居地 남원의 고향과 외갓집과 일가 친척으로부터, 멀게는 중국의 연변과 심양과 목단강에 이르기까지 헤매고 다니면서, 나는 도취되었다. 이제는 너무나 많은 것들이 무너지고 변하고 사라져 흔적조차 남기지 않은 것도 많았으나 마치 이삭처럼 떨어져 남모르게 빛나는 자료를 만났을 때는 감격했다. 그래서 나는 필요한 자료를 찾으러 갈 때면 항상 그리운 사람을 만나러 가는 느낌이 들곤 했다. 기록이든 물건이든 손때 묻은 자료들은 세월의 혼을 담은 채 살아 있는 '존재'로서 나에게 자신을 드러냈다. 외할머니의 궁체두루마리 편지와 할아버지의 고색창연한 문집文集이며 수놓은 골무 한 개, 빛 바랜 종이 한 장에서도 눅눅히 육화된 숨결이 저절로 우러나왔다. 나는 진심으로 활물이 된 그들의 이야기를 듣고자 했다. …(중략)…

반면에 무슨 까닭으로 양반이 되지 못하고 평민이나 천민의 자식으로 나서 서러운 세상을 살다간 사람들도 나를 절박하게 불렀다.

한 예를 들면 『혼불』 제2부의 4권에 '귀·천'이라는 항목을 쓸 때, 소설적으로 편의상 지어낸 것이 아닌 진짜 노비의 이름을 단 한 사람 것만이라도 꼭 알고 싶었다. 나는 도서관의 낡은 도록에서 조선조 중기 어느 재상의 문서에 재산으로 분류되어 있는 노비의 이름을 발견하였다. 그들은 모두 열아홉 명이었다. 아아, 실제로 거기 노비가 있었던 것이다.

존재의 체감.

'귀매' '귀득' '영근' '양례'. 일생 가없게 살다간 그 이름들을 보는 순간, 나도 모르게 손으로 글씨를 어루만지며 쓸어보는데, 종잇장에 갇히어 몇 백 년이나 묵은 노비의 설움이 역력히 묻어나 치미는 울음을 참기 어려웠다. 나는 그들의 뼈에 맺힌 한을 조금이라도 풀어 주고 싶은 마음에 한 명도 빼놓지 않고 『혼불』에 그 이름들을 다 실었다.

"기나긴 역사의 후미진 한 모퉁이 아무도 기억하지 않을 이름 몇 개 아무 아무가 이 세상에 나와서 노비로 살다 갔단다."

간곡히 알리고 싶었다.[6]

『혼불』이 그 자체로서 문화 서사의 한 전범이라면, 이를 쓰는 과정 자체가 문화 수행의 한 국면을 엿보게 한다. 현장연구field-work를 통해 문화지를 기술하는 이들이 흔히 수행하는 '참여 관찰'에 근사한 과정이 『혼불』의 기술에 응용된 셈이다. 현장감 넘치는 문화 정보는 기술자에게 직접 체감된 양태일 때 역동적이고 구체적인 형상을 띠고 드러나 해석의 여지를 가장 크게 조성한다. '활물이 된 이야기'는 그러한 맥락과 잘 조응한 서사의 양상일 것이다. 작가의 개성이나 감상에 국한되지 않고 문화적 소통의 저변에서 조성된 이야기의 역동성이 『혼불』에서 명징하게 드러나는 것은 작가의 저러한 얘기를 통해서 그 의의가 방증된다. 저자성이 문화적 소통의 역학 속에서 잠재된다는 해석 또한 이로써 타당성을 얻는다.

이처럼 『혼불』은 문학 '작품'으로서가 아닌 문예 '담론'으로서의 특질이 크다. 문화적 저변에서 이루어진 이야기이면서 동시에 이야기의 문화적 저변을 이루기도 한다. 이른바 스토리텔링의 다양한 기법적 전범을 이 서사체에서 엿볼 수 있는 것이다. 구술 서사가 기술 서사를 통해 변주되는가 하면, 시각적 이미지가 언어를 통해 표현되는 것을 보면, 이야기 변주의 여러 가능성을 구체적인 사례로써 확인할 수 있을 것이다. 매체를 달리하여 창출되는 이야기의 다면을 이 서사체 안에서 다각으로 확인할 수 있는 것이다. 이는 곧 다양한 텍스트의 창출 가능성을 시사한다.

이러한 문화 서사는 문화 콘텐츠cultural contents의 원형으로서 활용될 여지를 안고 있다. 그 자체가 인유의 대상이 되어 다른 양식의 텍스트로 변주됨으로써 문화적 외연이 확장된다. 가령 이 소설의 한 대목을 각색하여 판소리 창본을 짓거나, 그 이야기를 오페라의 대본으로 번안하는 작업이 실제 진행되었다. 그런가 하면 이야기 주인공들의 심회를 담은 노래를 지어 음반을 낸 일도 있다. 그러한 가시적인 결과물이 아니고서도, 가령 한복 전문가가 이 소설에 기술된 복식 문화의 면면을 참고하여 고증과 창작의 단서로 삼거나, 호남 방언 연구자들이 이 소설에서 쓰인 방언 어휘를 정리하여 연구의 기초자료로 삼는 사례가 나타난다. 사전 편찬자가 이 소설의 문장에서 용례를 취하기도 하였다. 전문가가 아닌 일반 독자들도 이 소설을 통해 많은 문화 정보를 습득하고 간접적이나마 문화적 체험을 향유하고자 도모한다. 이러한 맥락에서도『혼불』이 한 개인의 저작물로서가 아니라 문화적 구성체로서 열린 지평에 놓인 텍스트라는 의의가 가장 크다는 사실을 확인할 수 있다.

『혼불』은 문화 서사이자 문화 콘텐츠이다. 그 자체가 문화적 상호텍스트성에 기반을 두고 산출된 서사이면서, 다양하고 다기한 변이형을 산출할 거푸집 역할을 한다. 일련의 문화적 수행의 구심을 이루는 문화 서사의 한 전범으로 기억할 텍스트인 것이다.

분명『혼불』은 자족적으로 완결된 텍스트가 아니라 역동적 의미체이다. 의미 해석의 역학에 따라 창출되는 다성적 서사 텍스트이다. 서사적 소통의 역학이 중층적으로 작용하여 빚어지는 가능태이다. 특유의 다성성이 드러나는 문화 서사로서의 본색이 짙은 대신에, 작가의 개성이나 개인적 체험과 사유에서 나오는 저자성이 무색한 서사체이다. 저자성보다 상호텍스트성을 본질로 하는 문화 서사인 것이다. 물론 그 저자성을 부정하는 것이 꼭 작가의 역량이나 작품의 가치를 깎아내리는 의도에서 비롯되거나 그러한 부정적 결과를 낳을 것은 아니다. 되려 문화에서 제재를 취하고 그 현장감을 잘 살려 기술하려는 노력을 통해, 소통의 가능성과 의미 창출의 지평이 열리는 것은, 저자성으로 환원할 수 없는 서사적 가치를 명변한다.

『혼불』의 의미를 창출하는 데 관여되는 기제가 순조로이 작동할 때 『혼불』의 가치는 늘 새로이 구성될 것이다. 오늘날 어느 정도 인정되는 『혼불』의 가치 또한 저간의 문화적 소통의 역학에서 구성된 소산이며, 역학적 기제가 작동하는 한 잠정적인 것이다. 혹 그 소통에 관여된 어느 한 기제가 정상 작동하지 않을 경우가 아니라면, 『혼불』의 의미와 가치는 무한히 재창조될 것이다. 설혹 각 소산이 유사해 보일지라도 그러하다.

『혼불』은 고정된 실체가 아니다. '채근담'의 한 구절을 옮겨 적은 다음 대목을 되새기며 이 장을 맺는다.

> 움직이기를 좋아하는 자는 구름 사이에 번쩍이는 번개와 바람 앞에 나풀거리는 등불과 같으며, 고요하기를 즐기는 자는 불 꺼진 재나 말라 빠진 나무와 같다. 모름지기 멈추어 있는 구름이나 잔잔한 물과 같은 경지에서도 소리개 날고 물고기 뛰노는 기상이 있어야 하나니, 이것은 바로 도道를 깨친 이의 마음이다. (7권, 298쪽)

1 '개인의 재능'이 발휘된 '작품'이 문학적 효력을 크게 발휘하기 힘든 시대이다. 출판과 유통에 관련된 기제까지 염두에 두면 저자성은 더욱 희석될 수밖에 없다. 오늘날 서사는 한 개인에게 귀속된 전유물일 수 없으며, 그 가치 또한 작가의 천재적 재능에서 비롯되지 않는다.

2 그런데도 청암부인은 이야기를 끝까지 전해 주고선 여기에 논평까지 덧붙이고 있다. 물론 정확한 이야기의 세부와 전모는 그 인물에게서 기대할 수 없지만 교훈을 전해주는 논평 정도는 기대할 수 있는지라 그리 어색한 구색은 아니다.

3 이런 맥락에서 "이 작가는 장단이며 사설에 걸쳐서 그녀의 고향 남도의 판소리 흥이며 기운을 이야기에 싣는 것을 절묘하게 연행(演行)해 보이고 있다. 판소리 양식이며 문체에다 여공(女功)의 극을 다한 이야기 풀이라고 한다면, 그녀가 소리하는 이야기꾼이라고 한다면, 전통적 이야기 곧 전통적 서사(敍事)가 오늘의 역사를 만나서 이룩한 최절정이 곧 『혼불』이라 해도 좋다."고 한 김열규의 평(『혼불』 홑수 권 책날개)은 적확하다.

4 최명희, 「『혼불』은 나의 온 존재를 요구했습니다」, 『리브로』 1996년 겨울호, 한길사.

5 위의 글.

6 위의 글.

■

지평과 남은 단서들

같은 이야기라고 해서 다 같은 이야기는 아니다. 하나의 이야깃거리라도 구성하기에 따라서 숱한 이야기가 파생되며, 유사한 구성으로 구상한 이야기라도 이야기하기 나름으로 다채롭게 변주된 이야기 양태가 구현된다. 좋은 이야기의 관건은 그 제재 면에서도 찾을 수 있지만 거개는 이야기의 구성과 방식에 상응하는 서사 담론 면에서 찾아볼 수 있다. 소설가들이 이야기의 디테일을 풍성하게 구성하고 문체 차원의 조탁에 진력하여, 뼈대만 앙상한 이야기가 나지 않도록 하는 것은 이와 연관된다.

상대적으로 소설의 독자들이 이야기를 이해하는 과정은 그 역방향이다. 독자가 직면한 서사 텍스트는 한눈에 그 전모를 파악할 수 없게 구성되어 있기 십상이다. 잘 지은 소설이라면 으레 이야기의 목표에 해당하는 주제는 물론이거니와 인물들의 행위와 사건 속에 얽히고설킨 갈등 관계를 일거에 파악하기 곤란하게 펼쳐져 있어 그 줄거리를 파악하는 일조차 어렵게 되어 있다. 그래서 독자들은 소설의 디테일에서 구성의 묘나 문체의 미감을 느끼며 찬탄하는 가운데 서사의 전모를 결정할 인자들을 찾는 데 지력을 모은다. 이를테면 서사의 이해는 이야기에서 일차적으로 확인한 세목들에서 패턴을 추출하여 일반적인 구조로 환원하는 인지 공정을 통해 수행된다.

이렇듯 소설을 읽는 과정에서 직접 확인되는 일차적이고 지엽적인 형상과 행위의 편린들을 연결하고 조합하여, 디테일에 형태를 부여함으로써 총체적인 이해를 돕는 일반적인 패턴 구조를 서사적 인지소narrative cog라 칭할 수 있다.[1] 서사 진행 과정에 산포된 복합적인 패턴들을 연산하여 일반적인 구조로 환원할 수 있도록 돕는 이미지 도식image schema, 행동역학motor-dynamic 도식, 위상phase 도식 등이 이에 상응한다.[2] 서사의 제재에 의미 있는 형상을 부여하는 데 적용되는 이미지 도식, 서사 공정(구성과 전개)에 동력으로 작용하는 행동역학 도식, 서사의 의미망을 짓는 분기점에서 적용될 위상 도식 등을 추론하여 서사적 인지 공정을 해석하는 데 쓰일 방법적 개념의 단서를 얻을 수 있음 직하다. 이러한 서사적 인지소의 분석은 특히, 서사 전개의 일정한 방향에 해당하는 단일한 스토리-라인을 바탕으로 구성된 서사보다는, 여러 사건의 축이 얽히고설킨 구성이나 여러 편의 삽화가 단속을 거듭하는 구성에 기반을 둔 서사를 이해하도록 돕는 데 긴요하다.

가령 서사의 편린들이 분절된 장으로 나뉘어 제시된 탓에 구성에 관여된 거점을 일정한 선상에다 일거에 배열하기 곤란한 소설의 경우, 인지소를 추출하여 논의에 부침으로써 그 인지 회로의 향배를 가늠할 필요가 있다. 서사의 진행을 인지하도록 작동하는 서사적

‘지각-운동신경 시스템’[3]의 일부 분기점을 찾아 이를 『혼불』의 서사적 인지소로 삼을 수 있을 텐데, 108개의 장에 걸쳐 분산된 듯 펼쳐진 이 서사의 구심을 이루는 ‘혼불’에 결부된 은유적 표상들과, 이로써 구성된 서사 공간에 구현된 장면과 행위를 통해 주제 층위로 부상하는 시사 분절의 수렴항들에 대한 이해가 관건으로 떠오른다. 이러한 인지의 관건이 되는 표지에서 파생되는 의미망의 구도를 헤아리기 위해 『혼불』의 인지소 모형을 추산하여 『혼불』 의미망의 지평을 넓힐 여지를 찾을 수 있을 것이다.

이를테면 『혼불』은 ‘혼’과 ‘불’의 조합으로 이루어진 표제어인 ‘혼불’이라는 병렬텍스트paratext가 인지의 최초 표지이다. 대수롭지 않게 이해되는 ‘혼’과 ‘불’이 ‘혼+불’로 연산되어 ‘혼불’이 산출되는데, 이 ‘혼불’은 표준어 권역에서 통용되는 어휘도 아닐 뿐더러 일반적인 상념에 회부되지 못하는 민속관념을 함의한 어휘로서, 뜻밖의 인지적 혼선을 부르며 해석이 요구되는 ‘텍스트’이다.

‘혼’은 실체가 없지만 사람들 사이에서 상당히 널리 수긍되는 개념이다. 실제 혼이 있는지 여부나 그 형상이 어떠한지 여하에 대한 동의와 상관 없이 그에 대한 개념이 담론에 편재한 현상으로 인정된다. 그 개념에 대응되는 기표와 그 기표에 사상된 이미지 형상이 문화장에 따라 다른 양태로 드러나지만 이 개념을 통해 상기되는 도식은 ‘몸’에 관여된 이미지 도식과 대립항을 이루어 담론의 장에 투사된다.

이러한 이미지 도식은 은유적 사상을 통해서 인지되며 그러한 인지의 코드를 공유하는 성원들 사이에서 문화적 과정에 회부되어 의미가 지어지고 새로운 인지 공간에 투사되어 창발적 의미망을 생성하는 인자다. 민속관념을 통해 조성된 소통의 코드는 '혼불'이라는 단말 표지에 비추어 죽음에 관여된 의례적 표상이 서사의 요체가 되리라는 예측이 가능하다. 이는 서사 진행의 분기점들nodes을 연결하여 일련의 서사 구조를 주물할 수 있도록 돕는 사상mapping의 틀이다.

『혼불』은 최초 서사 분절에서 진행된 효원과 강모의 '혼례'와 서사 전개의 변곡점에 위치한 청암부인의 '죽음'에 관여된 '혼불 맞이/보내기' 분절을 축으로 하여 민속관념과 의례의 은유가 그 의미의 자장을 확산하는 양상으로 서사 공간의 위상이 구축된다. 이로써 문화 공간을 서사 공간에 사상한 '은유 『혼불』'이, 서사와 문화를 가로지르는 영역횡단 사상cross-domain mapping을 통해 새로운 의미와 가치를 산출하는 원심이라는 점이 드러나면서, 소설의 문화 가치를 탐색할 방법적 서섬을 읻게 한다. 상이한 영역의 것을 사상하여 새로운 개념을 창의하는 개념 모형은 더 넓은 맥락을 요하면서 문화적 국면에 접어든 인지 공정을 방증한다.[4] 이야기를 짓고 소통하는 과정에서 여러 문화 맥락의 혼성blend이 빈번하게 이루어져 구성되는 서사의 변이형들은 마음-공간의 창발적 구조emergent structure[5]에 관여된 인지 공정을 돌이킨다. 도입 상태에 상응하는 혼례 장면에서 발동하여 중간 상태에 상응하는 청암부인의 임종을 거쳐 새로운 생명의 탄생을 예고하며 격동 시대의 갈등이 극화될 것을 시사하는 마지막 대목에 이르기까지 이 소설의 서사적 구동력을 인정할 만하다. 각 인물의 행로를 주시하여 이야기 선으로 삼는 시선의 행동역학 도식과 서사의 전개와 주제적 수렴을 추인하는 위상 도식에 상응하는 인지소를 추론할 수 있는 여건을 지은 것이다.

다만 여건이 그러하더라도 독자들이 서사를 이해하는 데 적용할 인지소의 구성 맥락에 영향을 끼칠 문화적 약호의 변화에 직면할 때는 창발적 구조를 창출하는지는 현황의 문제에 회부되어야 하기에 확언할 수 있는 문제는 아니다. 그래도 분명한 것은 『혼불』의 서사적 요소들 거개가, 당대의 문학적 조건에 비추어 볼 때, 기존의 서사 양태와 사뭇 변별된 양태들로 제시되었기에 사람들의 마음에 인지적 창발을 불러일으킬 만한 것이었다는 점이다.

이러한 국면은 서사적 창발과 문화장에서의 역동적 수행의 관계 등에 대한 전망과 서사 공간의 의미망 등에 대한 탐색을 도모할 수 있는 거점항으로서, 『혼불』에 내재하고 『혼불』을 통해 확산될 문화가치의 더 높은 차원을 탐색할 수 있는 단서를 제공하기에 논의의 장을 확산할 여지를 남긴다.[6]

1 George Lakoff, 'The Neuroscience of Form in Art', Mark Turner (ed.), *The Artful Mind*, Oxford UP., 2006, pp. 161~162 참조.

2 위의 글, 158~160, 162~164쪽 참조.

3 위의 글, 164쪽.

4 Lawrence M. Zbikowski, The Cognitive Tango, Mark Turner (ed.), *op. cit.*, p. 128 참조.

5 Gilles Fauconnier & Mark Turner, *The Way We Think*, Basic Books, 2002, p. 48.

6 본디 『혼불』의 인지적 위상 도식에 관여된 서사 공간에 대한 본격적인 탐색의 결과를 이 책에 제시하고자 기획하였고 실제 집필하고 있었으나, 예상 외로 규모가 커지고 그 자체로서 『혼불』 전역을 아우를 수 있는 논점이라는 점을 깨닫게 되었다. 이에 관해서는 다음 책을 기약하기로 한다.

에필로그

나는 문학, 그도 소설을 공부할 생각이 없었다. 오만한 얘기이지만 사실이다. 소인배들이 주절대는 소리라는 축자적 의미는 물론 동서의 문학사를 통해 확인한 바, 시정의 소리를 학문의 대상으로 삼을 심산이 전혀 없었다.

대학 신입생 시절, 두서 없고 일천하나마 헤겔과 마르크스의 저작을 탐독하며 변증법적 세계관에 푹 빠져 들었고, 레비스트로스와 기어츠, 터너 등을 통해 문화의 의미망을 탐색하며 학문 여정의 방향을 모색하였다. 특히 방대한 HRAF*Human Relationships Area Files*를 뒤져, 지구 전역 구석구석 삶의 장에서 생활을 도모하며 지혜를 모으는 인류의 다양한 모습을 기록한 마이크로 필름과 마이크로피시를 투영해 보면서, 각양각색의 문화에 대한 흥미로운 경이감을 일찍이 만끽하였다. 여러 문화장을 견주어 이미지를 사상하던 일은 지금 돌이켜 보아도 그 재미가 생생하다. 해석학을 공부하던 때와 맞물리면서 문화에 대한 관심을 구체화하였는데, 문화적 적층의 가장 큰 동력원인 문학에 관심하기 시작한 것은 예기치 않은 수순이었다.

그런 가운데 소설도 연구할 대상으로 삼아도 좋겠다는 생각의 단서를 얻어 방향을 다시 잡게 된 것은 『혼불』 때문(덕이든 탓이든)

이다. 여러 자리에서 밝힌 대로 『혼불』을 처음 대면한 기억이 유쾌하지는 않다. 고 김열규 선생께서 과제로 『혼불』(당시 네 권 분량)의 언어적 수행소performative를 낱낱이 분석해 오라는 준엄한 명을 내리셨으며, 기한에 맞추기 위해서는 밤을 새워 읽어도 시간이 모자랄 판이었다. 차라리 철학 책이나 문학 이론서를 그만큼 읽으라 하셨다면 기꺼운 마음이었을 것이다. 무에 볼 것 있으리라고 소설 따위(그때 심산은 정말 이러했다)를 읽는 데 시간을 허비하라는 것인지 불만 가득한 생각 속에 사나흘 거들떠 보지도 않았던 것 같다. 그러다 시간에 쫓기다 보니 과제와 관련된 대목들만 추리며 주마간산할 속셈으로 별수 없이 책을 펼쳤다. 짐짓 그랬다.

시쳇말로 번트 댈 요량으로 『혼불』을 들추기 시작했지만, 이 소설은 사반 세기 넘는 시간 동안 학문의 동반자가 되었다. 석사학위 논문의 중대한 논지를 『혼불』 해석에서 찾았고, 신춘문에 당선의 영예 또한 『혼불』 비평으로 얻었다. 무엇보다, 이론적 관심에 치우친 연구의 균형 잡힌 퍼스펙티브를 통해 온당한 청사진을 그릴 수 있도록 『혼불』이 돕는다. 이 책은 이렇듯 소중한 동반자에게 부치는 연서 중 하나다.

실은 이 책을 내려고 일하기 시작할 때에는 『혼불』에 대한 연구를 완결하겠다는 심산이 강했다. 저간의 단편들을 모으고 지난 저서의 논지를 사상하여 『혼불』 열 권의 출간 20주년을 기념할 요량으로 『혼불』 연구를 완성할 책을 내겠노라 마음먹었던 것이다. 그러나 여의치 않은 여러 사정에 직면하면서 마음을 따라 일을 진척시키지 못한 채, 『혼불읽기 문화읽기』를 내던 때와는 달라도 너무 달리 약해 빠진 내 자신의 의지를 원망하며 이 정도 선에서나마 일단락할 수밖에 없다. 『혼불』에 대한 해석이 공전하고 있다고 깨닫고 공간 위상이나 인지 공정과 관련하여 해석의 여지를 넓히고자 애썼지만 현재 한계에 봉착해 있어 여기 다 담지 못했다. 공간적 사유를 빌미로 그럴싸하게 말하자면, 소용돌이치듯 확산하는 나선형적 사유를 통해 『혼불』의 의미망을 탐색해 가는 과정의 일말을 우선 제시한다고 해도 좋을지는 모르겠다. 대상에 대한 논의 지점에 따른 나선형적 인지 공간의 구성, 확산적·창발적·융합적 사유와 인지 도식 구성의 역학 등에 대해서는 장과 시간을 달리하여 내야 할 것 같다. 그래서 제목 끝에 알파(α) 기호를 꼬리표로 달 수밖에 없다. 몇 명이 있을지 모르겠으나 독자 여러분의 양해를 구한다.

늘 마음으로만 심려하면서도 오래 뵙지 못한 이재선 선생님을 뵈올 면목과 계기가 생겨서 다행이다. 부쩍이나 세월의 강한 자장을 느끼는 와중이지만, 상대적으로 부지불식간에 성숙하여 소망을 키우고 실현해 가는 서연, 서은 자매를 보며 위안을 얻는다. 더 없는 동반자이자 선생 역할을 해 주는 아내는, 사회적 위상이 예전 같지 않은 국문학자의 삶을 여전히 지지해 주고 『혼불』을 같이 논할 줄 알기에 마음 깊이 고마운 존재다.

부산한 가운데 교정하는 일을 기꺼이 도와 준 정미선 선생과, 기일을 맞추지 못한 사정을 인내하고 결실을 맺도록 배려와 정성을 아끼지 않은 출판부 윤화정 선생님과 송미숙 과장님께 감사의 뜻을 표한다.

최명희 선생께서 더 오래 사셔서 『혼불』도 완결짓고 훌륭한 작품을 더 내 주셨으면 하는 상념이 짙어지는 밤이다. 아뿔싸, 그러고 보니 '강실이' 이미지에 비견된 진달래 만발한 계절의 기운을 느껴보지도 못하고 지나쳐 버렸군……

참고문헌

김병용, 『최명희 소설의 근원과 유역』, 태학사, 2009.
김성곤, 『탈구조주의의 이해』, 민음사, 1990.
김성곤, 『포스트모던 시대의 작가들; 미로속의 언어』, 민음사, 1990.
김성기, 『포스트모더니즘과 비판사회과학』, 문학과 지성사, 1991.
김수연 외, 『혼불, 서사·공간·문화를 읽다』, 전남대 출판부, 2015.
김열규, 『한국민속과 문학연구』, 일조각, 1971.
김열규, 『한국신화와 무속연구』, 일조각, 1977.
김열규, 『한맥원류』, 주우, 1982.
김열규 외, 『현대문학비평론; 그 이론과 실제』, 학연사, 1987.
김열규 편, 『한국문학의 두 문제』, 학연사, 1985.
김영한, 『하이데거에서 리꾀르까지』, 박영사, 1988.
김용옥, 『아름다움과 추함』, 통나무, 1987.
김용옥, 『절차탁마 대기만성』, 통나무, 1987.
김욱동, 『대화적 상상력, 바흐찐의 문학이론』, 문학과 지성사, 1988.
김욱동 편저, 『포스트모더니즘의 이해』, 문학과 지성사, 1990.
김욱동 편, 『바흐찐과 대화주의』, 나남, 1990.
박갑수, 『현대문학의 문체와 표현』, 집문당, 1998.
박진태, 『한국가면극연구』, 새문사, 1985.
박진태, 『탈놀이의 기원과 구조』, 새문사, 1990.
박현선, 『최명희의 문학세계』, 한길사, 2004.
송효섭, 『문화기호학』, 민음사, 1997.
윤평중, 『푸코와 하버마스를 넘어서; 합리성과 사회비판』, 교보문고, 1990.

이광래, 『미셸 푸코』, 민음사, 1989.
이광래 편, 『해체주의란 무엇인가』, 교보문고, 1989.
이기문 외, 『문학과 방언』, 역락, 2001.
이상일, 『놀이문화와 축제』, 성균관대 출판부, 1988.
이익섭, 『사회언어학』, 민음사, 1994.
이재선, 『한국문학 주제론』, 서강대 출판부, 1989.
이재선, 『현대소설의 서사주제학』, 문학과 지성사, 2007.
장일구, 『혼불읽기 문화읽기』, 한길사, 1999.
장일구, 『혼불의 언어』, 한길사, 2003.
장일구, 『서사 공간과 소설의 역학』, 전남대 출판부, 2009.
장일구, 『경계와 이행의 서사 공간』, 서강대 출판부, 2011.
전라문화연구소 편, 『혼불의 문학 세계』, 소명출판, 2001.
전라문화연구소 편, 『혼불과 전통 문화』, 신아출판사, 2003.
정정호·강내희 편, 『포스트모더니즘론』, 터, 1990.
조동일, 『탈춤의 역사와 원리』, 홍성사, 1981.
조흥윤, 『한국의 무』, 정음사, 1983.
최길성, 『한국무속의 연구』, 아세아 문화사, 1978.
최문규 외, 『기억과 망각—문학과 문화학의 교차점』, 책세상, 2003.
혼불기념사업회·전라문화연구소 편, 『혼불의 언어세계』, 전북대 출판부, 2004.
혼불기념사업회·최명희문학관 편, 『혼불 그 천의 얼굴』, 태학사, 2011.

디이머, 알뷘, 백승균 역, 『철학적 해석학』, 경문사, 1982.
라이크만, 존, 심세광 역, 『미셸 푸꼬; 철학의 자유』, 인간사랑, 1990.
리쾨르, 폴, 양명수 역, 『해석의 갈등』, 아카넷, 2001.
리쾨르, 폴, 박병수·남기영 역, 『텍스트에서 행동으로』, 아카넷, 2002.
메를로-퐁티, 모리스, 권혁면 역, 『의미와 무의미』, 서광사, 1988.
메를로-퐁티, 모리스, 오병남 역, 『현상학과 예술』, 서광사, 1989.
바흐찐, 미하일, 전승희 외 역, 『장편소설과 민중언어』, 창작과 비평, 1988.

야우스, H. R., 장영태 역, 『도전으로서의 문학사』, 문학과 지성사, 1986.
윌리엄즈, 레이몬드, 이일환 역, 『이념과 문학』, 문학과 지성사, 1982.
지마, 페터, 허창운 역, 『텍스트 사회학』, 민음사, 1991.
코레트, 에머리히, 신귀현 역, 『해석학』, 종로서적, 1985.
토도로프, 츠베탕, 최현무 역, 『바흐찐: 문학사회학과 대화이론』, 까치, 1988.
팔머, 리차드 E., 최성힉 역, 『해석학 강의』, 라브리, 1988.
포스터, 마크, 이정우 역, 『푸꼬, 마르크시즘, 역사』, 인간사랑, 1990.
푸코, 미셸, 이광래 역, 『말과 사물』, 민음사, 1987.
푸코, 미셸, 이규현 역, 『성의 역사1, 앎의 의지』, 나남, 1990.
푸코, 미셸, 문경자·신은영 공역, 『성의 역사2, 쾌락의 활용』, 나남, 1990.
푸코, 미셸, 이혜숙·이영목 공역, 『성의 역사3, 자기에의 배려』, 나남, 1990.
호이, 데이빗, 이경순 역, 『해석학과 문학비평』, 문학과 지성사, 1988.

Algra, Keimpe, *Concepts of Space in Greek Thought*, E.J. Brill, 1995.
Allen, Harold B. (ed.), *Dialect and Language Variation*, Academic Press, 1986.
Attridge, Derek (ed.), *Post-Structuralism; and the question of history*, Cambridge Univ., 1987.
Auer, Peter (ed.), *Code-Switching in Conversation: Languages, Intraaction and Identity*, Routlege, 1998.
Bakhtin, Mikhail, Helene Iswoisky (trans.), *Rablais and His World*, MIT, 1968.
Bakhtin, Mikhail, Vern W. Mcgee (trans.), *Speech Genres and Other Late Essays*, Texas UP., 1986.
Bal, Mieke (ed.), *Narrative Theory — Critical Concepts in Literary and Cultural Studies*, Vol.IV, Routledge, 2004.
Bal, Mieke, Christine van Boheemen (trans.), *Narratology*, Totonto UP., 1985.
Bleicher, Josef, *Contemporary Hermeneutics*, RKP, 1983.
Bollnow, Otto Friedrich, *Studien zur Hermeneutik*, Verlag Karl Alber, 1982.
Booth, Wayne C., *The Rhetoric of Fiction*, The University of Chicago, 1961.
Bradford, Richard, *Stylistics*, Routledge, 1997.

Branigan, Edward, *Point of View in the Cinema; A Theory of Narration and Subjectivity in Classical Film*, Mouton Publishers, 1984.

Calinescu, Matei, *Rereading*, Yale University Press, 1993.

Chatman, Seymour, *Story and Discourse*, Cornell UP., 1978.

Ching, Marvin K. L. (ed.), *Liguistic Perspective on Literature*, Routledge & Kegan Paul, 1980.

Dollimore, Jonathan & Sinfield, Alan (ed.), *Political Shakespeare; New Essays in Cultural Materialism*, Manchester University Press, 1985.

Eckert, Penelope & Rickford, John R. (ed.), *Style and Sociolinguistic Variation*, Cambridge UP., 2001.

Ehrlich, Susan, *Point of View; A Linguistic Analysis of Literary Style*, Routledge, 1990.

Elam, Keir, *The Semiotics of Theatre and Drama*, Methuen, 1983.

Erzgräber, Willi (Hrsg.), *Stilfragen*, Gunter Narr Verlag, 1992.

Fauconnier, Gilles & Turner, Mark, *The Way We Think*, Basic Books, 2002.

Fish, Stanley, *Is There a Text in This Class?; The Authority of Interpretive Community*, Harvard UP., 1980.

Fowler, Roger, *Literature as Social Discourse*, Batsford Academic and Education Ltd., 1981.

Frank, Joseph, *The Widening Gyre*, Rutgers UP., 1963.

Frey, Northrop, *Anatomy of Criticism; four essays*, Princeton Univ., 1973.

Gadamer, Hans Georg (Hrsg.), Seminar: *Die Hermeneutik und die Wissenschaften*, Frankfurt, 1978.

Gadamer, Hans Georg, *Gesammelte Werke 1*, Tübingen, 1986.

Gavins, Joanna & Steen, Gerard (ed.), *Cognitive Poetics in Practice*, Routledge, 2003.

Geertz, Clifford, *The Interpretation of Cultures*, Basic Books Inc., 1973.

Genette, Gérard, Jane E. Lewin (trans.), *Narrative Discourse*, Cornell UP., 1980.

Gloversmith Frank (ed.), *The Theory of Reading*, Harvest Press, 1984.

Habermas, Jürgen, *Kultur und Kritik*, Frankfurt, 1977.

Harvey, W. J., *Character and the Novel,* Cornell UP., 1965.

Haug, Walter u. Rainer, Warning (Hrsg.), *Das Fest,* Wilhelm Fink Verlag, 1989.

Heidegger, Martin, *Sein und Zeit,* Zwölfte, unveränderte Auflage, Max Niemeyer Verlag, 1972.

Hendricks, William O., *Grammars of Style and Styles of Grammar,* North-Holland Publishing Co., 1976.

Herman, David, *Storytelling and the Sciences of Mind,* The MIT Press, 2013.

Herman, David (ed.), *Narrative Theory and the Cognitive Sciences,* CSLI, 2003.

Hickey, Leo (ed.), *The Pragmatics of Style,* Routledge, 1990.

Hillebrand, Bruno, *Mensch und Raum im Roman,* Winkler-Verlag, 1971.

Hilton, Julian, *Performance,* Macmillan, 1987.

Hogan, Patrick Colm, *Cognitive Science, Literature, and the Arts,* Routledge, 2003.

Johnson, Mark, *The Meaning of the Body; Aesthetics of Human Understanding,* Chicago UP., 2007.

Kapferer, Bruce, *A Celebration of Demons, Exorcism and Aesthetic of Healing in Sri-Lanka,* Indiana Univ., 1983.

Kapp, Volker (Hrsg.), *Die Sprache der Zeichen und Bilder; Rhetorik und nonverbale Kommunikation in der frühen Neuzeit,* Hitzeroth, 1990.

Keen, Suzanne, *Empathy and the Novel,* Oxford UP., 2007.

Kestner, J. A., *The Spatiality of the Novel,* Wayne State UP., 1978.

Kim, Seong Nae, *Chronicle of Violence, Ritual of Mourning: Cheju Shamanism in Korea,* Michigan Univ., 1989.

Kövecses, Zoltán, *Metaphor and Emotion,* Cambridge UP., 2000.

Kövecses, Zoltán, *Metaphor in Culture,* Cambridge UP., 2005.

Kövecses, Zoltán, *Language, Mind and Culture,* Oxford UP., 2006.

Kövecses, Zoltán, *Metaphor,* Oxford UP., 2010.

Lakoff, George, *Women, Fire, and Dangerous Things,* Chicago UP., 1987.

Lakoff, George & Johnson, Mark, *Metaphors We Live By,* Chicago UP., 1980.

Lakoff, George & Johnson, Mark, *Philosophy in the Flesh,* Basic Books, 1999.

Lakoff, George & Turner, Mark, *More than Cool Reason,* Chicago UP., 1989.

Maclean, Marie, *Narrative as Performance*, Routledge, 1988.

Madison, G. B., *The Hermeneutics of Postmodernity*, Indiana Univ., 1990.

Malmgren, Carl Darryl, *Fictional Space in the Modernist and Postmodernist American Novel,* Associated University Presses, 1985.

Merleau-Ponty, Maurice, Colin Smith (trans.), *Phenomelology of Perception*, Humanities Press, 1962.

Merleau-Ponty, Maurice, Alden L. Fisher (trans.), *The Structure of Behavior*, Beacon, 1963.

Merleau-Ponty, Maurice, James M. Edie (ed.), *The Primacy of Perception*, Northwestern University Press, 1964.

Morson, Saul Gary & Emerson, Caryl, *Mikhail Bakhtin; Creation of a Prosaics*, Stanford Univ., 1990.

Mueller-Vollmer, Kurt (ed.), *The Hermeneutics Reader*, Basil Blackwell, 1986.

Nelson, Cary, *The Incarnate Word; Literature as verbal space*, Illinois Univ., 1973.

Nelson, Cary & Lawrence, Grossberg (ed.), *Marxism and the Interpretaion of Culture*, Illinois Univ., 1988.

O'neill, Patrick, *Fictions of Discourse: Reading Narrative Theory*, Toronto UP., 1994.

Prince, Gerarld, *Narratology*, Monton Publishers, 1982.

Ricoeur, Paul, Emerson Buchanan (trans.), *The Symbolism of Evil,* Beacon, 1967.

Ricoeur, Paul, Robert Czerny (trans.) *The Rule of Metaphor,* Rouledge & Kegan Paul, 1978.

Ricoeur, Paul, John Thomson (ed. & trans.), *Hermeneutics and the Human Sciences,* Cambridge UP., 1981.

Rimmon-Kenan, Shlomith, *Narrative Fictions: Contemporary Poetics*, Methuen, 1983.

Ryan, Marie-Laure, *Narrative as Virtual Reality,* Johns Hopkins UP., 2001.

Ryan, Marie-Laure, *Avatars of Story,* Minnesota UP., 2006.

Stockwell, Peter, *Cognitive Poetics; an introduction*, Routledge, 2002.

Said, Edward W., *Beginnings; Intention and Method,* Basic Books Inc., 1975.

Said, Edward W., *Orientalism*, Panthon Books, 1978.
Said, Edward W., *The World, the Text, and the Critic*, Harvard Univ., 1983.
Sell, Roger D., *Literary Pragmatics*, Routledge, 1991.
Smitten, Jeffrey R. & Daghistany, Ann (ed.), *Spatial Form in Narrative*, Cornell UP., 1981.
Stanzel, Franz K., *Typische Formen des Romans,* Vandenhoeck & Ruprecht, 1981.
Stanzel, Franz K., *Theorie des Erzählens,* 7. Auflage, Vandenhoeck & Ruprecht, 2001.
Trudgill, Peter (ed.), *Applied Sociolinguistics,* Academic Press, 1984.
Turner, Mark, *Literary Mind,* Oxford UP., 1998.
Truner, Mark, *The Origin of Ideas,* Oxford UP., 2014.
Turner, Mark, (ed.), *The Artful Mind,* Oxford UP., 2006.
Turner, Victor, *Dramas, Fields and Metaphors, Symbolic Action in Human Society,* Cornell Univ., 1975.
Turner, Victor, *The Ritual Process,* Aldine Publishin Company, 1977.
Uspensky, Boris, Valentiana Zavarin & Susan Wittig (trans.), *A Poetics of Composition,* California UP., 1973.
Whitehead, Alfred North, *Process and Reality,* Harper & Brothers, 1960.
Wilson, Scott, *Cultural Materialism,* Blackwell, 1995.

☞ 이 책은 다음의 논문을 저본으로 썼다.

「『혼불』에 드러난 문화 객체의 서사적 공정」, 『현대문학이론연구』, 2016.
「서사언어의 문화 가치 공정」, 『시학과 언어학』, 2015.
「서사 은유의 문화적 인지 공정」, 『한국문학이론과 비평』, 2015.
「지역어의 자질과 서사 문체의 감성」, 『한국언어문학』, 2012.
「『혼불』의 문화 담론적 자질과 저자성 역학」, 『호남문화연구』, 2010.
「문학 언어의 미감과 문체 영향」, 『현대문학이론연구』, 2010.
「은유의 문화적 구성 역학」, 『시학과 언어학』, 2008.

색인

ㄱ

ㄴ

ㄷ

ㅁ

ㅅ

ㅇ

서사+문화@혼불_α

인 쇄 | 2017년 6월 26일
발 행 | 2017년 6월 30일

저 자 | 장일구
발행인 | 정병석
발행처 | 전남대학교출판문화원

등록 | 1981. 5. 21. 제53호
주소 | 61186 광주광역시 북구 용봉로 77
전화 | (062) 530-0571~2 마케팅 530-0573
팩스 | (062) 530-0579
홈페이지 | http://www.cnup.co.kr
이메일 | cnup0571@hanmail.net

값 12,000원

ISBN 978-89-6849-412-3 (93800)

이 도서의 국립중앙도서관 출판예정도서목록(CIP)은 서지정보유통지원시스템 홈페이지(http://seoji.nl.go.kr)와 국가자료공동목록시스템(http://www.nl.go.kr/kolisnet)에서 이용하실 수 있습니다.
(CIP제어번호 : CIP2017015220)